美国企业史

AMERICAN BUSINESS SINCE 1920

商业的周期与演化
How It Worked

[美]托马斯·K.麦克劳　威廉·R.柴尔兹　著　　　林立强　等　译

Thomas K. McCraw　**William R. Childs**

-第3版-

THIRD EDITION

人民邮电出版社

北　京

图书在版编目（CIP）数据

美国企业史：商业的周期与演化：第3版 ／（美）托马斯·K. 麦克劳（Thomas K. McCraw），（美）威廉·R. 柴尔兹（William R. Childs）著；林立强 等译. 北京：人民邮电出版社，2025. -- ISBN 978-7-115 -65562-2

Ⅰ. F279.712.29

中国国家版本馆CIP数据核字第2024FU2752号

内 容 提 要

本书以美国经济和社会发展为大背景，回顾和分析了从 20 世纪 20 年代到 21 世纪前十年的美国企业发展史，分析了经济爆发时期、战争时期、战后恢复时期、经济危机和增速放缓时期、技术变革时期美国企业的发展状态和特征，分析了成功企业的应对策略和政府的产业政策，展示了现代企业发展演化的过程及产业随经济大周期更迭的历史图景。读者可以从本书中看到，产业是如何在经济周期变化中不断演化的，以及在受到战争、新技术变革等因素冲击时，成功的企业是如何幸存下来的。

本书适合企业经营者，经济史、商业史方面的研究者，以及高校经济、管理专业的师生阅读。

◆ 著 ［美］托马斯·K. 麦克劳（Thomas K. McCraw）
　　　　　［美］威廉·R. 柴尔兹（William R. Childs）
　　译 　林立强 等
　　责任编辑 王飞龙 杨佳凝
　　责任印制 彭志环

◆ 人民邮电出版社出版发行　　北京市丰台区成寿寺路 11 号
邮编 100164　电子邮件 315@ptpress.com.cn
网址 https://www.ptpress.com.cn
三河市中晟雅豪印务有限公司印刷

◆ 开本：720×960　1/16
印张：22.75　　　　　　　　　　2025 年 1 月第 1 版
字数：400 千字　　　　　　　　2025 年 1 月河北第 1 次印刷
著作权合同登记号　图字：01-2023-2456 号

定　价：109.00 元
读者服务热线：（010）81055656　印装质量热线：（010）81055316
反盗版热线：（010）81055315
广告经营许可证：京东市监广登字 20170147 号

中文版导读

林立强

中国商业史学会常务理事

中国商业史学会企业史专业委员会副会长

《美国企业史：商业的周期与演化》（第 3 版）（以下简称"本书"）系哈佛商学院第四任伊西多·施特劳斯（Isidor Straus）企业史教席教授托马斯·K. 麦克劳（Thomas K. McCraw）与其学生兼助手、俄亥俄州立大学历史系教授威廉·R. 柴尔兹（William R. Childs）所著，是**一部由企业史学家采用大众史学方法撰写的企业史读物**。本书与大家所熟悉的企业史著作相比有两大不同：第一，以往企业史著作多以企业与企业家典型个案的形式出现，而本书是一部"通史"类著作；第二，以往企业史著作多由财经作家或传记作家撰写，而这部著作则由专业历史学家写就，使其兼具了"庙堂之学"（严谨性）与"江湖之术"（通俗性）的特点。此外，本书还对当时美国企业如何在成长时期走出低谷及涅槃重生的过程有较为详细的分析与描述，这对处于"乌卡"（VUCA）时代的今人而言具有很强的借鉴意义。基于本书的这些特点，我拟对本书作者、写作背景、架构及读者需要在阅读中注意的问题等做简要评述，以供读者参考。

关于本书作者

托马斯·K. 麦克劳，1940 年出生于美国密西西比州，1962 年获密西西比大学学士学位，1968 年获威斯康星大学麦迪逊分校历史学硕士学位，而后又于 1970 年获得历史学博士学位。毕业后至 1974 年，麦克劳就职于得克萨斯大学奥斯汀分校，担任助理教授，后又至哈佛商学院任教，并于 1989 年接替著名企业史学家钱德勒（Alfred D. Chandler，Jr.），担任伊西多·施特劳斯企业史教席教授一职，同时担任美国企业史学会会长，成为彼时美国企业史学界的领军人物。

麦克劳一生著作颇丰，除了本书之外，他所撰写的《规则的先知》（*Prophets of Regulation*）一书曾于 1985 年获得普利策历史奖。此外，他于 1997 年撰写的论著《现代资本主义：三次工业革命中的成功者》（*Creating Modern Capitalism：How Entrepreneurs，Companies，and Countries Triumphed in Three Industrial Revolutions*）沿用了哈佛商学院传统的企业史个案分析法，书中有四章讨论了英国、德国、美国和日本的经济发展史，另外八章讨论了企业与企业家的发展史，主要论述了企业与企业家在经济增长中所起的作用。2007 年，他撰写了《创新的先知：熊彼特传》（*Prophet of Innovation：Joseph Schumpeter and Creative Destruction*），该书主人公为哈佛大学企业家史研究中心创办人之一、著名经济学家熊彼特。此传记因兼具文学性与学术性，被誉为熊彼特众多传记中的经典之作，曾获得多项大奖。麦克劳对美国经济政策与资本主义体系有自己的独特思考和深入研究，尤其擅长用通俗易懂的语言解释复杂的经济理论，这对我们理解美国企业史大有裨益。

本书的合著者威廉·R. 柴尔兹系历史学专业科班出身，麦克劳是他本科及研究生阶段的导师。本书的第 1 版和第 2 版原本由麦克劳独撰，麦克劳去世以后，柴尔兹受麦克劳夫人之托对原书进行了修订，增补了一些美国企业史的新内容，因此本书是师生合作的成果。

关于企业史学家及企业史的大众史学化

企业（家）题材的书籍汗牛充栋，创作者以财经作家、传记作家、媒体记者、文学家等居多，而本书作者所属的企业史学家群体却长期不为人所知。所谓企业史学家，是指从事企业史研究的职业学者，一般在高等院校或研究机构任职。他们多在历史学院与经济学院任职，但 21 世纪初以来，有越来越多的西方企业史学家在商学院工作。目前，世界企业史研究重镇哈佛商学院是最早聘用历史学家从事案例教学与研究的机构。早在 1927 年，哈佛商学院就开始设立伊西多·施特劳斯企业史教席教授职位，迄今已有近百年历史，已经形成了融合历史学与管理学特点的"哈佛企业史学派"。该学派的代表人物有诺曼·斯科特·布里恩·格拉斯（Norman Scott Brien Gras）、阿瑟·哈里森·科尔（Arthur Harrison Cole）、弗里茨·雷德利希（Fritz Redlich）、拉尔夫·W. 海迪（Ralph W. Hidy）、钱德勒、麦克劳、杰夫里·G. 琼斯（Geoffrey G. Jones）、理查德·S. 泰德罗（Richard S. Tedlow）等，其中最为人熟知的是钱德勒，他的代表作是享有盛誉的"企业史三部曲"，即《战略与结构：美国工商企业成长的若干篇章》（*Strategy and Structure: Chapters in the History of the Industrial Enterprise*）、《看得见的手：美国企业的管理革命》（*The Visible Hand: The Managerial Revolution in American Business*）、《规模与范围：工业资本主义的原动力》（*Scale and Scope: The Dynamics of Industrial Capitalism*）。

　　历史学家对资料收集、整理与甄别有一套极为严格的学术规范，这是其撰写的企业史著作区别于其他财经作家的企业题材著作最显著的特征，但同时难免存在行文晦涩、工于考据及阅读体验差的问题，而解决这一问题的根本就是促进企业史学的大众史学化。本书作者麦克劳就是在把企业史的学术功能转换成社会功能方面做出突出贡献的企业史学家。他的学术功底十分深厚，在坚持遵守史学基本规范的前提下，为了使企业家与大众读者有更好的阅读体验，他在一些著作中借鉴了经管类畅销书的写作手法，同时强调成果的实践性，认为历史学家应该走出象牙塔，为大众写作通俗易懂的史学著作。本书就是他在书写美国企业史通史类读物方面的成功尝试，这一努力已经得到美国企业史学界的充分肯定。2008 年，时任美国企业史学会会长帕梅拉·沃克·莱尔德（Pamela Walker Laird）提出了美国企业史学界著名的"莱尔德挑战"（Laird Challenge），呼吁在非学术人群中扩大美国企业史的影响，进一步拓宽美国企业史的研究议题。可以预计，未来我们将看到更多由企业史学家撰写的采用"历史 + 经管畅销书"模式的通俗作品。

关于本书的架构

　　本书秉承麦克劳"从历史的角度思考问题"的一贯风格，在对 1920 年以后美国企业发展各个阶段历史背景予以重点关注的前提下，描述了企业家、企业及其所处行业的管理故事，并从企业内部管理的视角揭示了美国企业是如何运作的。本书正文部分共有 11 章，每一章都附有极具参考价值的精选资料（参考书目）。由于本书属于"通史类"读物，涉及内容多且杂，因此建议读者在阅读时可把握以下"点""线""面"上的一些特点。

1．"点"：若干企业（家）个案及话题

本书对具有代表性的头部企业及领导这些企业的杰出人物进行了深入分析，这些企业包括通用汽车、福特汽车、宝洁、波音、麦当劳、亚马逊、eBay、谷歌等。基于历史学家对重大历史背景与事件的偏爱，作者在剖析上述企业个案时，穿插了"企业福利资本主义""金融体系和大萧条""罗斯福新政与第二次世界大战""战后繁荣与社会改革""女性与少数族裔在企业中权利的提升""经济体系金融化"等话题，这些话题内容在各章节分布的关键节点隐藏着美国企业发展壮大的密码。当然，由于美国著名的大企业数量太多，本书不能尽收之，特别是近十年崛起的高科技公司，本书没有涉及。

2．"线"：四个主题

本书所有"点"的部分内容都是紧紧围绕着自 1920 年以来美国企业演变的四大趋势（主题）来展开的，由此形成了本书的四条主线：第一，如何看待市场变化的残酷性；第二，如何看待赋予消费者与企业家的权利；第三，如何解决企业中集权决策与分权决策之间的矛盾；第四，如何抑制企业的"阴暗面"。作者不但在导语部分直接提醒读者关注这四个重要的趋势，还在文末的结语部分再度对这些问题进行了分析与总结。因此，只要把握这四条"线"贯穿若干企业个案与话题的"点"的过程，就可以深刻理解作者的写作意图，进而摸清美国企业随着时间而演变的规律。

3．"面"：六个阶段

在上述"点"与"线"结合的基础上，本书按照时间顺序将 1920 年以来的美国企业史串联成六个阶段展开叙述，并把企业与企业家的故事与各个阶段的时代背景紧密联系起来。这六个阶段分别是：20 世纪 20 年代，20 世

纪 30 年代的经济大萧条，罗斯福新政与第二次世界大战，战后时期，20 世纪 80 年代至 21 世纪初，2007—2008 年的金融危机和 2007—2009 年的经济大衰退。根据我的观察，本书涉及的时段已经延伸至 2017 年，在国内目前为数不多的国外企业通史类著作中属于时效性相当强的版本。

关于阅读本书的几点补充说明

据我目力所及，作者要在原书 400 页左右的篇幅中囊括美国企业史的方方面面几乎是不可能的，因此本书在一定程度上难免会让读者有浅尝辄止、意犹未尽之觉。作者似乎也发现了问题所在：第一，由于美国企业及企业史学家对美国企业的研究一直处于发展变化之中，导致本书所涉及的主题的新成果还在不断涌现中；第二，限于篇幅，本书有很多企业没有被重点谈及。作者采用的补救措施是在各章正文之后全面、系统地罗列了美国企业史的各类权威参考书，为读者按图索骥找到所需的更全面的资料提供了极大的便利。除此以外，我认为还可以采用以下方法来强化阅读效果。

1. 读者在阅读本书前可浏览世界经济通史、美国通史等方面的书籍进行知识储备。由于企业史是经济史的重要内容之一，《剑桥美国经济史》（*Cambridge Economic History of the United States*）多卷本、乔纳森·休斯（Jonathan Hughes）等人所著的《美国经济史》（*History of the American Economy*）、加里·M. 沃尔顿（Gary M. Walton）等人所著的《美国经济史》（*History of the American Economy*）亦对理解本书的内容颇有益处。

2. 由于本书内容不涉及 1920 年以前的美国企业史，如有对该时段感兴趣的读者可以参考本·B. 塞利格曼（Ben B. Seligman）所著的《当权者：美国企业史》（*The Potentates : Business and Businessmen in American History*）、张隆高等人编著的《美国企业史》教材、钱德勒所著的"企业史三部曲"等书的部分章节。

3. 由于本书内容涉及的都是美国大企业，对美国小企业感兴趣的读者可以参阅曼塞尔·布莱克福德（Mansel Blackford）所著的《美国小企业史》（*A History of Small Business in America*）。

4. 每年《财富》世界 500 强排行榜中的美国企业名录，以及《财富》美国 500 强排行榜为我们提供了美国企业最新动态的指引。此外，读者也可以在美国各大企业官网中的"History"和"Heritage"栏目检索到有关这些企业发展历史的详细资料。

5. 在本书各章精选资料（参考书目）部分，有很多著作没有中文译本，为方便读者查阅，故不对人名、书名及文章名等进行翻译。不过，我们在翻译时尽可能找出所有书目在中国正式出版的译本信息，并以页下注的形式予以注释，以方便大家查找。

6. 关于美国企业史较新的通俗类读物，可以参考哈佛商学院沃尔特·A. 弗里德曼（Walter A. Friedman）于 2020 年所著的《美国企业史概述》（*American Business History: A Very Short Introduction*）。这本小册子以编年体的形式简要介绍了美国具有代表性的企业、企业领袖，并分析了美国企业对美国经济与社会发展的重要意义。

此外，本书适合对美国经济史、企业史感兴趣的读者阅读：企业家读之，可以了解美国不同时代背景下企业内部的运作方式；学者读之，可以梳理美国企业史发展的总体脉络，并拓宽其研究视野；其他大众读者读之，可以从微观层面对美国经济史、企业史有更多认识，并以史为鉴。

目 录

美国人的过去与现在

1920 年，大多数美国人的生活方式与现在截然不同。在那一年，大约一半的美国人生活在农场或小镇里，许多地区还未通铁路、公路和电话。除了外来移民，大多数美国人从未到过距离出生地 200 千米以外的地方。

1920 年，只有 1/3 的美国家庭用上了电，一个家庭每周要在做饭、清洁和洗衣等家务上耗费 70 小时。如今，得益于冰箱、微波炉、洗衣机和烘干机、吸尘器、洗碗机、垃圾处理机等电器及快餐和外卖的普及，这一时间已缩短至 15 小时。

1920 年，美国人还未拥有电视机、计算机或手机，更不用说 iPad 或智能手表了。他们不收发电子邮件、短信，也不上网或用手机购物和炒股，他们不会带家人去麦当劳或其他连锁餐厅吃饭，不会乘坐飞机，不会从自动提款机上取现金，也不会使用信用卡。当时没有购物中心或超市（购物车直到 1937 年才被发明出来）。大多数美国人没有高中毕业，因为他们在十几岁时就面临着打工赚钱的压力。而如今，85% 的美国人拥有高中学历。1920 年，每 30 个美国人中只有 1 个大学生；而如今，每 4 个美国人中就有 1 个大学生。

1920 年，照护老人、孩子和患者的工作都是在家里进行的，为此，医生经常提供"上门服务"。死于肺炎、肺结核、霍乱、白喉、麻疹、流感和伤寒的人数比例是现在的十倍以上。许多地区的卫生条件还很落后，只有 1/5 的家庭安装了室内抽水马桶。因为没有可靠且合法的避孕方法（除了禁欲），所以当时的美国人很难控制家庭规模。令人遗憾的是，今天世界上很多国家的卫生条件依旧与 20 世纪 20 年代的美国一样糟糕。

将近 40 年以后，大多数美国人和其他国家的一些消费者才用到诸如电冰箱等现代产品。在此类产品的研发、制造和营销方面，美国企业一路领先。到了 1960 年，即约翰·F. 肯尼迪（John F. Kennedy）当选总统的那一年，96% 的美国家庭已经拥有电冰箱，而此时只有 41% 的法国家庭、30% 的英国和意大利家庭拥有电冰箱。欧洲人在 20 世纪末才赶上美国人的步伐。

本书所要讲述的故事

本书将 1920 年以来的美国企业史分为以下六个阶段：（1）20 世纪 20 年代；（2）20 世纪 30 年代的经济大萧条；（3）罗斯福新政与第二次世界大战；（4）战后时期；（5）20 世纪 80 年代至 21 世纪初；（6）2007—2008 年的金融危机和 2007—2009 年的大衰退。本书将着重描述那些对其所处时代产生重大影响的个人、企业和行业，尽管他们的起点可能更早或在今天依然重要。

在本书的大多数章节中，作者会站在美国企业界和企业家的角度，从内部展示企业是如何运作的。其中的"概述"章节描述并分析了不断演变的美国资本主义体系的社会、文化和政治背景，以及企业家们在这个体系中是如何做出管理决策的。本书的叙述从 20 世纪逐渐延伸至 21 世纪，在未来，美国企业的国际化及美国式资本主义与其他国家政治经济的对比将变得更加突出。

趋 势

1920 年以来，美国企业演变的四大趋势构成了本书的叙事基础。虽然这些趋势的发展是曲折的，但都处在不断演进的过程中。

1. 变革的无情性。虽然所有的资本主义经济体都具有这一特点，但美国变革的无情性表现得尤为明显。1920 年以后，经济变革的速度开始提升，此后越来越快。在 1920 年之前的人类历史上，没有哪一代人经历过比后世更迅速、更无情的变革。

2. 消费者与企业家权利的不断增长。这里的主要驱动力是美国人均收入从 1920 年到 2014 年增加了 6 倍。在美国国家富裕程度空前提高的同时，工作性质也发生了深刻的变化。1920 年，30% 的人在农场工作，如今在农场工作的人只占 1.5%。1920 年，近 30% 的人在采矿业、建筑业和制造业等生产型企业工作，如今这一比例下降到 12.6%。20 世纪 20 年代，诸如零售、银行、餐饮、医疗、家政、教师等服务行业的工作岗位占总数的近 40%，而如今这一比例在美国已上升至 80%。

两个巨大的变化——国民收入的大幅增长及工作岗位从农业和制造业向服务业的重大转移，共同促进了消费能力和创业机会的巨大提升。仅以本书

第一章的内容为例，汽车的出现使无数美国人享受到了全新的自由的感受，并有机会创办与汽车相关的新业务，如出租车、公共汽车和快递服务。

电子媒体的发展促进了消费者和企业家权利的不断增长。这一增长始于20 世纪 20 年代的调幅收音机，承续于 20 世纪 40 年代的调频收音机和黑白电视机，加速于 20 世纪 60 年代的彩色电视机、20 世纪 90 年代和 21 世纪初的高清电视机和数字有线电视机，如今则缘于笔记本电脑和手机可访问的流媒体在线内容的持续发展。20 世纪 80 年代创建的一个小型政府网络项目催生了 20 世纪 90 年代的互联网。各种产品和服务展开了争夺消费者的大战，尤其是随着 1995 年网络私有化，企业家们看到了前所未有的机遇。

这种日益增长的赋权延伸到了以前被资本主义制度所排斥的群体。在很大程度上，美国政府对 20 世纪 60 年代和 70 年代政治压力的反应，使得在本书故事的后几十年中，女性群体和少数族裔群体作为消费者和企业家发挥了更大的影响力。

3. 企业中集权决策与分权决策之间的矛盾日益突出，而分权决策普遍更受推崇。 持续不断地做出决策是企业经营的核心，全球的企业每时每刻都要生成数以百万计的决策。那么问题来了，决策由谁来做？依据是什么？为了谁的利益？

自 1920 年开始，随着许多企业的规模不断扩大，管理层围绕决策制定而产生的各种矛盾日趋复杂化。那些业内经营状况最好的企业开始通过有效的途径，把权力下放给那些最了解经营状况的管理者来做具体的决策，而不管此人在层级体系中处于何种地位。正如本书中许多案例所揭示的那样，对企业管理者来说，这是渐进的过程，也是惨痛的教训。那些没有深谙此道的企业家所经营的公司轻则遭受损失，重则退出"江湖"。20 世纪后期，财务因素开始影响企业家改变商业决策的方式，紧张关系随之加剧。于是，他们在决策过程中越来越关心如何赚取短期利润，而不是关注制定长期战略，以确保开发出有用的新产品和服务。

4. 为避免系统从内部崩溃而对企业"黑色地带"进行管控。竞争可以体现出人类行为最美好与最丑陋的一面。企业管理层迫于赚取利润的压力，常常会利用其一切优势，而这有时会导致对竞争对手、工人及消费者做出不道德、非法的行为。新的法律和法规通常是在出现严重问题后才制定的，人们很少能够先知先觉。

美国经济是一种混合经济，其中大多数企业是私人企业，以市场为主导，为了实现社会目标，政府在监督和监管方面有一定的投入。在美国企业与政府的关系中，一直存在着促进企业发展与监管企业行为之间的矛盾。政府通过执行合同法和支持基础设施（交通、通信和银行）建设来提倡企业家精神。在不断变化的经济和社会中，政府必须始终在监管企业的过程中扮演追赶者的角色。20 世纪 30 年代至 80 年代，美国的监管机构在约束不良行为方面做得相当好，同时也没有扼杀创业精神。然而，监管制度并非完美。20 世纪 70 年代，政府对各行各业的限制开始放松，一方面促进了电信和航空领域创业活动的增加，但另一方面也引发了 20 世纪 80 年代的储蓄和贷款危机及 2007—2008 年的金融危机。

规模问题

几乎每家企业都是从小公司起步的（用今天的话来说就是"创业公司"）。一些公司之所以最终能成为大企业，是因为其职业经理人团队拥有能够满足市场需求的制胜法宝。本书涉及的案例中除了美国无线电公司（Radio Corporation of America，RCA）已不复存在外，其他都是现存的大企业。

它们的庞大规模也与所在的行业有关。在汽车、飞机、消费电子、石油、化工和其他需要巨额资本投资的行业中，能够在长期的竞争中存活下来的企业几乎都是大企业。但在印刷、家具、珠宝、餐饮、家装管道、木工和各种维修服务等行业中，即使是成功的企业也很少能够成长为大企业。现在美国数百万家企业中只有数千家是真正的大企业，世界上没有哪一个国家的大多数劳动力都在雇员超过 1000 人的大企业中工作。

不同规模的企业之间经常相互交易。大企业不但从中小型供应商和分包商的网络中采购，而且也向其销售。在与中小企业的交往过程中，大企业通常拥有支配权。比如，轮胎制造商没有讨价还价的能力，无法为汽车制造商制定新轮胎的价格，它们几乎所有的利润都来自直接向消费者销售后续替换的轮胎。而像沃尔玛这样的大型超市、麦当劳这样的大型特许经营系统，以及亚马逊这样的电子商城，对任何规模的供应商都拥有很强的话语权。

早期关于是否应该允许企业发展壮大并保持一定规模的政治辩论，往往是在一知半解的情况下进行的。在那个时代，人们对商业关系发展情况的认知远未达到我们现在的水平。小企业也曾被反垄断法制约，以防止它们联合起来与大企业竞争，或是为了维持足够多的竞争者而牺牲经济效率。

毫无疑问，有时企业会变得过于庞大，或者高管的薪酬太高，或者大企业的游说者们说服政府制定了实际上对大企业有利而不一定对消费者或公众有利的法律。从 19 世纪中期的铁路时代开始，这些事情在美国历史上已屡见不鲜。关键的问题是，选民们能够对上述滥用权力的行为容忍多久，而不敦促政府采取纠正措施。

关键的内部问题

对各种不同规模的企业而言，管理层所面临的最困难的问题是如何在企业内部设置不同的决策权限。一方面，企业存在进行集中管控的必要性；另一方面，员工拥有足够的自主决策权，能够做出最大贡献，并从工作中获得满足感。管理者应如何平衡好这两者之间的关系呢？

这种集权决策和分权决策之间的平衡适用于任何由人构成的组织。例如，在家庭中会出现这些问题：一家人每天晚上必须在一起吃饭吗？应该由父母还是他们的孩子来决定合适的睡觉时间？应该由大人还是学生来选择在学校穿什么样的衣服？没有任何一条规则能保证这些问题每一次或者在所有家庭中都能获得最满意的结果。同样，在美国军队中，从外部看似乎是一个严格集权的体系（有 23 个不同的级别），但当局一直提倡那些身处该指挥体系中的军官们，可以在服从整个作战计划的大框架下对他们周边发生的具体事件做出快速反应。

在企业中，优秀的管理者需要不断评估和调整集权决策与分权决策之间的平衡。管理者平衡得越好，就越容易做出正确的决策。

本书通过剖析各个企业的案例，揭示了美国企业史上围绕商业决策所发生的冲突。福特汽车公司的亨利·福特（Henry Ford）和美国无线电公司的戴维·沙诺夫（David Sarnoff）未能找到集权决策和分权决策之间的平衡，这与通用汽车公司的阿尔弗雷德·P. 斯隆（Alfred P. Sloan，Jr.）、宝洁公司的尼尔·麦克尔罗伊（Neil McElroy）、第二次世界大战期间制订控制物资计划的费迪南德·埃伯施塔特（Ferdinand Eberstadt），以及麦当劳的雷·克罗克（Ray Kroc）的成功案例形成了鲜明对比。在本项研究的后面几年，随着信息技术（IT）和电子商务的兴起，一种激进的分权方式突然出现，亚马逊的杰夫·贝索斯（Jeff Bezos）、eBay 的梅格·惠特曼（Meg Whitman）以及谷歌的谢尔盖·布林（Sergey Brin）和拉里·佩奇（Larry Page）引领了这一新的潮流。

更宏大的背景

除了上述四个主要趋势之外，本书的叙述还离不开两个宏大的背景：一是三次工业革命，二是从管理资本主义到金融资本主义的演变。

本书讲述的故事开始于第二次工业革命的中期，结束于第三次工业革命的中期。第一次和第二次工业革命为第三次工业革命做了诸多铺垫。下面的定义适用于西欧和美国，世界上其他地区在晚些时候也经历了这些变化。

第一次工业革命大约从 18 世纪 60 年代持续到 19 世纪 40 年代，以煤为动力的蒸汽机取代了人力与畜力。在此期间，人们开始按时钟来安排工作，而不是像几千年前那样"日出而作，日落而息"。在纺织业和其他一些行业出现了大型工厂。基于零件互换性和劳动细分的规模经济使布匹、钟表和小型武器的大规模生产成为可能，所有这些产品对客户而言都变得更加便宜了。在大多数情况下，市场调节作用决定了企业之间的竞争关系。企业的融资是基于信用进行的，而家庭关系往往是这个市场资本主义时代的支柱。

第二次工业革命从 19 世纪 40 年代一直持续到 20 世纪中叶，主要由交通运输（铁路、汽车、卡车、飞机）和通信（电报、电话和无线电）方面的技术变革来推动。蒸汽动力被电力和内燃机所取代，这两者都需要更多的煤炭和石油作为燃料来驱动大型工厂和装配厂的运输系统和机械设备。企业为了分销大规模生产的商品而进行大规模营销。大型企业和新的商业形式的发展，使运输、大规模生产和分销系统更加有效，从而进一步降低了客户的购买价格。在这个管理资本主义时代，融资的主要渠道是欧洲和美国东北部的股票市场和投资银行机构。19 世纪末和 20 世纪初的美国企业开始在海外投资采矿业务、工厂和分销网络，主要在欧洲和南美洲，也包括中国。

第三次工业革命于 20 世纪中叶兴起，时至今日仍在继续塑造与重塑美国企业。它以信息技术和知识工作为特色，加速了服务业与农业、矿业、建筑业和制造业就业岗位数量的分化。以科学为基础的电子、合成化工和制药、计算机硬件和软件及金融服务等行业的空前扩张，引领了经济增长。各种不同规模的企业比以往任何时候都更加紧密地与全球经济联系在一起。

在 20 世纪初的几十年里，许多大企业主导着美国经济。诸如铁路、钢铁、石油和采矿等行业的企业都是高度资本密集型的，需要大量的资金来运营。这些资金首先来自投资方，然后是企业自己的留存收益。由于这些企业规模庞大（在 19 世纪 90 年代，宾夕法尼亚州铁路公司雇用的人员比美国联邦政府还多），企业的管理权与所有权是分离的。成百上千的股东不可能在同一时间开会来决定如何管理企业，越来越多接受过商学院培训的职业经理人代替股东对企业的财务、生产、营销和劳资关系做出决策，而且他们的决策是出于对企业长远发展的考量。

在大多数情况下，这些大企业的管理模式都是采用集中化的职能管理结构，这便于通过发展规模经济来降低成本。其中一些是纵向整合型企业，由总部统筹原材料采购、生产和营销。职业经理人负责监管铁路、电气系统、钢铁制造厂等大型技术项目，以及工厂工人、职员和秘书等大批劳动力。这些经理和他们的职员，以及工厂工人，一起成为不断壮大的美国中产阶级的一部分。

在接下来的一个世纪里，这种以集中化、职能化、专业化为特征的管理资本主义随着企业领导者努力应对市场的变化而不断演变。这些应对措施很多时候都是有效的，但有时并不成功。

美国企业与周围的世界

1920 年，美国的农业和工业产品产量就已经超越了世界上其他任何国家，其国民享有最高的人均收入。到了 21 世纪的第一个十年，这一收入更是增长了 6 倍，这在人类历史上是前所未有的。尽管仍有不足，但美国企业自 1920 年以来出色的经济表现是毋庸置疑的。这一评价适用于所有类型的企业，包括中小企业或大企业，以及低科技或高科技企业。这种螺旋式增长中最长的中断是大萧条时期，但即便在那个时期，许多企业仍在成长。

相当一部分人实现了"白手起家"的美国梦，于是许多人都在跃跃欲试。虽然最后大多数人未能成为富人，但他们及其子女的生活水平确实得到了改善。按人均计算，美国人比其他任何国家的公民创办的企业都多，也目睹了更多的企业失败，然后又创办了更多的新企业。

这种创造、失败、再创造的循环是市场经济的常理。哈佛大学经济学家约瑟夫·熊彼特（Joseph Schumpeter，1883—1950）很喜欢说这么一句话："内部动荡是现代企业的缩影。"他曾在书中写道："资本主义本身就是一个转型的过程，它不断地从经济体系内部革新经济结构，不断地破坏旧结构，不断地创造新结构。"熊彼特对这一过程的比喻——"创造性破坏的永恒风暴"——比其他任何表述都更能代表美国经济。

熊彼特与一些经济学家将创造性破坏的代理人称为"entrepreneurs"，这个法语单词的意思是"商业冒险家"。一个企业家的成功并不一定意味着另一个企业家的毁灭，尽管德国社会主义者卡尔·李卜克内西（Karl Liebknecht）在 1907 年曾说："资本主义的基本法则是'你或我'，而非'你和我'。"与李卜克内西的主张相反，美国市场经济的演变是一种正和博弈。随着客户购买力的增强，越来越多的企业将蓬勃发展。

美国的商业成就

在过去的半个世纪里，有关美国历史的大多数学术书籍中充斥着许多对美国取得辉煌成就的断言，我们有充分的依据证明这些论断已经过时。从 1800 年到 20 世纪 60 年代，我们一直被灌输一种理念，即美国历史是一个不间断的进步过程：乔治·华盛顿（George Washington）从不说谎；无需血腥的内战，奴隶制就会消亡；美国的妇女总是比世界上其他国家的妇女过得好；美国从未采取过不正义的军事行动。所有上述说教都是非常不准确和值得怀疑的，20 世纪后半叶的学者们有充分的理由相信，延续这些说教对学生与国家都没有任何好处。

从 20 世纪 60 年代开始，学者们对美国历史的解读转向了另一边。历史学家专注于更加全面地揭露美国经济丑陋的一面，包括种族主义、性别歧视、帝国主义和不合理的收入分配。就商业而言，批评家们一针见血地指出，美国式经济体制的成功在于其在肆无忌惮地追逐财富，这也有令人憎恶的一面。美国式经济体制所倡导的最糟糕的理念就是庸俗的自我中心主义，它强调物质上的自我而损害了精神上的自我；它强调个人权利，却牺牲了家庭和社会责任；它使一些人极其富有，却让另一些人穷困潦倒；它用没完没了的广告轰炸冲击人们的感官，亵渎着人们的灵魂；它污染了北美的土地、水和空气，导致全球环境的恶化。这些负面因素是否必然伴随着经济发展，即使专家也未必完全明了，这在学术界仍然是一个有争议性的话题。

关于美国经济体制阴暗面的一些内容会在本书接下来的案例中呈现，但本书的主旨在于提醒读者：在过去的半个世纪，对美国经济体制的批评可能让人们忽视了一个无可辩驳的事实，即美国企业已经提高了数百万美国人的物质生活水平。

要开始讲述自 1920 年以来美国所取得的商业成就，我们不得不先把目光投向那些汽车行业的企业领袖们，因为正是他们使汽车成为第二次工业革命中最重要的耐用消费品。

初露锋芒的现代管理模式：通用击败福特

轿车、卡车与自由的感觉

在整个 20 世纪上半叶，汽车行业最能代表美国商业智慧。早在第二次世界大战爆发之前，汽车就被视为一种生活必需品，就像电视机、计算机和手机后来成为现代生活的必需品一样。

第一批轿车与卡车是在 19 世纪 80—90 年代在欧洲制造的。而到了 1899 年，30 家美国公司每年已经可以生产出 2500 辆轿车。美国拥有当时世界上最富有生机且扩张迅速的大众市场，这为汽车制造业的繁荣提供了巨大的空间。到了 20 世纪 20 年代，汽车市场成了美国国内最大的市场。它与钢铁、橡胶和玻璃供应商之间的联系，以及它对石油工业的燃料、润滑油和加油站的依赖，使得汽车一跃成为 20 世纪最重要的产品。到了 20 世纪 70 年代，美国约有 1/6 的企业参与了轿车和卡车的制造、分销、服务或运营中。

与此同时，美国地方、州和国家级政府也在争先恐后地推动汽车业的发展并规范其行业行为：它们资助道路和桥梁的建设，登记机动车辆并发放驾驶执照，安装交通信号灯并设定限速，以及扩充地方各类警察队伍。在 20 世纪晚些时候，美国政府还颁布了安全和燃油效率标准。

20 世纪 20 年代，汽车成为美国国民消费经济的中心。直到 20 世纪 70 年代，日本汽车业发起挑战并取得成功，在此之前，汽车一直是美国制造的卓越典型。令人震惊的是，20 世纪 20 年代中期，世界上 80% 的汽车在美国制造，且每 5.3 个美国人就拥有一辆汽车。而相比之下，在英国和法国每 44 人才拥有一辆汽车。

"汽车"这个词承载着人们热切渴望自主流动的梦想。对世界各地的许多人来说，驾车驰骋不但是一种逃避喧嚣世界的手段、一种表达个人自由的方式，而且也许是有史以来个人自由意识层面最大的飞跃。

卡车对消费者和企业家而言也意味着摆脱束缚。它将农产品运送到城镇，将零售商品从装配厂运送到百货商店，将家庭用品运送到一个又一个家庭。创业者可以在卡车上向客户出售油漆或玉米饼，而且他们还可以随时通过增加卡车的数量来拓展业务。今天，美国的电子商务平台仍然要依赖于联合包裹服务公司（UPS）、联邦快递公司（FedEx）及自营运输公司的卡车车队。

就像大多数新兴行业一样，一些富有胆略的企业家，其中包括兰索姆·奥兹（Ransom Olds）、詹姆斯·帕卡德（James Packard）、道奇兄弟（Dodge Brothers）和沃尔特·克莱斯勒（Walter Chrysler），缔造了强大的美国汽车制造业，该行业的两位领袖人物是亨利·福特和阿尔弗雷德·P. 斯隆，前者成为世界上最知名的汽车制造商，后者带领通用汽车公司成为世界上最大的工业公司。本章所描述的福特和斯隆两人在 20 世纪 20—30 年代的竞争，不仅是美国企业史上一段史诗般的故事，也是一个呈现分权决策优越性的完美案例。

亨利·福特、大规模生产和集权管理

亨利·福特在密歇根州迪尔伯恩长大，他自小就喜欢修修补补，并通过拆开钟表再重装回去来自娱自乐。16 岁时，他在底特律的一家机械厂工作，后来成为一家电力公司的总工程师。他创办的前两家汽车制造公司都失败了，但他创办的第三家公司却改变了世界。

当福特在 1903 年成立第三家公司时，他的同行们正在生产少量、多样且昂贵的汽车。此时仪表堂堂、充满自信、体格健壮的福特正值盛年，他对一个合作伙伴说："造车之道是让一辆汽车与另一辆汽车相似到就像一个模子刻出来似的，且汽车工厂能生产出一模一样的汽车，如同别针厂一样能够生产出一模一样的别针……"他的目标是"为大众造车……使用最好的材料，雇用最合适的人，采用现代工程学所能实现的最简单的设计……价格低廉，凡是挣着一份不错薪水的人都可以拥有一辆自己的汽车，并与他的家人尽情享受汽车带来的快乐"。1908 年问世的福特 T 型车彻底改变了汽车行业。从那时起，福特停止了所有其他车型的运营，而努力专注于改进 T 型车并降低其生产成本。

福特创造出生产奇迹的一个重要步骤是改进了装配线，使之成为流水化作业。到了 1914 年，T 型车底盘的装配时间已从 12.5 小时降至 1.5 小时。1925 年，福特对改进装配工艺过程的持续关注，使 T 型车的销售价格从 1908 年的 850 美元降至 290 美元（相当于 2016 年的 3988 美元）。在这一年，福特汽车公司售出了第 1000 万辆汽车。

然而，正是使更低价格成为可能的标准化模式导致了工人的高流动率。1914 年，为了维持每年 15 000 人的工人队伍，福特不得不雇用 50 000 人。

这个高达 300% 的流动率源于流水线作业带来的重重压力与枯燥乏味，以及集权管理。福特汽车公司的对策是将工资提高到日薪 5 美元（是当时平均工资的两倍），并将工作日的工作时长从 9 小时减少到 8 小时。流水线作业与日薪 5 美元的双重魔力使福特闻名于世，甚至连 20 世纪 20 年代苏联的规划人员也曾仔细研究过他的技术。

加薪与减少工作时间并没有改善车间的工作条件，但上述措施或多或少是对工人们单调工作的补偿。20 世纪 20 年代，福特汽车公司更进一步，将每周的工作时间从 6 天缩短到 5 天，而相应的工资却没有减少。在工业化以前，工匠对其制作的产品极易产生个人自豪感和自我成就意识，这与流水线生产形成了鲜明对比。但具有讽刺意味的是，装配汽车的人一旦拥有了汽车的所有权，则可以弥补自主感的缺失。福特希望他的员工能够购买他的汽车，而他们当中成千上万名员工确实也这么做了。

正是福特这种霸道的集权管理风格逐渐削弱了他在试图使工厂管理更加人性化方面的努力。也许没有人像厄普顿·辛克莱（Upton Sinclair）在他的小说《廉价汽车之王：美国福特的故事》（*The Flivver King: A Story of Ford-America*，1937）中那样，对福特的管理制度进行过如此清晰而深刻的分析。在书中，辛克莱承认福特身上存在的优点，并揭示了为什么会有那么多人追随他，但同时辛克莱也清楚地阐明：福特从未理解在他的装配厂里工作是一件多么令人沮丧的事；从未理解为什么工人非常抗拒福特强迫他们遵循其价值观（一支臭名昭著的"秘密警察"队伍监视工人的私人生活）；从未理解为什么在他的工厂里工作的人那么迫切地想要加入工会。

这种短视也影响了福特的商业战略。福特坚持两个基本原则：他要生产高质量的汽车，并以尽可能低的价格出售。他总爱断言，从 T 型车价格上砍下的每一美元都会吸引至少 1000 名新的买家。他曾在 1916 年说道："很多顾客买不起 440 美元的车，但买得起 360 美元的车。当车价为 440 美元时，我们有 50 万名汽车购买者。我想如果车价为 360 美元，我们全年的销量将提高到 80 万辆。尽管每辆车的利润减少了，但卖出的汽车数量增多了，这样就可以提供更多的就业机会，最终我们可以获得我们应得的全部利润。"

虽然福特是世界上最富有的人之一，但上述说辞对普通人来说还是颇具吸引力的。这些人仰慕他、信任他，认为他是普通人的化身，与他们十分相像。福特汽车公司常取悦记者，而福特一直是新闻报道的好素材。因此，这就不难理解为什么人们常说福特与约翰·D. 洛克菲勒（John D. Rockefeller）和安德鲁·卡内基（Andrew Carnegie）这样的"强盗大亨"不是同一类人，他个人拥有的十多亿美元财富是"干干净净"的。福特毫不掩饰自己对资本主义某些标志物的蔑视。他痛恨融资，并把他所厌恶的股东比喻为"寄生虫"。

1919 年，为了摆脱股东的影响，福特买下了公司的所有流通股并将其私有化。这是一次影响深远且带有不祥预兆的行动，一下子就把巨大的福特汽车公司置于一个反复无常的"无知天才"①的绝对控制之下，使公司管理全面实现了集权化。不久之后，福特强迫他的经销商用现金购买他的汽车，这导致许多经销商不得不从银行借款，可见他对融资的怨恨如此之深。而就在这时，福特汽车公司的一个强大的竞争对手——通用汽车公司出现了。

---

① 传记作者戴维·刘易斯（David Lewis）这样称呼亨利·福特。

阿尔弗雷德·P. 斯隆与分权管理

　　成为亨利·福特强劲对手的阿尔弗雷德·P. 斯隆出身于城市中产家庭，他人生的前十年是在康涅狄格州的纽黑文度过的。19 世纪 80 年代中期，斯隆的富商父亲将家搬到了布鲁克林。斯隆在布鲁克林工艺专科学院（Brooklyn Polytechnic Institute）学习电气工程专业，并取得了优异的成绩。之后，他"每一分钟都在努力，以便提前一年毕业"，他在三年内完成了在麻省理工学院（Massachusetts Institute of Technology，MIT）的学业。

　　当斯隆于 1895 年大学毕业时（"我当时瘦得像条铁轨，年轻而且很不起眼"），他在海厄特滚珠轴承公司（Hyatt Roller Bearing Company）找了一份工作。这是一家位于新泽西州，只有 25 名员工的小公司，月销售额仅为 2000 美元。斯隆的父亲曾出手资助该公司，使其在困难时期生存下来并实现了扩张。随着该公司向越来越多的汽车制造商推销其产品，斯隆开始对汽车行业有了一定的了解。他把滚珠轴承卖给兰索姆·奥兹和威廉·C. 杜兰特（William C. Durant），亨利·福特也成了其最优质的客户。

　　被称为"蓝眼睛比利"的杜兰特是一位颇有远见的商人，他于 1908 年组建了通用汽车公司，也就是福特 T 型车横空出世的那一年。杜兰特是一个精明强干的商人，喜欢通过买进卖出公司来获利。通用汽车公司的规模虽持续扩大，但它仍是一个由各个独立公司组成的松散型集团，各子公司彼此之间甚至还经常相互竞争！别克公司（Buick）是其中业绩最好的，杜兰特把从该公司赚到的钱投资到其他不那么成功的公司，此举引起了别克公司领导者查尔斯·纳什（Charles Nash）和沃尔特·克莱斯勒的愤怒，后来他们离开并成立了自己的汽车公司。斯隆对此总结道："杜兰特先生是一位伟人，不过他有一个很大的弱点——他只懂得创造，但不善于管理。"

尽管如此，杜兰特还是预见到了其他人没有预见到的事情：汽车业的未来在于将所有参与汽车生产的发动机和零部件制造商、底盘厂、车身公司和装配商整合到一家大公司里。只有通过这种"纵向整合"，将从原材料到成品的所有制造和装配步骤集中在一起，才能实现可靠的大规模批量生产。利用规模经济可以增加产量，同时降低每辆汽车的成本。因此，杜兰特和福特对纵向整合有着执着的追求。福特从他的公司内部着手，而杜兰特则通过收购相关公司并将其整合到通用汽车公司来实现相似的结果。

杜兰特创立的联合汽车公司（United Motors）由一些配件公司组成，他打算将海厄特滚珠轴承公司纳入该公司旗下。1916 年，海厄特滚珠轴承公司已经发展成为一家拥有 4000 名员工的企业，斯隆和他的家族此时拥有该公司的大部分股份。杜兰特为收购这家公司支付了 1350 万美元（相当于 2016 年的近 3 亿美元），并任命斯隆为联合汽车公司总裁。两年后，杜兰特将联合汽车公司并入通用汽车公司，并让斯隆担任通用汽车公司副总裁和执行委员会成员。1920 年，一次股东发难迫使杜兰特下台。被称为美国最精明的企业管理者之一的皮埃尔·杜邦（Pierre du Pont）是通用汽车公司的主要投资人，他随即接任了通用汽车公司的总裁，并任命斯隆为他的首席助理。

时年 45 岁、正处于能力巅峰期的斯隆此刻正面临着十分严峻的管理问题。在内部，通用汽车公司仍然是一个混乱的组织，并且杜兰特之前的一些操作使公司财务状况一片狼藉；在外部，雪上加霜的是，1920—1921 年的经济萧条正威胁着公司的生存。正如后来斯隆在自传中所记载的："汽车市场的需求几乎绝迹，而我们的收入也随之消失。"

尽管遇到了一些困难，但通用汽车公司还是度过了短暂的萧条期。1923 年，斯隆成为通用汽车公司的总裁。事实证明，他是一个与杜兰特及福特迥然不同的企业家。杜兰特和福特向媒体示好并对媒体报道持开放态度，而斯隆则回避个人宣传。斯隆没有太多的私人生活，他除了关注如何为通用汽车公司谋福祉外，似乎对其他任何问题都不感兴趣。斯隆带领通用汽车公司扭亏为盈，并将其打造成了在汽车制造领域世界上最大的公司，这被誉为企业史上最辉煌的成就之一。

正如《财富》杂志一位撰稿人所描述的那样，斯隆"表现出一种不近人情的冷漠，但对现实却有一种富有人性和感染力的热情。无论在不在委员会中，他从来不会像一般人那样以命令的口吻说'我要你必须这么做'。相反，他会在审查数据后尽力说服下属接受他的想法，并指出'可以试试这个方法'。他认为在公开场合讨论实际问题时，所有人都应该处于平等的地位。管理行为不应该是服从命令，而应该是听取建议"。与福特不同，斯隆尊重许多主管做出的贡献，他会把主要管理职责下放给他们。一位同事将斯隆的管理风格比作他曾经销售过的滚珠轴承："自动润滑、光滑顺畅、消除摩擦、承载负荷。"通过拒绝自我夸大及坚持向下授权，斯隆带领通用汽车公司占据了非常有利的市场地位。

通用对决福特：分权式管理的完胜

亨利·福特在将他的公司私有化的同时，还在底特律附近的荣格河制造基地启动了一个耗资巨大的建设项目。这些建设成本，再加上 1920—1921 年的经济衰退及福特对银行金融系统的排斥，导致他迫使经销商要用现金购买他的汽车。相比之下，斯隆则成立了一家名为"通用汽车公司金融服务公司"的子公司。这家金融机构使通用汽车公司的经销商能够为大宗采购融资，并使客户能够以信贷方式购买轿车和卡车。分期付款计划的实施（福特从未采用过）增强了客户与企业家的购买力，也帮助通用汽车公司度过了经济衰退期。

在 20 世纪 20 年代和 30 年代，斯隆在其他管理方面也胜过福特，包括他意识到汽车行业快速变化的形势需要更加复杂多样的管理方式。

> 当时人们对二手车市场一无所知。没有关于不同类型汽车市场渗透率的统计数据，也没有人跟踪汽车的注册情况。因此，生产计划的制订与最终需求没有实际关联。我们的产品之间，以及产品与市场之间毫无计划上的联系。我们没有考虑过用一系列产品应对全部的市场挑战。我们今天所熟知的车型年度升级仍然遥遥无期。产品的质量很不稳定，时好时坏。

早在亨利·福特之前，斯隆就看到汽车业正在成为一个以旧换新的行业。在每四辆售出的汽车中，二手车最终将占三辆。此外，斯隆还意识到，美国人把购买汽车看作是他们收入水平提高的身份象征。对此，他让通用汽车公司的产品线实现多样化，首先是生产雪佛兰汽车，目的是与福特的 T 型车竞争。通用汽车公司打造了多种价格的车型，从低到高依次为庞蒂亚克（Pontiac）、奥兹莫比尔（Oldsmobile）、别克及顶级的凯迪拉克（Cadillac），更高的价格暗喻了更高的社会地位。它的广告标榜通用汽车公司将提供"可以满足不同购买力及具有多种用途的汽车"。值得注意的是，20 世纪 20 年代中期，通用汽车公司的轿车和卡车在款式、基础工艺和生产质量方面已经赶上甚至超过了福特汽车公司。

而此时的亨利·福特还在坚持他愈发单一的方法：用一种颜色（黑色）

制造一辆更好的汽车，并不断削减成本。虽然这种策略在早年取得了成功，但在 20 世纪 20 年代和 30 年代持续变化的市场中，它已经失去了生命力。1921 年，福特汽车公司在美国国内的市场份额为 56%，可到了 1925 年已降至 40%。与此同时，通用汽车公司的市场份额从 13% 飙升至 20%。1929 年，两家公司都生产了 150 万辆汽车。但到了 1937 年，通用汽车公司的市场份额已飙升至 42%，而福特汽车公司的市场份额则下滑至 21%。同时，克莱斯勒公司（Chrysler Corporation）以 25% 的市场份额占据了第二的位置。

福特对 20 世纪 20 年代新经济的变化视而不见，对客户的需求反应迟钝。消费者需要可以保护乘客免受外界干扰的"封闭式汽车"，要求有不同颜色和不同风格，并且每年更换车型。在关闭荣格河工厂近一年并对其重新调整后，福特汽车公司终于在 1928 年生产了 A 型车。虽然它明显优于 T 型车，但它仍只有一种车型。1929 年生产的第二款车型林肯（Lincoln）并没有与凯迪拉克进行有效竞争。直到 1933 年，福特汽车公司才开始推出年度车型。1938 年，该公司推出了新型中端车水星（Mercury），希望与通用汽车公司的庞蒂亚克、奥兹莫比尔和别克等高端车系一争高下。

此时的福特汽车公司内部一片混乱——信息流变得杂乱无序；管理人员似乎无法发现问题或确定责任；预算程序远远落后，负担过重的会计师开始用磅秤去称量成堆的发票，而不是把每张发票上的数字相加。福特汽车公司已被自己的成功所累：它的规模发展得过大，以至于无法再用亨利·福特一贯坚持的方式来管理。

如此一来，曾经为福特汽车公司创造过辉煌的管理团队随之瓦解便毫不令人奇怪了。实际上，早在 1933 年亨利·福特 70 岁之前，福特就已经变成了一个刻板、暴躁、武断的首席执行官（CEO）。他独断专行的管理风格迫使年轻的高管离职，而通用汽车公司和其他几家公司对分权管理做出的全新承诺则吸引了这些年轻人的加入。20世纪30年代，福特汽车公司之所以没有彻底破产，是得益于福特品牌的知名度及产品的高质量，此外还得益于斯隆的管理策略，即为了避免可能出现的反垄断行动而故意将通用汽车公司的市场份额控制在45%以下。

虽然斯隆制定了工程和营销战略以满足新的消费需求，但如果没有相应地建立一个更好的管理架构来实施这些战略，他也不会获得成功。20世纪20年代以前的商业传统不是按**"产品线"**来组建一家大公司，而是按三条**"功能线"**来组建：原材料采购、制造和销售。无论产品的数量或种类有多少，监督这些职能的主管人员都会对公司的所有产品负责。在这样的组织架构下，当产品出现问题时，公司就无法确定该如何应对。

为了满足20世纪20年代新的消费需求，斯隆为通用汽车公司设计了分权、多部门的管理架构。客户的多样化选择导致了产品线的多样化，这推动了独立产品部门的建立，这些部门均由一位拥有半自主权的高管领导。每位高管都对其部门的运作负有"最终责任"，这意味着他必须同时负责监督该部门产品的原材料采购、制造和销售。

在一家大公司内设立半自主管理的产品部门，这种构想在今天听起来可能就像装配流水线的想法一样稀松平常，但在20世纪20年代，这却是一个前所未有的超凡突破。斯隆花了相当多的时间来解决具体问题。多年后，他意识到，集权与分权之间的平衡是问题的关键。为了公司的繁荣发展，集权必须与分权相结合。

多部门架构使得这种结合成为可能。这种新架构的优点之一是将一家大公司变成了由若干小规模实体公司所组成的企业集团。它还激励了众多的管理人员，使他们在一路上升的职业生涯中能以合作的精神一起工作。斯隆通过建立跨部门委员会来鼓励这种做法，并确保高管们同时在几个委员会中任职。这保证了重要决策者之间的沟通，并有助于"在协作控制下分权管理"目标的达成。

协作控制主要通过财务报告和资本配置来实现。斯隆针对这些问题努力寻找解决方案，通用汽车公司很快在实现预算目标和财务比率（如库存周转率、固定成本与可变成本、利润占销售额的百分比）等方面成为全美国水平最高的公司之一。这些很难做到，而且通用汽车公司也并不是一直做得很好。经理们根据数据向总部高管报告情况并对生产线持续进行调整。斯隆对此进行了总结："从分权中，我们得到了主动性、责任感、人员发展、最接近事实的决策、灵活性……从协作中，我们得到了效率和经济效益。显然，协作分权管理并不是一个容易实施的想法。"

吸取的教训

我们能从 20 世纪 20—30 年代福特汽车公司与通用汽车公司之间的较量中吸取到什么样的教训呢？首先，福特汽车公司享有的"先发优势"虽然强大，但这并不能确保其永久保持霸主地位。市场会惩罚那些不愿适应或不能适应的公司。

亨利·福特并非对变革的无情完全不理解，他对制造业的创造性破坏有其独特的认识。"没有一件设备可以被看作是永久可用的，甚至连厂址都不能被当作固定的。我们放弃了当时世界上最大的汽车制造基地高地公园工厂，搬到了荣格河工厂，因为在新的工厂里可以减少物料的处理流程，从而节省费用。我们经常裁撤整个业务部门，而且将其视为一项常规操作。"

然而，亨利·福特并没有将这种洞察运用到市场营销中。他拒绝承认营销环节（从产品策略、款式、广告到销售的各个过程）与制造环节都对产品的成功至关重要，也几乎不尊重消费者的喜好，并认为他们是善变的（确实如此）。亨利·福特认为他知道消费者需要什么。但他没有想明白一件事，即在市场经济中消费者其实是至高无上的，而一家企业如果不接受这个事实，就会招致灭顶之灾。

上述两者之间爆发的汽车大战还给了我们一个启示：在现代经济活动中，如何进行决策是企业能否持续成功的关键。如果所有的决策如福特汽车公司那样都是由组织的高层做出的，那么这样的公司迟早会面临两种情况。其一，随着企业规模的扩大，决策的质量会变差。因为需要你了解的东西太多，而且这些东西都在不断变化中。其二，不直接参与决策制定过程的员工会对例行公事感到厌烦，也就不会对组织做出本应有的贡献。然而，仅仅在组织结构图中将决策权下移并不能解决上述问题，因为这样的做法会导致合作的动摇和无组织状态的出现。

因此，这次汽车大战表明，现代管理的关键难题在于如何在集权和分权之间找到适当的平衡点，并不断协调两者之间的关系以应对不断变化的环境。如何在获得最佳信息的那一刻即可做出正确的决策，取决于公司的组织结构是否得到正确的设计。而20世纪20—30年代的通用汽车公司，以及第二次世界大战后成千上万家公司对此已经给出了解决方案：建立一个多部门、分权式的管理组织。

亨利·福特和斯隆之间截然不同的特点，在美国企业文化和整个国家文化中都具有典型的讽刺意味。美国传统文化中的许多方面都将孤胆英雄浪漫化，而低估了通过结构化组织进行合作的必要性。**"个人主义"** 备受推崇，而**"官僚制度"** 依旧受人诟病。亨利·福特—— 一个没受过高等教育的超级独行侠，一个能言善辩、固执己见的亿万富翁——也许具备更典型的"美国"个性，而斯隆—— 一个平静、令人信服的工程师和井然有序的组织者——更好地体现了 20 世纪大多数美国成功商业领袖的特质。

但汽车大战最为深刻的教训则是变化的无情。美国汽车制造商最终沦为管理水平更高的日本汽车制造商的牺牲品。再后来，家族企业式的福特汽车公司复苏，而通用汽车公司则不得不依靠政府的救助苟活。变化的无情，亦不过如此！

第一章精选资料

Alfred D. Chandler, Jr. 编著的 *Giant Enterprise: Ford, General Motors, and the Automobile Industry: Sources and Readings*（1964）是一本弥足珍贵的统计资料和其他原始资料的合集。读者还可参考：Chandler 编著的 *Strategy and Structure*；Tedlow 编著的 *Newand Improved*；Hounshell 编著的 *From the American System to Mass Production* 中的相关章节。

关于汽车行业的总体情况，美国联邦贸易委员会撰写的 *Report on the Motor Vehicle Industry*（1939）是当代一份出色的研究报告。其他代表性文献包括：James J. Flink 撰写的 "Automobile"，它收录于 Glenn Porter 编著的 *Encyclopedia of American Economic History*（1980）；Flink 所著的 *The Car Culture*（1975）；John B. Rae 所著的 *The American Automobile*（1965）；James M. Rubenstein 所著的 *Making and Selling Cars: Innovation and Change in the U.S. Automotive Industry*（2001）；Sally H. Clarke 所著的 *Trust and Power: Consumers, the Modern Corporation, and the Making of the United States Automobile Market*（2007）。关于对其他汽车制造商的分析，可参见 Charles K. Hyde

所著的 *Storied Independent Automakers: Nash, Hudson, and American Motors*（2009）。关于日本汽车产业在 20 世纪后期成功挑战行业霸主背后的原因，最好的研究著作是 Michael A. Cusumano 所著的 *The Japanese Automobile Industry: Technology and Management at Nissan and Toyota*（1985）。

有关亨利·福特生平的大量文献包括若干自传作品，其中最有帮助的是福特与 Samuel Crowther 合作撰写的两本书：*My Life and Work*（1923）[1] 与 *Moving Forward*（1931）[2]。福特的一位重要合作者在其自传中提供了关于福特的另一种说法，可参见 Charles E. Sorensen 和 Samuel T. Williamson 合作撰写的 *My Forty Years with Ford*（1956）。Allan Nevins 与 Frank Ernest Hill 合作编写了三卷本的研究报告，这是一部关于福特汽车公司的详尽的历史，其中对福特汽车公司存在的一些丑恶现象进行了淡化处理，这三部著作分别是：*Ford: The Times, the Man, the Company*（1954）；*Ford: Expansion and Challenge 1915–1933*（1957）和 *Ford: Decline and Rebirth, 1933–1962*（1963）。

其他颇有帮助的研究著作包括：Keith Sward 所著的 *The Legend of Henry Ford*（1948）；John B. Rae 编著的 *Henry Ford*（1960）；Reynold M. Wik 所著的 *Henry Ford and Grass Roots America*（1972）；David L. Lewis 所著的 *The Public Image of Henry Ford: An American Folk Hero and His Company*（1976）；Stephen Meyer III 所著的 *The Five Dollar Day: Labor, Management, and Social Control in the Ford Motor Company, 1908–1921*（1981）；Douglas Brinkley 所著的 *Wheels for the World: Henry Ford, His Company, and a Century of Progress*（2003）[3]。Dmitry Anastakis 发布在 *Business History Review*，80（Spring 2008）上的评论文章，对福特及其公司的文献进行了精彩的简要概述。

有关斯隆的文献则要少得多，部分原因是他刻意保持低调的行事风格。但特别值得一提的文献是：《财富》杂志 1938 年 4 月刊载的文章 "Alfred P. Sloan Jr.:

---

① 亨利·福特. 亨利·福特自传：我的生活和事业［M］. 汝敏，译. 北京：中国城市出版社，2005.
② 亨利·福特. 向前进：亨利·福特自传［M］. 张扬，译. 北京：当代中国出版社，2002.
③ 道格拉斯·布林克利. 福特传：他的公司和一个进步的世纪［M］. 乔江涛，译. 北京：中信出版社，2005.

Chairman"；Alfred P. Sloan 与 Boyden Sparkes 合著的 *Adventures of a White Collar Man*（1941）；Alfred P. Sloan 所著的 *My Years With General Motors*（1963）[①]；Arthur J. Kuhn 所著的 *GM Passes Ford, 1918–1938: Designing the General Motors Performance-Control System*（1986）；Daniel M.G. Raff 撰写的 "Making Cars and Making Money in the Interwar Automobile Industry: Economies of Scale and Scope and the Manufacturing behind the Marketing"，发表在 *Business History Review*，65（Winter 1991）；Walter Friedman 撰写的 "A Car for Her: Selling Consumer Goods in the 1920s"，收录于 Walter A. Friedman 所著的 *Birth of a Salesman: The Transformation of Selling in America*（2004）；David Farber 所著的 *Sloan Rules: Alfred P. Sloan and the Triumph of General Motors*（2002）；John McDonald 所著的 *A Ghost's Memoir: The Making of Alfred P. Sloan's My Years with General Motors*（2002）。

社会学家 Robert F. Freeland 在 *The Struggle for Control of the Modern Corporation: Organizational Change at General Motors, 1924–1970*（2001）一书中提出了一个颇具挑战性的论点，即通用汽车公司的多部门结构并不像我们（几乎所有学者）所描述的那样运作，即在一家大公司中起到分权决策的作用。Freeland 的观点更多地适用于通用汽车公司内部的组织社会学研究，而相较于福特汽车公司，这一观点并不适用于通用汽车公司相对分散的组织结构，当然也无法令人满意地解释通用汽车公司 60 年来的卓越表现，以及全世界的大公司坚持不懈地采用多部门结构的原因。即便如此，它仍是一部重要的著作，挑战了被称为"教科书式的 M 型结构"的许多传统智慧。Freeland 的论点与其说是与斯隆的管理风格有关，不如说是与其他学者，特别是经济学家 Oliver Williamson 的理论之争有关。为了深入了解分散的多部门结构如何在其他公司尤其是海外公司中传播的具体情形，读者可参考 Christopher D. McKenna 所著的 *The World's Newest Profession: Management Consulting in the Twentieth Century*（2006）。

---

① 阿尔弗雷德·斯隆. 我在通用汽车的岁月［M］. 孙伟，译. 北京：机械工业出版社，2021.

第二章

企业福利资本主义、金融体系和大萧条概述

　　我们将在第三章探讨下一个企业案例，在此之前，我们有必要花点时间在本章先阐述下列三个主题：（1）将"新时代"带入企业与劳工和社会关系之中的尝试；（2）金融系统对企业成功和失败所起的作用；（3）美国历史上历时最长、后果最严重的经济大萧条。探讨这些主题，将有助于我们在 20 世纪的大背景之中更好地理解美国所取得的商业成就。

20 世纪 20 年代的企业福利资本主义

　　与大多数美国人一样，商人们对那些因第一次世界大战而加速发展的事件和新兴力量也采取了自己的应对之策。当时的社会变化主要包括：劳动力的更替和动荡；新兴的消费社会带来了激烈的竞争，人们开始关注效率和更低的价格；公众对商人产生了"强盗大亨"和"战争暴发户"的负面印象。

　　早在第一次世界大战之前，一些商界人士就已经开始思考并付诸行动了，他们认为一些行为可以最大限度地减少劳资冲突、平息竞争压力、树立企业家更为正面的形象。企业史上关于劳资关系的改善其实并不是一个新鲜话题，乔治·普尔曼（George Pullman，19 世纪 80 年代和 90 年代）、亨

利·福特和小约翰·D.洛克菲勒（John D. Rockefeller, Jr.，20世纪第2个十年）都曾实施过企业福利计划，旨在缓解劳资双方的紧张关系、减少劳动力流动。普尔曼的尝试在19世纪90年代失败了；福特的计划加上其他错误，导致他的公司在20世纪30年代无法跟上通用汽车公司的步伐；而洛克菲勒的努力只是暂时阻碍了工会活动而已。

20世纪20年代，商业"新时代"的思想体系（有人将其称为"美国计划"，以示与欧洲社会主义运动的不同）包括四个组成部分。

（1）提高工资和降低物价。这两个手段都旨在鼓励人们增加消费，人们决定买什么就意味着企业需要生产什么。通过这种方式，企业的决策重点将回归到消费者身上。

（2）产业关系的新时代。管理者使用人事管理的新社会科学化手段来打造高效的员工队伍，并在公司设立保险、养老金、利润分红等福利计划，成立工人管理委员会，以提高工人的忠诚度并减少人员流动。

（3）鼓励高效竞争。许多企业领袖都承认激烈的竞争会带来浪费，因此他们希望通过与贸易协会的合作来消除竞争。

（4）改善企业在美国社会中的形象。许多企业高管都支持扩大商学院的教育规模，鼓励经理人参与公民事务，如捐助艺术事业、参与当地诸如基瓦尼斯（kiwanis）[①]和商会之类的商业俱乐部等。商业文化也渗入了本科院校，如20世纪20年代开始流行的许多联谊会，其出现的部分原因就是为了与学生群体建立感情纽带，使他们能够把在大学阶段就建立起来的交际圈带到未来的商界去。

---

① 基瓦尼斯是由北美工商业职业人员组成的团体，为了维护商业道德而组建，是一个社会慈善组织。——译者注

遗憾的是，"新时代"并未实现。工人们经常拒绝这些福利计划，因为他们本身没有参与制订这些计划。工人们认为这些计划原本就是管理部门试图控制他们生活的一种手段。只有少数经理人接受了这一理念，而且在大多数情况下只接受了其中的一两个部分。通用汽车公司和杜邦公司（DuPont）的案例仍然是例外，它们的做法在20世纪后期成为商界典范。

20世纪20年代末，企业利润的减少逐渐削弱了已经实施且耗资巨大的福利计划的实施力度。美国商务部部长赫伯特·胡佛（Herbert Hoover）在20年代的整个十年间所倡导的尽量减少竞争性浪费的尝试，导致20世纪30年代出现了反垄断行动。当大萧条来临时，正是公民的参与使企业很容易成为公众和政治家的批判目标。最后，联邦政府在20世纪30年代颁布了法律，强制企业保护工人的权利。

得不到商界大多数人的支持是"新时代"一系列计划失败的部分原因，而金融系统出现问题和脆弱的经济模式也是其失败的原因之一。

金融的作用

在20世纪20—30年代的汽车产业大战中，通用汽车公司战胜福特汽车公司的部分原因是前者实施了金融创新，而后者却将金融创新拒之千里。斯隆之所以能够带领通用汽车公司实现转机，在很大程度上就是因为他得到了通用汽车金融服务公司（GMAC）的帮助——该公司为通用汽车公司的经销商和零售客户提供信贷服务。从更广泛的意义上理解，在通用汽车公司总部，工作人员巧妙地利用了诸如库存周转率、销售净利润和投资回报率等财务指标。这些指标对企业的正常运作至关重要，它们就是记录公司当前状况的一张张"快照"，将这些"快照"逐年展示就能转换成一部可以反映公司逐年发展趋势的"电影"。在经理们将自己公司的数据与同行业中其他公司的数据进行比较时，指标就显得尤其有用。

金融系统的基本作用是：首先将资金从投资者（储户）输送到公司（使用者），然后再将公司的收益适当分配给投资者。该体系既可以跨时间转移资本，如十年期公司债券的发行和偿还；也可以跨空间转移资本，如将资金从一个国家或地区转移到另一个国家或地区。每一次资本转移可能都需要中间步骤。其中，一个重要的步骤是银行、保险公司和由投资信托、养老金和共同基金等形成的投资池从家庭储户那里汇集大量的资金。然后，公司可以通过向他们借款或向他们出售自己的股票和债券，来利用这些积累起来的资金池。之后，当公司向消费者推销它们的产品或服务时，它们的部分盈利就会作为股票的股息和债券及贷款的利息回馈给投资者。

美国公司传统上主要通过以下三种方式筹集资金：一是留存收益；二是通过贷款和公司债券借款；三是出售股票。事实上，许多公司只在首次公开募股（IPO）期间出售一次股票。股票市场上的销售主要由"二级市场"活动组成，这种活动只是将股票的所有权从一个人或机构转移到另一个人或机构。

那么，为什么一家公司的股票价格对其很重要呢？第一，股票价格是市场对该公司目前和未来业绩信心的风向标；第二，众多公司的股票价格（汇总为道琼斯工业平均指数等市场指数）表明国家经济的相对健康状况；第三，自 1920 年以来，越来越多的美国人投资证券市场，此举不仅使市场"民主化"，而且还使其成为国家财富的存放处。1929 年，1.23 亿美国人中约有 1000 万人积极投资于证券市场。而到了 21 世纪初，美国有近 1/3 的人口

（约 1 亿人）置身其中。

无论规模大小，所有公司都有一些财务问题，而且往往是紧迫的财务问题，包括如何支付工资、如何获得并维持用于其他日常业务的周转信贷、如何临时筹集开发新产品和建设新设施所需的大笔资金等。这些问题随时可能会对企业产生致命的危害，企业需要凭借不断流入的可靠的财务信息来制定对策。除了企业自身的财务数据外，经理们还需要掌握整个经济活动的总体情况，如通货膨胀率、利率、失业率、商业投资和客户支出等。

投资者也有类似的要求。所有投资人、自然人股东、金融机构（如银行、保险公司）和养老基金等，都必须有可靠的信息来源，以便对投资地点、投资数额，以及股票（普通股）、长期债券或短期贷款等投资形式做出明智的判断。

1920 年以前美国金融业的历史背景

自美国建国以来，金融创新一直支撑着美国的经济。18 世纪 90 年代，美国财政部部长亚历山大·汉密尔顿（Alexander Hamilton）通过巧妙的措施，加强了国家的对外信用并增加了国内的货币供应量，使国家有了一个健全的金融基础。汉密尔顿对未来的经济增长下了巨大的赌注，并将他的政策扎根于此。作为他的政治对手，托马斯·杰斐逊（Thomas Jefferson）当时非常反对这些措施，但如果没有汉密尔顿建立的信贷系统，杰斐逊将不可能在 1803 年作为总统与法国达成《路易斯安那购买法案》（The Louisiana Purchase Act）——1500 万美元的购买价格超过了美国政府当年 1140 万美元的财政总收入。荷兰和英国的银行家购买了美国政府为这笔交易而发行的大部分债券，然后美国政府将现金交给了拿破仑，换取了使美国国土面积翻倍的领土。

地方银行和国际投资者为运河和早期的铁路建设提供资金，这些铁路将美国东部与通过《路易斯安那购买法案》得到发展的地区连接起来。这一金融体系也为桥梁建设、铁矿石开采、钢铁生产和制造提供了资金。安德鲁·卡内基是最成功的企业家之一，他懂得如何将金融和管理创新与利润再投资相结合，以拓展他的各项业务。1901 年，他以 4.8 亿美元的价格将卡内基钢铁公司卖给了美国钢铁公司，该笔交易的一大部分资金是由美国钢铁公司[1] 融资借贷而来的。

J. P. 摩根（J. P. Morgan）是 19 世纪末和 20 世纪初的金融和管理组织大师，领导了创建美国钢铁公司的运动。他召集了一批投资者购买了美国各种铁路和制造业企业的股票和债券，这些早期投资者大部分来自英国和欧洲大陆，他们看中的是公司的长期生存能力。然而，其他金融家对赚快钱更感兴趣，打心眼里不想建立高效、成长型公司。例如，杰伊·古尔德（Jay Gould）购买了处于亏损状态的铁路公司，并将其拆分出售以快速获利。在其他案例中，他通过在运营方面以最低限度的投资营造了一个公司运营良好的假象，然后以远远超过其价值的价格将公司脱手。这种行为，再加上经济的盛衰周期，引发了一系列的金融恐慌，其中最严重的两次发生在 19 世纪 70 年代和 90 年代中期。这就导致了大量的商业失败案例，许多美国人的工作岗位朝不保夕，而企业家阶层更被冠以"强盗大亨"的蔑称。

---

[1]　美国钢铁公司是美国第一家市值10亿美元的公司。

20世纪20年代的华尔街和股票市场

在第一次世界大战之前，美国的金融业主要由投资者管理，他们通过优先股的股息和公司债券的利息来寻求长期回报。保守派（J.P. 摩根在1913年去世前一直是其领导者之一）管理着国家的金融体系，甚至通过动用自身资源挽救了1907年的金融危机并阻止了恐慌的蔓延。但是，由于经济增长太快，这个私人金融集团无法得到控制，许多美国人不喜欢由这些保守派集中控制金融权力。人们对如何控制集中的工业权力（托拉斯问题）议论纷纷，因此联邦政府颁布了《克莱顿反托拉斯法》（The Cayton Antitrust Act，1913）和《联邦贸易委员会法》（The Federal Trade Commission Act，1914），以此来规范企业行为。在金融领域，联邦政府于1914年成立了美国联邦储备系统（以下简称"美联储"），以帮助农业和工业获得平稳、顺畅的货币供应，但第一次世界大战及其造成的后果在很长一段时间内阻碍了这一政府机构的发展。

建立美联储是20世纪前30年的一场较大、较复杂的意识形态辩论的一部分。一些美国人注意到，大型商业公司的崛起使许多美国人丧失了拥有财产和利用财产获利的能力，许多人成为工厂的工人或办公室文员。他们并没有利用自己的财产来获利，他们只是与财产分离的受薪雇员而已。这种脱节现象引发了被称为股东民主的意识形态运动，即鼓励更多的个人投资于证券市场，以便将个人与财产联系起来，并对工业资本主义施加控制。进步的改革者和纽约证券交易所（NYSE）的领导者共同推动了这种意识形态的变化。于是，大规模投资的理念与大规模生产和大规模分配一起成为管理资本主义时代的一个组成部分。它不仅满足了企业对资本和金融信息的需求，而且也带有平衡公司权力和投资者权力的政治意义。NYSE的领导者认为，政府监督并无必要，因为股东民主可以制约管理层的不当行为，但结果却不尽如人意。

有趣的是，在第一次世界大战期间，美国政府向国内普通民众出售战争债券，这使得许多人开始逐渐认可股东民主的理念。战后，越来越多的散户进入证券市场。交易者（或投机者）购买了当时新发行的普通股，这些股票比保守派垄断的优先股更便宜。交易者们不太关心上市公司的管理状况，而一心只想在交易中快速获利。他们经常用"保证金"购买股票，即只付 10% 的首付，而剩下的 90% 都是借来的。他们希望股票价格上涨，这样可以通过将其卖掉来还清贷款，然后把获利投入更多的交易中。交易者们不像优先股持有人那样长期持有股票从而获得股息，而是专注于根据股票价格涨跌来进行短期交易的投机行为。

20 世纪 20 年代，投资者手上有比以前更多的钱可以用于投资：共和党政府发起的减税政策、美国企业创纪录的盈利及国家对债务的偿还，都使更多的资金得以流入金融系统。新的工具——投资信托（共同基金的前身）吸引了新流入的资金，保险公司和银行也是如此。利用内幕信息牟利的投机者和从事不良贷款管理的银行经理在整个金融系统中随处可见。在 20 世纪 20 年代之前，保守派凭借其价值观和关系网一直保持着对金融系统的控制。而在 1920 年之后，美国的金融系统基本上是一个没有机构控制的"自由市场"。1928 年，证券业出现了"投机泡沫"；第二年，这个泡沫随即破裂；而到了 1929 年 11 月中旬，股市下跌了 50%。这意味着股东民主的意识形态已濒临崩溃。

股票市场的崩盘本身并没有导致大萧条的发生，但它却在此时发出了一个危险的市场信号，即美国经济正处于不健康的状态。

大萧条

总的来说，1929—1941 年的大萧条就像一把重锤狠狠地砸向了美国经济。在大萧条的头四年，美国实际国民生产总值下降了 31%。随着人们停止建造新房子、企业停止购买新设备，投资额下降了 87%，这几乎令人难以置信。1929 年，美国的失业率约为 3%，而在 1932 年失业率飙升至 25%，这是美国迄今为止最高的失业率，也是一项从未被打破的纪录。各个行业如采矿业、农业、建筑业、金融业等陷入急剧的衰退中。银行倒闭后，小企业失去了他们的运营资金和曾经积累的收益。数以百万计的家庭一贫如洗，甚至还出现了饿死人的现象。那么，这一切是如何发生的呢？

在资本主义制度下，投资和购买力之间存在着一种冷酷无情的关系。工人手头有钱才能购买企业生产的商品和提供的服务。如果其购买力下降，那么企业就不会繁荣，投资者也不太可能会对企业进行投资。分析投资和购买力之间的这种关系有助于我们理解大萧条发生的原因。下面我们通过具体分析经济的四个领域（财富和收入的差距、众多的"病态产业"、不健全的银行体系、脆弱的公司管理结构），以及一系列给购买力和投资之间的关系带来巨大压力的政府政策，看看能得出什么样的结论。

第一，20 世纪 20 年代是美国财富和收入分配失衡的十年。虽然新时代的一些行业的平均工资在这十年间增长了 11%，但并非所有工人都能从中受益。此外，许多工人（如汽车制造业和建筑业的工人）并不是每周都在工作。与此同时，在过去的十年里，商业公司的利润增加了 80%，股息增加了65%。但这些利润并没有流向工人，而是流向了那些本就已经很富有的人：1% 的人口坐拥 59% 的财富，而 87% 的人口只拥有 10% 的财富，6 万个富裕家庭拥有的财富等于 2500 万个底层家庭的财富总和。因此，在 20 世纪 20 年代，美国的财富分配是不均衡的。

为什么这对美国企业的发展史十分重要呢？因为富裕家庭购买消费品（冰箱、汽车、收音机）的数量是有限的。分期付款计划的引入可以让工薪阶层的人购买更多的东西，但到了 20 年代末，这一阶层中的许多人已经最大限度地增加了他们的债务。随着社会购买力的下降，投资者开始变得忧心忡忡。

第二，"病态产业"数量的增加也加剧了财富分配的不均衡。这些境况不佳的行业中有许多产业单一化的企业，但它们同时也是美国最大的雇主所在的行业，如采矿业、石油和天然气及纺织业（不仅面临内部竞争，而且面临由新型合成纤维的发明所带来的外部竞争）。到了 20 年代中期，建筑业和钢铁业面临着最为激烈的竞争。为了生存，这些行业降低了产品价格，解雇了工人，但这反过来又加剧了问题的严重性。随着汽车制造商缩减产量，橡胶、玻璃、螺母和螺栓等其他配套行业也不得不随之效仿。而每裁减一名工人，社会购买力就会下降，从而导致投资者减少对股票的购买。所有这些现象都从 1928 年开始产生不良的影响。

第三，美国经济的另一个弱点是，20 世纪 20 年代这十年中大量的兼并和收购导致了管理结构脆弱的公司的数量剧增。有两种类型的兼并占据主导地位。其中一种与通用汽车公司和杜邦公司的经理们所做的事情相似——分散他们的持股和管理结构，以分散竞争压力所带来的风险。但这是一种谨慎的管理对策，在 20 世纪 20 年代属于凤毛麟角。

其他许多公司则是滥用了控股公司的管理机制。理论上而言，控股公司是监督其他公司的管理实体，它是约翰·D. 洛克菲勒在 19 世纪成功经营的标准石油托拉斯的现代版本。然而，与洛克菲勒不同的是，在 20 世纪 20 年代管理者创造的这类金字塔结构的公司中，其中一些公司的存在不是为了生产商品或提供服务，而仅仅是作为一个金融实体。股票和公司债券的销售及借款等交易，往往是基于人们对公司价值的观点，而这些观点并不能准确反映资产的真实价值。公司有时根本没有资产，甚至没有管理人才，这些都是为金融骗局而设立的"幽灵公司"。股民们满心期待在谎言被揭穿之前，这些"幽灵公司"的股价会上涨，然后把股票抛出大赚一笔，并将收益存入银行。

此外，这类合并后的公司往往规模过大，却没有适当的管理结构来支撑它们。其中最臭名昭著的一个案例是塞缪尔·英萨尔（Samuel Insull）在中西部建立的公用事业帝国——他担任了65家公司的董事长、7家公司的总裁及85家公司的董事。在那个没有计算机的时代，一个人能真正管理如此多的实体公司吗？答案当然是否定的。1932年，他的商业帝国轰然倒塌，公司的投资者损失了数百万美元，成千上万名工人也因此丢掉了工作。

第四，脆弱的银行业与财富分配不均、病态的产业和脆弱的公司管理结构一起，促使了大萧条的产生。20世纪20年代，美国有两个主要的银行系统。一个银行系统由与联邦储备系统挂钩的银行组成。这些银行没有破产保险，但它们被要求在提供贷款和保持现金储备方面遵循严格的准则。在大多数情况下，它们运行良好。另一个银行系统主要由州和地方银行组成，政府对其业务的监督非常薄弱或根本没有监督。管理不善和渎职行为（如向股市中的投机者贷款）导致有7000家这样的银行倒闭。州保险计划少得可怜，当一家银行倒闭时，储户往往会失去大部分财富，甚至在某些情况下血本无归。

第五，20世纪20年代和30年代初，美国政府制定的政策凸显了其经济的弱点。共和党的税收政策让更多的资金进入流通领域，而这些钱大部分被用于股票市场的投机行为。关税政策阻碍了美国企业在海外的扩张，因为其他国家也都提高了关税。同时，关税也损害了美国农民的利益，导致他们生产的农产品在价格方面超出了市场的接受能力。20 世纪 20 年代，美国农业持续萧条，政府没有出台任何政策为农业家庭提供帮助。尽管美国在经济上已经强大到足以将那些战时贷款一笔勾销，但美国领导者坚持要求英国和法国偿还所有美国战时贷款。这不仅给欧洲经济带来了压力，而且又反过来对美国经济产生了负面影响。

许多学者抨击了美联储的应对措施（或不作为）。但说句公道话，美联储在控制货币供应量方面确实没有什么经验，因为第一次世界大战的爆发打乱了它早年的运作节奏。事后看来，美联储在 20 世纪 20 年代本应该控制货币供应量的时候扩大了货币供应量，在 30 年代初本应该增加经济流动性以阻止经济滑向萧条的时候，它却无动于衷。

综上所述，1929 年秋季的股票市场崩溃是对经济致命弱点长期演变的一种极其可怕的反应。财富分配的失衡、病态的产业、脆弱的公司管理结构、协调和管理不善的银行体系、萧条的农业部门、众多错误的政府政策，以及证券业不受约束的行为等复杂因素交织在一起，导致美国（有些人认为是全世界）进入了 20 世纪 30 年代的大萧条时期。

大萧条时期的成功企业

大萧条如此严重，以至于大多数历史著作都将 20 世纪 30 年代视为美国商业体系灾难性的十年。这一结论在很大程度上是正确的，但也并不尽然。尽管在这十年间有数十万家小公司破产，但更多的新公司涌现并取代了它们的位置。它们大多数是劳动密集型行业的小企业，主要属于食品服务和零售业领域。例如，1929 年，美国有大约 150 万家商店，而到了 1939 年，则上涨到了 180 万家。许多商店都是小型的夫妻店，其中很大一部分很快就随着自助式连锁超市的兴起与迅速扩张而被市场淘汰。尽管如此，在美国历史上最严重的大萧条时期，新公司的不断出现也证明了商业系统有一定的弹性。

与之形成鲜明对比的是，一些大公司却在大萧条期间蓬勃发展。借助原材料成本低廉，甚至科学家等高技能雇员的工资成本也低廉的优势，杜邦公司在这十年间增加了其研究和开发费用。结果是，在 20 世纪 30 年代中后期，杜邦公司推出了在后来获得巨大成功的两种新产品：氯丁橡胶（一种合成橡胶）和尼龙。事实上，1929—1936 年，美国企业至少建立了 73 个内部研究实验室。20 世纪 30 年代的两家初创公司惠普（HP）和宝丽来（Polaroid），后来都成长为大企业。

在大萧条期间，政府项目的增加使 IBM 公司获得了业务增长的契机，以应对数据处理的需求。例如，1935 年颁布的《社会保障法》（Social Security Act）的实施提出了要为经济体系中每一位工人建档而对庞大的数据信息进行处理的需求，而现代计算机巨头 IBM 生产的机电一体化穿孔卡片设备能够适时地对该需求予以满足。时任 IBM 的领导者托马斯·J. 沃森（Thomas J. Watson）已经为这种千载难逢的增长机遇做好了充分的准备。在经济衰退的早期，他尽量减少裁员，并给自己大幅减薪。尽管当时市场需求很低迷，但他仍然坚持让 IBM 生产穿孔卡片设备。因此，公司已经为正式开启社会保障体系，并应对战时经济做好了准备，此举也使得更多的工人加入了该体系。

在大萧条的头四年，与国民生产总值下降 31%、投资额下降 87% 相比，消费额只下降了 19%。通货紧缩在降低了原材料成本和工人工资的同时，也大幅降低了消费品价格。许多家庭可以常年不买新房、新车，甚至不买新衣服，但他们还是得吃饭、洗碗、洗衣服、娱乐。大量美国人涌向电影院，那里的票价平均为 20 美分（在这十年间，美国一个普通劳动者的年收入不到 1000 美元）。在一个拥有约 1.27 亿人口的国家，电影院却能每周售出约 8000 万张电影票。相比之下，2016 年美国已有 3.23 亿人口，而平均每周电影票的销售额却仅为 1690 万美元。在大萧条最严重的几年，经过早期的业绩下滑之后，电影业对从生产到发行的环节进行了纵向整合，并在 20 世纪 30 年代的大部分时间里保持盈利水平的总体健康。

尽管消费者在 20 世纪 30 年代的可支配收入大大减少，但大多数美国人仍有能力去看电影，同时他们中的许多人仍有能力负担得起一些开始被视为必需品的昂贵物品。例如，大约有 1000 万个家庭购买了冰箱。冰箱使人们不必每天购买食品，因此节省了大量的时间和交通成本。1940 年，由克瑞（Crane）、科勒（Kohler）和美标（Standard）等公司制造的抽水马桶，可以在 60% 的美国家庭中找到；而在 1920 年，这个比例仅为 20%。随着销量的增加，冰箱和其他家用便利设施的价格也稳步下降。

在第三章，我们来看看在大萧条时期，甚至可能是整个 20 世纪最成功的公司之一 ——宝洁公司的扩张故事。它不仅是企业管理史上的一个经典案例，而且还揭示了商业对美国社会与文化的变革，特别是对消费经济的崛起有多么重要。

第二章精选资料

企业福利资本主义

最早研究企业福利资本主义的一部学术著作是 Stuart D. Brandes 所著的 *American Welfare Capitalism, 1880–1940*（1976）。劳工史学者对此也颇有贡献，可参考：Daniel Nelson 所著的 *American Rubber Workers and Organized Labor, 1900–1941*（1988），以及刊载于 *Business History Review*，6（Autumn 1982）的文章 "The Company Union Movement，1900–37：A Reexamination"；Meyer Ⅲ 所著的 *The Five Dollar Day*。最近的一项研究是 Sanford M. Jacoby 所著的 *Modern Manors: Welfare Capitalism Since the New Deal*（1997），该书研究了柯达、西尔斯百货和汤姆逊公司管理劳资关系的无工会方式。一个很好的比较研究是 Bernhard Ebbinghaus 和 Philip Manow 所著的 *Comparing Welfare Capitalism: Social Policy and Political Economy in Europe, Japan and the USA*（2001）。Daniel Amsterdam 在 *Roaring Metropolis: Businessmen's Campaign for a Civic Welfare State*（2016）一书中研究了商人通过改变美国城市来创造一个更好社会的尝试。Julia Kirk Blackwelder 所著的 *Electric City: General Electric in Schenectady*（2014）中包括对通用电气（General Electric，GE）福利项目的分析。Donald W. Rogers 所著的 *Making Capitalism Safe: Work Safety and Health Regulation in America, 1880–1940*（2009）提醒我们州法律在建立安全工作条件方面的重要性。读者还可参考 Jonathan H. Rees 所著的 *Representation and Rebellion: The Rockefeller Plan and the Colorado Fuel and Iron Company, 1914–1942*（2010）。关于美国社会福利的出色讨论，可参考 Jacob S. Hacker 所著的 *The Divided Welfare State: The Battle over Public and Private Social Benefits in the United States*（2002）。

关于广义上美国企业责任的最新成果，可参见：Archie B. Carroll、Kenneth J. Lipartito、James E. Post 和 Patricia H. Werhane 所著的 *Corporate Responsibility: The American Experience*（2012）；Oliver F. Williams 编著的 *Sustainable Development: The UN Millennium Development Goals, the UN Global Compact, and the Common Good*（2014）。

金融体系

Steve Fraser 所著的 *Every Man a Speculator: A History of Wall Street in American Life*（2005）是一部很好的综合指南，它描述了华尔街从开始出现到 21 世纪漫长而又详尽的文化历史，Fraser 对金融丑闻的描述尤为生动。读者还可参考纽约证券交易所撰写的 *Fact Book*（New York：NYSE, annual）。历史调查蕴含着丰富的信息，这类著作比 Fraser 的著作更注重经济分析，主要包括：Charles W. Calomiris 和 Stephen H. Haber 所著的 *Fragile by Design: The Political Origins of Banking Crises and Scarce Credit*（2014）；George David Smith 和 Richard Sylla 撰写的 "Capital Markets"，出自 Stanley I. Kutler 编著的 *Encyclopedia of the United States in the Twentieth Century*（1996）第三卷；Peter Wyckoff 所著的 *Wall Street and the Stock Markets: A Chronology, 1644–1971*（1971）；Charles R. Geisst 所著的 *Wall Street: A History*（1997）[1]；James Grant 所著的 *Money of the Mind: Borrowing and Lending in America from the Civil War to Michael Milken*（1992）；Vincent P. Carosso 所著的 *Investment Banking in America: A History*（1970）；Samuel L. Hayes 等人所著的 *Competition in the Investment Banking Industry*（1983）；Jeremy J. Siegel 所著的 *Stocks for the Long Run*（1998）[2]；Richard Sylla、Jack W. Wilson 和 Charles P. Jones 撰写的 "U.S. Financial Markets and Long-Term Economic Growth, 1790–1989"，出自 Thomas Weiss 和 Donald Schaefer 编著的 *American Economic Development in Historical Perspective*（1994）。John Brooks 所著的 *Once in Golconda: A True Drama of Wall Street, 1920–1938*（1969）[3] 生动描述了历史关键期的市场得失。

David R. Farber 所著的 *Everybody Ought to Be Rich: The Life and Times of John J. Raskob, Capitalist*（2013）和 Susie J. Pak 所著的 *Gentlemen Bankers: The World of J. P. Morgan*（2013）这两本书提醒我们，金融是大企业崛起和美国资本主义扩张的核心。Julia C. Ott 所著的 *When Wall Street Met Main Street: The Quest for an Investors' Democracy*（2011）揭示了政府、企业尤其是金融利益集团是如何鼓动越来越多的美

---

① 查理斯·R. 吉斯特. 华尔街史［M］. 敦哲，金鑫，译. 北京：经济科学出版社，2004.

② 杰里米·J. 西格尔. 股市长线法宝（第5版）［M］. 马海涛，王凡一，魏光蕊，译. 北京：机械工业出版社，2018.

③ 约翰·布鲁克斯. 华尔街 魔幻岁月［M］. 李晟，李泽民，译. 广州：新世纪出版社，2015.

国人投资股市的。到 1929 年，大约有 1/4 的美国家庭投资股市。Janice M. Traflet 所著的 *A Nation of Small Shareholders: Marketing Wall Street after World War II*（2013）继续讲述了这一故事。Matthew P. Fink 所著的 *The Rise of Mutual Funds: An Insider's View*（2008）是关于该行业少有的优秀研究著作之一。另一部优秀的研究著作是记者 Diana B. Henriques 所著的 *Fidelity's World: The Secret Life and Public Power of the Mutual Fund Giant*（1997）[1]。Louis R. Hyman 则在 *Debtor Nation: The History of America in Red Ink*（2011）中追溯了 20 世纪美国的个人债务历史。

联邦储备系统扮演的角色在不断演变中，美联储主席也有越来越大的影响力，这一点我们可以通过研究历任主席所撰写的书籍以窥之。读者可参见：Marriner S. Eccles 所著的 *Beckoning Frontiers*（1951）；Robert P. Bremner 所著的 *Chairman of the Fed: William McChesney Martin Jr. and the Creation of the American Financial System*（2004）；Joseph B. Treaster 所著的 *Paul Volcker: The Making of a Financial Legend*（2005）；William L. Silber 所著的 *Volcker: The Triumph of Persistence*（2012）[2]；Alan Greenspan 所著的 *The Age of Turbulence: Adventures in a New World*（2007）。Eccles 的任职时间为 1934—1948 年；Martin 的任职时间为 1951—1970 年；Volcker 的任职时间为 1979—1982 年（在这特别困难的几年中，Volcker 成功地领导了应对严重通货膨胀的斗争）；Greenspan 的任职时间为 1987—2006 年，这是一个前所未有的金融创新时期，大多数人认为，美联储本应该对其中的一些金融创新施加更严格的监管控制。读者还可参见 Allan H. Meltzer 所著的 *A History of the Federal Reserve*（2008，2009），该书提供了丰富的资料；Perry Mehrling 所著的 *The New Lombard Street: How the Fed Became the Dealer of Last Resort*（2010）[3]为中央银行未来的做法提供了一些建议。

---

① 戴安娜·B.亨利克斯.基金帝国：富达敛财的神话［M］.廖慧，时统宇，译.南京：江苏人民出版社，2000.
② 威廉·西尔伯.力挽狂澜：保罗·沃尔克和他改变的金融世界［M］.綦相，刘丽娜，译.上海：上海财经大学出版社，2013.
③ 佩里·梅林.新伦巴底街：美联储如何成为最后的交易商［M］.夏俊，译.上海：格致出版社，上海人民出版社，2011.

大萧条

大萧条是许多研究者青睐的主题，但学者们对其产生的原因还未达成共识。与此相关的两本基础读物是 John Maynard Keynes 所著的 *The General Theory of Employment, Interest, and Money*（1936）[1]，以及 Milton J. Friedman 和 Anna Schwartz 所著的 *A Monetary History of the United States, 1867–1960*（1963）[2]。其他可参考的著作包括：Kenneth Galbraith 所著的 *The Great Crash: 1929*（1972 edition）[3]；Charles P. Kindleberger 所著的 *The World in Depression: 1929–1939*（1973）；Robert M. Collins 所著的 *The Business Response to Keynes: 1929–1964*（1981）；Michael A. Bernstein 所著的 *The Great Depression: Delayed Recovery and Economic Change in America, 1929–1939*（1987）；Robert S. McElvaine 编著的 *Encyclopedia of the Great Depression*, 2 vols.（2003），它是一本详尽且易懂的参考书；Randall E. Parker 所著的 *Reflections on the Great Depression*（2003），它是一本带有注释的著名经济学家访谈集；David M. Kennedy 所著的 *The American People in the Great Depression*（1999）。

关于 IBM 公司的相关内容，可参考 Robert Sobel 所著的 *Thomas Watson, Sr.: IBM and the Computer Revolution*（2000），以及 Richard S. Tedlow 所著的 *The Watson Dynasty: The Fiery Reign and Troubled Legacy of IBM's Founding Father and Son*（2003）[4]。

---

[1] 约翰·梅纳德·凯恩斯. 就业、利息和货币通论［M］.高鸿业，译.北京：商务印书馆，2017.

[2] 米尔顿·J.弗里德曼，安娜·施瓦茨. 美国货币史：1867—1960［M］.巴曙松，等译.北京：北京大学出版社，2021.

[3] 约翰·肯尼斯·加尔布雷思. 1929年大崩盘［M］.沈国华，译.上海：上海财经大学出版社，2006.

[4] 理查德·S.泰德洛. 沃森父子与IBM王朝［M］.赵凤山，译.北京：中国人民大学出版社，2005.

宝洁公司的品牌管理

宝洁公司在大萧条时期的发展经历表明，一个真正运营良好的公司是可以在外部环境恶劣的时代实现创新与成长的。在后来被称为"P&G"的这家公司身上，我们可以看到许多关于美国社会和文化史与生俱来的特征：这个国家持久的创业精神，对消费品的痴迷，对整洁、年轻和形体优美的专注，具有善于利用广告来推销商品的传统。

宝洁：产品的多样化及营销

1837 年，两名移民在辛辛那提成立了一家公司——宝洁，他们是来自英国的蜡烛制造商威廉·普罗克特（William Procter）和来自爱尔兰的肥皂制造商詹姆斯·甘布尔（James Gamble）。随后，这家公司很快兴盛起来。到了 1859 年，它已经拥有 80 名员工，年销售额超过 100 万美元。150 年以后，它已然跻身美国最大的公司之列，在全球拥有 14 万名员工，且年销售额巨大（2013 年超过 840 亿美元），其中一半以上的销售额来自美国以外的市场。同时，宝洁公司也是世界上最大的广告主之一。2013 年，宝洁公司的广告花费超过 97 亿美元，是品牌家居用品和其他消费品的最大生产商，在其参与竞争的近一半产品类别中处于领先地位。

宝洁公司本质上就是一家营销公司。1878 年，伴随着民众对本属于其生产中的一个"失误"做出的反应，该公司第一次伟大的成功悄然而至。某天，一位员工离开工位去吃午饭时，忘记了关闭肥皂原料合成搅拌器，这导致机器继续运转并向肥皂中注入了比正常工艺多得多的气体。起初，宝洁公司并没有意识到这种"失误"会带来什么后果，直到客户盛赞其为"漂浮的肥皂"并开始订购更多这类产品时，他们才恍然大悟。接替父亲威廉成为公司负责人的哈雷·普罗克特（Harley Procter）意识到，一个千载难逢的销售机会摆在他面前。于是，他将条形肥皂的名称从原来的"宝洁白皂"改为"象牙皂"（Ivory）。他说服董事会花费一笔巨款来宣传象牙皂的优点。1882 年，宝洁公司在一本宗教杂志上刊登了该产品的第一则广告，广告的目标受众是肥皂的直接消费者，而不是批发商或零售商，而在此之前，批发商或零售商才是宝洁公司投放广告的普遍受众群体。19 世纪 90 年代，哈雷提出的"能够漂浮"和"纯度为 99.44%"两个宣传口号使得象牙皂声名鹊起，并影响了接下来的整整三代人（基于化学分析得到的纯度百分比，显示了象牙皂的杂质比其他肥皂略少）。

宝洁公司在美国投放了第一个彩色版的广告，并在 1900 年就开始雇用了一家广告公司，这远远早于其他大多数习惯于自己撰写广告文案的竞争对手。它的广告内容经常涉及婴儿，以此来暗示肥皂对人体的皮肤是温和、无刺激的。这一理念被延伸到了"象牙洗碗皂"上，使人们在面对厨房水槽中堆积如山的碗碟时也能够轻松应对。

宝洁公司一边制定营销战略，一边扩大生产规模，并于 19 世纪 80 年代在辛辛那提郊区新建了一家名为"象牙谷"的巨大工厂。1901 年，宝洁公司将肥皂主要成分之一棉籽油的生产厂家纳于麾下。几年后，宝洁公司在堪萨斯城和纽约斯坦顿岛的新工厂陆续建成。20 世纪 30 年代，宝洁公司开始大量出口，向全世界销售其约 200 个品牌的产品，其中包括约 140 种肥皂。

肥皂的生产工艺很简单，大多数肥皂的化学成分也几乎相同。厂家的真正任务是使自身的产品成为知名品牌并通过有效的广告将其推向市场，因为一旦企业有了一个成熟的品牌，就可以挤掉其他竞争者。尽管如此，宝洁公司仍然面临着强有力的竞争对手，特别是利华兄弟公司生产的力士香皂与力士洗衣皂片，以及高露洁—棕榄公司生产的棕榄和羊绒花束香皂。包括宝洁公司在内的这三家公司都投放了海量的广告，因为它们需要大规模地占领市场，以便利用其生产和分销的规模经济优势，使它们在采用低价策略时仍有利可图。

宝洁公司通过井然有序地开发新的肥皂产品来应对市场竞争。1919 年，它推出了象牙皂片，而后通过 1927 年的收购，推出了奥克多（Oxydol）洗衣皂，以及一种含有浮岩颗粒、具有更好清洁作用的 Lava 去污皂。在这次收购中，奥克多洗衣皂成为其最大的摇钱树之一，而 Lava 去污皂最终进入了美国的大多数汽车修理厂。Drene 是宝洁公司第一款液体洗发水（1934 年），它可以去除用户头发中含有的大量油脂，为此，公司不得不开发一款护发素来配合使用，而护发素最终成为另一种"半必需"的护发产品。

企业文化

20 世纪 30 年代，宝洁公司形成了一种在世人看来难以理解的企业文化。作为一家古板的、拘泥于传统的公司，它的管理方式给人一种生硬和过于正式之感。比如，当参加第一次工作面试时，应聘者要接受包括心理测试在内的一系列考试；各级管理人员都需要身着深色西服和白衬衫；公司不鼓励成立工会，食堂也是按性别分开的；晋升只来自内部，新员工被认为是签订了终身工作合同；销售人员每个月可以洗一次车，但必须把车停在街边，而不是收费的停车场；每款新产品的推出和广告营销活动事前都是严格保密的。

在 1907—1948 年的 41 年间，只有两个人担任过宝洁公司的 CEO。第一位是被人们称为"上校"的威廉·普罗克特，他是公司创始人的后代，也曾经是俄亥俄州国民警卫队的一名军官。他腼腆且不苟言笑，但却有着坚如磐石的性格和社会良知。他的管理风格类似于通用汽车公司的斯隆：几乎从不直接下达命令，而是倾向于用说服的方式进行管理。普罗克特的"门徒"和继任者理查德·雷德蒙·德普利（Richard Redmont Deupree）与他形成了完美的互补：德普利是一位性格外向、目光炯炯有神的经理人，他在市场营销方面有着敏锐的直觉。这两位 CEO 齐心协力把宝洁公司打造成美国最具创新性的消费品营销商之一，同时他们两人也使宝洁公司成为所有行业中对外部变化反应最快的公司之一。

宝洁公司也以企业良知而闻名。它的福利计划先于前一章所述的"新时代"的"美国计划"并与之重叠。1886 年，它成为美国第一批在周六给员工放半天假的公司之一。20 世纪第 2 个十年和第 3 个十年，该公司率先推行残疾津贴和退休养老金制度、8 小时工作制，以及每年至少 48 周的工作保障。在一个没有失业保险的时代，最后一项工作保障的福利待遇使宝洁公司成为一家特别有吸引力的雇主企业。

工作保障之所以成为可能，是因为宝洁公司实施了一项重大战略变革，即从 1920 年开始绕过批发商直接向零售商供货。批发商通常在宝洁公司的原材料成本较低时囤货，所以批发价格较低。当宝洁公司提高批发价格时，比如当其原材料成本上升时，批发商则会减少手上的库存，推迟新的采购直至价格再次下降。通过绕过批发商这一环节，宝洁公司可以保持其生产量的稳定，并为员工提供有保障的工作时长。此后，"砍掉中间商"成为美国企业广泛采用的策略，并构成了管理权力下放和消费者赋权的另一种形式。

尽管 20 世纪 30 年代美国宏观经济形势恶化，但宝洁公司的业绩却十分亮眼。与 IBM 的做法一样，它的裁员被控制在最低限度内。当整个公司暂时削减 10% 的工资时，德普利本人也自愿带头减薪。随之而来的是公司在大萧条期间的每一年都有盈利，而在 1937 年，宝洁公司的销售额是 2 亿美元，利润是 2700 万美元，这是公司成立以来业绩最好的一年。它最大的赚钱工具是象牙皂、奥克多洗衣粉及科瑞起酥油——这是一种早在 1912 年就开始生产的合成起酥油，它代替了猪油在烹饪中的作用。宝洁公司的业绩超过了它的主要竞争对手，其占据的美国市场总份额是利华兄弟公司或高露洁—棕榄公司的两倍以上。这三家公司共控制了美国国内所有肥皂销售总量的 80%，其中宝洁公司占有近 50% 的份额。20 世纪 30 年代末，宝洁公司每年花费约 9000万美元购买原材料，2300 万美元用于支付员工薪资，同时还要承担高达 1500万美元的广告费。

开拓市场

宝洁公司是如何为其肥皂和其他产品开拓市场的呢？首先，它以当时能想象到的几乎所有方式做广告。它把大约一半的广告预算花在了广播剧上——由于宝洁公司的赞助，这些广播剧也被称为"肥皂剧"。宝洁公司还举办竞赛，让参赛者完成以"我喜欢象牙皂，因为……"等短语开头的句子，获胜者可以获得现金、手表、冰箱、汽车、地毯、收音机、吸尘器及袜子之类的奖品。成千上万名宝洁公司销售人员在零售店组织这些竞赛，他们还竭力说服店主增加库存以满足未来之需。此外，销售人员挨家挨户赠送的肥皂优惠券也颇受顾客喜爱。

宝洁公司的大众营销技巧催生了一个更为广泛的商业和文化现象，即现代广告业的崛起。正如经济学家约瑟夫·熊彼特曾经评论的："仅仅制造出令人满意的肥皂是不够的，劝说人们去清洗东西同样是必要的。"从20世纪初开始，宝洁公司内部的广告部门让位于专业广告公司。这种从事广告业务的新兴公司往往聚集在纽约的曼哈顿，到1923年，"麦迪逊大道"（Madison Avenue）已成为广告业的代名词。那些受过大学教育的广告公司男性雇员将自己视为"摩登传教士"，他们向美国消费者传播"摩登理念"，而他们面向的客户大多数是女性。他们策划广告的方式就像与邻居交谈或阅读女性杂志的专栏一样，使广告文案能够在促进产品销售的同时渲染产品的好处。广告中的产品往往具有新的创意。例如，最初用于烘焙的弗莱施曼酵母（Fleischmann's Yeast）先是被包装为一种维生素产品，后来又被包装成一种泻药。通过这种方式，营销消费主义成为一种现代文化现象。

有趣的是，在20世纪20年代和30年代初，广告商的客户对使用广播这一新的电子媒体十分谨慎。起初，宝洁公司和其他营销人员拒绝使用直接的广告形式，而是选择通过制作内容丰富的节目来进行简单的推广，如宝洁公司赞助了《锅碗瓢盆姐妹》（*Sisters of the Skillet*）和《科瑞烹饪讲座》（*Crisco Cooking Talks*）节目。在晚间的黄金时段，广告商开始用公司的名字或公司的产品来命名娱乐广播节目，如"Ipana Troubadours"和"A&P Gypsies"等；而棕榄肥皂公司则将其节目中歌手的名字改为保罗·奥利弗（Paul Oliver）

和奥利弗·帕尔默（Olive Palmer）[1]。

宝洁公司在 1933 年赞助播出了它的第一部肥皂剧 "Ma Perkins"，该剧以一位富有同情心的寡妇的日常生活为中心，生动展现了她是如何因为朋友们的许多困境而同情心泛滥的。20 世纪 30 年代后期，宝洁公司在每个工作日赞助广播电台播出 5 小时类似这样的节目。这一超长的节目时间，大部分被用于播放宝洁公司赞助的 19 部肥皂剧，每部肥皂剧一集大约 15 分钟。所有这些节目都提供了一些有关家庭生活的经验与教训，并由那些历经生活重重考验但仍不断前行且富有吸引力的角色来呈现。这些节目的目标受众是 18～50 岁的女性，她们是大多数家庭用品的购买者。20 世纪 40 年代末，宝洁公司将肥皂剧改编为电视节目。20 世纪 50 年代中期，美国电视台已经有了 13 个电视节目。宝洁公司推出的最持久的肥皂剧，也是历史上播出时间最长的两个电视节目，分别是《世界在变》（*As the World Turns*，1956—2010）和《指路明灯》（*Guiding Light*，1937 年开始在电台播出，之后又于 1952—2009 年在电视台播出）。

肥皂剧对美国文化的贡献是有争议的，但作为一种营销手段，其有效性是毋庸置疑的。美国权威广告类杂志《广告时代》（*Advertising Age*）的编辑们宣称，宝洁公司与肥皂剧的联姻是"美国广告史上持续时间最长、最成功的媒体营销策略"。

然而，20 世纪 30 年代末，广告商从调研中发现，相对于"犹抱琵琶半遮面"的隐晦赞助形式的广告，受众更容易接受直接投放形式的广告。于是，美国出现了这样一种现象——每时每刻都有不间断的广告循环播出。它

---

① 帕尔默的英文前四个字母（Palm）与奥利弗的英文字母（Olive）组合起来是棕榄的英文全称（Palmolive）。——译者注

们先是出现在电台，后来出现在电视上，今天则出现在互联网和各类社交媒体平台上。

尼尔·麦克尔罗伊和品牌

除了肥皂剧，宝洁公司还为现代广告业贡献了一项独特的管理技巧：品牌管理。一项商业创新的诞生常常是无法确定日期的，但以下案例恰好做到了。1931 年 5 月 13 日，尼尔·麦克尔罗伊违反了宝洁公司关于备忘录不能超过一页的规定，撰写了一份改变公司命运的备忘录。麦克尔罗伊在这份三页的备忘录中写道，在为卡玫尔香皂进行广告宣传时他感到很沮丧，因为他意识到不仅要面对来自外部的利华公司和棕榄公司的威胁，还要与自家的旗舰品牌象牙皂同室操戈（类似的挫折感迫使克莱斯勒兄弟在 20 世纪第 2 个十年离开了比利·杜兰特的通用汽车公司）。在这份著名的备忘录中，麦克尔罗伊认为公司应该更加关注卡玫尔香皂，并提出对其他宝洁品牌也应该这么做。这样，每个品牌都应该专设一位高管来负责，并且配备一个庞大的团队来管理其生产和营销的各个方面。每个管理单位应该只专注于一个品牌。

此后，宝洁公司的每个品牌都作为一个独立的业务单元来运作，品牌与品牌之间有所区别。在投放广告时，由于卡玫尔香皂和象牙皂针对不同的消费市场，从而减少了彼此之间的竞争。宝洁的目标不是单纯地向某个家庭出售一块卡玫尔香皂或一块象牙皂，而是将卡玫尔香皂和象牙皂一同售出。这种被商界人士称为"产品差异化"的手段，已发展成为产品制造尤其是产品营销的一个关键要素。

21 世纪初，宝洁公司的现代品牌管理制度被广泛效仿，世界各地的消费品公司都以这样或那样的形式向它看齐。通常情况下，品牌经理都是一些精力充沛的年轻高管，他们在公司的职业生涯一片光明。在雷德·德普利（Red Deupree）之后，宝洁公司的所有CEO（包括麦克尔罗伊）都拥有品牌管理方面的经验。

品牌管理是营销领域的重大创新之一，它体现了美国商业体系中平衡"集权监督"与"分权决策"的持续趋势。高管们对引进、收购或剥离哪些品牌做出战略决策，而各个品牌经理和他们的团队则制定具体的营销策略来销售他们的产品。为了给这些决策提供信息依据，高管和经理们首先必须了解客户的具体需求。

斯梅尔瑟博士与他领导的市场研究部

麦克尔罗伊的成功公式是，"找出客户想要的东西，并提供给他们"。多年来，保罗·斯梅尔瑟（Paul Smelser）一直负责这项所谓"找出"工作。他个子不高，精力充沛，做事认真，不苟言笑，经常穿着运动型的西装并打着领带来上班。斯梅尔瑟最初在公司研究棉籽油和其他商品期货市场的统计数据。他之所以为人所知在很大程度上是因为他会问公司高管一些他们无法回答的问题，如"象牙皂被客户用于洗脸和洗手的比例是多少，用于洗碗的比例是多少"等，这常常让高管们尴尬不已。宝洁公司在1925年成立了一个正式的研究部门，斯梅尔瑟一直负责领导该部门，直至1959年退休。

斯梅尔瑟属下的市场调研人员最多时有几百人，他们还开发了向受众详细提问的访谈系统。斯梅尔瑟特别善于利用宝洁公司的市调队伍，这些人大多是年轻且受过大学教育的女性。正如她们的一位主管所说的那样，这些女性外形健康且端庄，有利于在市调者与受访者之间建立起良好的关系。市调者身穿得体的裙子，脚踩高跟鞋，佩戴手套与帽子，手里只拿着一个女式钱包。她们不会要求受访者填写清单或表格，也不会在访谈过程中当着受访者的面做笔记。市调一结束，她们与受访者告别后马上就开始整理谈话记录，以免遗忘。她们针对洗衣、做饭、洗碗等环节，以及宝洁公司在市场上所销售的产品（或即将推向市场的产品）与受访者进行坦诚对话并收集了大量的信息。此外，公司还雇用了成百上千名妇女在自己家里使用宝洁公司的产品进行烘烤、洗碗和洗衣等家务劳动，而后她们会向市调部门报告使用这些产品的体验或感受。

在将客户对访谈及试用产品的反馈意见制成表格的过程中，斯梅尔瑟的团队发现了几乎所有可能需要了解的关于自家产品及竞争对手产品的使用情况，特别是客户喜欢或不喜欢它们的具体理由。研究小组还搜集到了关于广播听众规模的精确统计数字，这些统计数字甚至连广播电台本身也不曾获取。在斯梅尔瑟为公司工作的 34 年中，有超过 3000 名女性和一些男性从事过市调这份工作。

技术手段的发展使宝洁公司在 20 世纪 60 年代逐步取消了上门市调的做法。到了 70 年代，市场研究部每年要进行大约 150 万次电话市调或邮件市调。该部门通过"次日广告回忆"（Day After Recall，DAR）这一创新的方法来评估宝洁公司在电视上投放的商业广告的影响力和可记忆性。此外，公司的广告代理商帮助开发了焦点小组和其他的意见抽样技术，使其产品可以适应不断变化的市场需求与客户喜好，并使其广告更加具有针对性。

尽管世界上每一家主要的消费品公司为了取得商业成功都进行了市场研究工作，但进入 21 世纪后，宝洁公司仍然保持着在该行业的领先地位。斯梅尔瑟任职后，宝洁公司最大的变化是公司的品牌数量不断增加，全球市场不断拓展，以及由计算机和互联网促成的市场研究工作的进一步完善。

21世纪初，宝洁公司拥有的品牌已经可以列出一份长长的清单，很多品牌都因宝洁公司而成名（许多品牌都是通过收购获得的）。这些品牌包括：肥皂和洗衣产品，如象牙皂、舒肤佳（Safeguard）、汰渍（Tide）、当妮（Downy）、洗悦（Joy）、Mr. Clean、Bold、Bounce、Cascade、Cheer和Dawn；棉制品，如帮庭（Bounty）、帮宝适（Pampers）、丹碧丝（Tampax）、Charmin和Luvs；食品和饮料品牌，如Folger's、品客（Pringles）和爱慕斯（Iams，宠物食品）；医疗保健品，如Vicks 44、NyQuil、Prilosec和Pepto-Bismol；个人护理产品，如佳洁士、欧乐-B、Scope、Secret、Sure、潘婷（Pantene）、海飞丝（Head & Shoulders）、玉兰油（Olay）、CoverGirl、蜜丝佛陀（Max Factor）、伊卡璐（Clairol，2001年收购）、威娜（Wella，2003年收购）和吉列（Gillette，2005年以570亿美元收购，是宝洁公司有史以来金额最大的一笔收购），吉列不仅为宝洁带来了剃须产品，还带来了金霸王电池和其他产品。宝洁公司不断变化的品牌清单如此之长，以至于人们都好奇这样一个问题：在使用该公司产品的180多个国家中，有多少人可以在一周甚至一天内完全不使用宝洁公司的产品呢？

品牌的教训

如果按照今天人们对"品牌"一词的理解，它只有短短一百多年的历史，与印刷业和电子媒体的产生及自助购物的逐渐兴起密切相关。将品牌与大量广告推广结合起来的现代做法始于19世纪，著名的例子有胜家缝纫机和麦尔斯医生的"灵丹妙药"等专利药品。最大的突破来自可以为个人消费者提供品牌价值和包装的低价食品及家庭用品，如纳贝斯克的尤尼达饼干、亨氏的番茄酱及吉列的安全剃须刀。最终，营销界形成了这样一种说法——"品牌驱逐商品"。也就是说，一旦品牌站稳脚跟，只要品牌产品质量高、成本合理，非品牌产品就无法与之竞争。

20 世纪初，象牙皂及其竞争对手卫宝（Lifebuoy）和棕榄（Palmolive）不但"驱逐"了地区性的小厂家生产的成千上万种的普通肥皂，而且也取代了自制肥皂。这些品牌肥皂既便宜又可靠，普通家庭根本不必再去自己动手制作肥皂。当然，亨氏、金宝汤、利比和其他公司提供的罐头食品也是如此。

一些品牌尽管投放了大量的广告，质量也过硬，但还是很快就销声匿迹了。另外一些品牌则岌岌可危，其市场份额无缘无故地忽起忽落。只有少数品牌直接一步登天，保持其领先地位长达数十年之久。20 世纪 20 年代，在自己所处的领域中排名第一且今天还是第一的品牌包括象牙皂、箭牌口香糖、可口可乐饮料、固特异轮胎、吉列剃须刀、金宝汤罐头、纳贝斯克饼干和德尔蒙特水果罐头等。

为了在如此长的时间内保持优势地位，不管是哪家品牌的产品都必须做到以下几点：第一，必须保持实用性；第二，产品的质量必须持续保持高水准，否则它将被竞品所取代；第三，由于客户会快速排除掉一个不能提供预期价值的品牌，因此公司必须密切关注是何种人及出于何种原因在购买这个品牌。这就是为什么宝洁公司市场研究部能够在斯梅尔瑟和其他人的领导下发挥如此重要作用的原因。

20 世纪关于品牌相关问题讨论的一个关键点是，品牌管理的整个理念意味着公司的基本任务不是在短期内实现销售最大化，而是培养客户的长期忠诚度。这种忠诚度不仅能维持公司现有产品的市场份额，而且还能促进新产品的推出。

实现提升客户品牌忠诚度的目标并不容易，部分原因是并非所有消费者都对品牌持相同的态度。第一类消费者会对品牌产生很强的心理依赖，将品牌融入其自我形象之中。这类消费者有时会像炫耀徽章一样炫耀他们购买的产品品牌，如拉尔夫·劳伦（Ralph Lauren）、唐娜·卡兰（Donna Karan）、古驰（Gucci）、普拉达（Prada）等，以昭示他们的与众不同。第二类消费者可能占大多数，他们只是为了节省时间而选择质量有保证的商品。除此之外，价格也是他们考虑的一个因素，他们真正关心的是所花的钱是否物有所值。第三类是剩余的一些消费者，也许占所有消费者的1/3，他们似乎并不关心品牌的好坏。但是，对企业来说，即使是市场对其品牌做出最细微的反应，也值得保持高度的警觉（可口可乐公司在20世纪80年代中期推出的"新可乐"可能是其最失败的营销活动之一，可口可乐公司在这一事件中得到了惨痛的教训）。这种关注本身就证明了消费者的力量在整个20世纪和21世纪初在持续增强。

20世纪70—80年代，追求短期利润的思想喧嚣一时，这导致一部分品牌经理人因迷失了方向而犯错：有些人把价格抬得太高（如通用汽车公司），有些人在不降低价格的情况下降低质量（如Halston服装），有些人不明智地"延伸"或"拉长"品牌线（如Frito-Lay柠檬水及水晶百事可乐）。于是，20世纪90年代，一些公司开始指派"品牌资产经理"来监督品牌经理的行为，以防止他们使品牌价值流失。

宝洁公司在将象牙品牌"横向"延伸到同类产品上确实取得了成功：从

条形肥皂到象牙皂片，再到象牙洗发水和象牙洗洁精。同样，迪士尼公司在产品和服务品牌的"垂直"延伸方面也取得了成功：从电影动画片到漫画书，再到主题公园、故事片、玩具、零售店、百老汇演出和国际旅行等。

21 世纪初宝洁公司的改变

21 世纪初，宝洁公司的管理层被迫对其企业文化进行了一些改造。因为在 2000 年，宝洁公司的股票暴跌。经理们不再故步自封，而是在公司内部和外部倡导更加开放的做法。公司高管不仅鼓励员工随意着装，还鼓励他们撰写自己的博客，以了解他人对其新想法的感受。2007 年，管理层将公司重组为三个主要产品类别：家庭护理、美容护理及健康保健。

此外，宝洁公司还意识到它是在一家全球化的经济体系中运行的公司。公司的第二号行政高管职位由一名女性——苏珊·阿诺德（Susan Arnold）担任，另外，公司还设立了二十几个高级管理职位，从而实现了公司决策的进一步分权。各业务单元的总裁——全球织物护理总裁、全球个人护理总裁、全球秀发护理总裁和全球沃尔玛团队总裁——管理着北美、亚洲、中欧和东欧、中东和非洲等地区。上述最后一个业务单元的设立体现了消费品巨头沃尔玛对消费品定价，以及货架空间所产生的前所未有的影响力。市场对这些新举措的反应是，宝洁公司的股票价格开始逐渐回升并再创新高。

在投资者的压力下，同时也为了应对 2007—2009 年金融危机的余波所带来的收入下降的影响，宝洁公司于 2014 年将其宠物食品品牌 Iams 和 Eukanuba 以 29 亿美元的价格出售给糖果制造商玛氏公司（Mars）。同年，宝洁公司宣布了一项计划，停止生产或出售近百个品牌，而专注经营为公司赚取 90% 利润的 80 多个品牌。宝洁公司 CEO A.G. 雷富礼（A. G. Lafley）说："少即是多，我们的目标是更加可靠地创造利润，我们将更加灵活，适应性也将更强。"

成为品牌的个人

在即将结束品牌概念的讨论之前，我们还应该注意到，除了宝洁、沃尔玛和其他公司销售的消费品之外，品牌的概念还延伸到了个人身上。亨利·福特、雅诗·兰黛（Estée Lauder）和拉尔夫·劳伦等著名企业家的名字长期以来一直被用于营销他们公司的产品。从 20 世纪中叶开始，名人本身就成了"品牌"，这种现象高度集中在体育和文学领域，著名案例有篮球运动员迈克尔·乔丹（Michael Jordan）、美式橄榄球运动员佩顿·曼宁（Peyton Manning）、网球运动员玛丽亚·莎拉波娃（Maria Sharapova）、高尔夫球手泰格·伍兹（Tiger Woods），以及文学界名人汤姆·克兰西（Tom Clancy）、丹尼尔·斯蒂尔（Danielle Steele）、斯蒂芬·金（Stephen King）及 J.K. 罗琳（J. K. Rowling）。

超模们也已经将她们的个人品牌转化为有利可图的生意。其中最成功的超模也许是凯西·爱尔兰（Kathy Ireland），她不仅创纪录地连续 13 年出现在《体育画报》（*Sports Illustrated*）泳装特刊上，而且还出现在《福布斯》（*Forbes*）美国最富有的白手起家女富豪榜单中（2016 年排名第 39）。她创立了以自己名字命名的公司，是比著名的玛莎·斯图尔特（Martha Stewart）拥有更多项目的"商业特许人"，其 2011 年的收入为 20 亿美元。其他成为企业家的模特还包括吉赛尔·邦辰（Gisele Bündchen）、海蒂·克拉姆（Heidi Klum）和辛迪·克劳馥（Cindy Crawford）。

个人品牌化的过程偶尔也会变得光怪陆离。玛丽莲·梦露（Marilyn Monroe）、埃尔维斯·普雷斯利（Elvis Presley）和英国戴安娜王妃（Princess Diana of the UK）的英年早逝竟被称为"不错的人生归宿"，这反过来又使更多纪念品得以大卖。梦露最糟糕的电影成为"经典"；"猫王"普雷斯利在田纳西州孟菲斯的家每年吸引超过 50 万名游客去拜访，他的忌日（1977 年 8 月 16 日）则成为流行文化中一个神圣的日子；"人民的公主"戴安娜的忌日（1997 年 8 月 31 日）也是如此，在她去世十周年之际，涌现了大量的新书和杂志文章，与纪念章、纪念币和纪念盘等纪念品的销售捆绑在一起。这类品牌很好地反映了约瑟夫·熊彼特对资本主义特征的诸多反思之一："我经常在想，是否有任何事业的出现和成功不是和某个人有关。"

第三章精选资料

关于大萧条时期企业繁荣的当代分析，可参考 1930 年 9 月 15 日《福布斯》刊载的 "These Companies Never Heard of the Depression！"。David E. Kyvig 所著的 *Daily Life in the United States, 1920–1940: How Americans Lived through the Roaring Twenties and the Great Depression*（2004）对这一主题进行了很好的分析，其中对汽车、电力和电影的分析尤其出色。关于电影的分析，读者还可参考：Virginia Wright Wexman 所著的 *A History of Film,* 6th ed.（2005）[1]；John Baxter 所著的 *Hollywood in the Thirties, 1929–1939*（1968，1980）；Martin Quigley 等人编著的 *International Motion Picture Almanac*（annual），这些作品详细介绍了 20 世纪 30 年代及其后几十年的电影业收入、

---

① 弗吉尼亚·赖特·卫克斯曼. 电影的历史（第7版）［M］. 原学梅，张明，杨倩倩，译. 北京：人民邮电出版社，2012.

产业结构、电影上座率等情况。

有关宝洁公司的资料，可参阅 20 世纪 30 年代发表在 *Fortune* 上的两篇文章（尤其是第二篇）："Procter & Gamble", IV（Dec. 1936）及 "99 44/100% Pure Profit Record", XIX（April 1939）。Alfred Lief 所著的 "It Floats*": The Story of Procter & Gamble*（1958）是一部阅读轻松的历史著作。*Advertising Age* 的编辑们编撰了一本名为 *Procter & Gamble: The House that Ivory Built*（1988）的书，该书对宝洁公司做了详尽的分析。Alecia Swasy 所著的 *Soap Opera: The Inside Story of Procter & Gamble*（1993）站在"丑闻揭露者"的立场描述了该公司在那个时代的历史。Davis Dyer、Frederick Dalzell 和 Rowena Olegario 所著的 *Rising Tide: Lessons from 165 years of Brand Building at Procter & Gamble*（2004）[①] 一书由宝洁公司提供赞助，对宝洁公司的历史进行了很好的分析，该书分析的重点是其在第二次世界大战以后的历史。Susan Strasser 所著的 *Satisfaction Guaranteed: The Making of the American Mass Market*（1989）深入探讨了宝洁公司对科瑞（*Crisco*）产品的早期营销活动，以及"消费者对产品的认知"这一普遍的大众营销主题。A. G. Lafley 和 Ram Charan 所著的 *The Game-Changer: How You Can Drive Revenue and Profit Growth with Innovation*（2008）介绍了宝洁公司 在 2000 年的重要变革。Lafly 在 2000 年成为宝洁公司的 CEO，这本书分析了他自己的公司和其他几家与其相关的公司。如需了解宝洁公司自 2000 年以来的变化情况，可参考宝洁公司的官网及相关商业期刊文章。

对广告的精辟分析，读者可参考：Daniel Pope 所著的 *The Making of Modern Advertising*（1983）；Roland Marchand 所著的 *Advertising the American Dream: Making Way for Modernity, 1920–1940*（1985）；Michael Schudson 所著的 *Advertising, the Uneasy Persuasion: Its Dubious Impact on American Society*（1984）[②]。Walter Friedman 在其著作 *Birth of a Salesman* 中所撰写的 "Selling Salesmanship: Public Relations and the Great Depression" 一文为这一主题提供了新的视角。Lizabeth Cohen 在其所著的 *Making a New Deal: Industrial Workers in Chicago, 1919–1939*（1990）一书中对消费者行为模式

① 戴维斯·戴尔，弗雷德里克·达尔泽尔，罗伊纳·奥利加里欧. 浪尖上的宝洁［M］. 兰燕卓，译. 北京：电子工业出版社，2015.

② 米切尔·舒德森. 广告：艰难的说服［M］. 陈安全，译. 北京：华夏出版社，2003.

进行了广泛的分析；*A Consumers' Republic: The Politics of Mass Consumption in Postwar America*（*2003*）仍然是此类文献中的一个代表作。关于这个复杂的主题，读者还可参考：Gary Cross 所著的 *An All-Consuming Century: Why Commercialism Won in Modern America*（2000）；Kathleen G. Donahue 所著的 *Freedom from Want: American Liberalism and the Idea of the Consumer*（2003）；Meg Jacobs 所著的 *Pocketbook Politics: Economic Citizenship in Twentieth-Century America*（2005）；Charles McGovern 所著的 *Sold American: Consumption and Citizenship, 1890–1945*（2006）；Inger L. Stole 所著的 *Consumer Activism and Corporate Public Relations in the 1930s*（2006）；Douglas B. Ward 所著的 *A New Brand of Business: Charles Coolidge Parlin, Curtis Publishing Company, and the Origins of Market Research*（2010）。关于专家和政府机构在创造消费文化方面的贡献，读者可参考 Carolyn M. Goldstein 所著的 *Creating Consumers: Home Economists in Twentieth-Century America*（2012）。

本章对品牌的简要论述受到了麦克劳与其哈佛商学院同事 Alvin Silk、Nancy F. Koehn 及 Susan Fournier 谈话的影响。以下是从许多重要著作中精心挑选出来的与本章内容有关的书目：Kevin Lane Keller 所著的 *Strategic Brand Management*，3rd ed.（2007）[1]；David A. Aaker 所著的 *Brand Portfolio Strategy: Creating Relevance, Differentiation, Energy, Leverage, and Clarity*（2004）[2]；Jean-Noel Kapferer 所著的 *The New Strategic Brand Management: Creating and Sustaining Brand Equity Long Term*，4th ed.（2008）；Philip Kotler 和 Gary Armstrong 所著的 *Principles of Marketing*，11th ed.（2005）[3]。Allen P. Adamson 所著的 *Brand Simple: How the Best Brands Keep It Simple and Compete*（2007）及 Allen P. Adamson 所著的 *Brand Digital: Simple Ways Top Brands Succeed in the Digital World*（2008），这两部著作重点阐述了 IT 带来的新机遇。要了解直到最近才出现的国际视角观点，可参考 Teresa da Silva Lopes 所著的 *Global Brands: The Evolution of Multinationals in Alcoholic Beverages*（2007）。

---

[1] 凯文·莱恩·凯勒. 战略品牌管理（第3版）[M]. 卢泰宏，吴水龙，译. 北京：中国人民大学出版社，2009.

[2] 戴维·阿克. 品牌组合战略 [M]. 雷丽华，译. 北京：中国劳动社会保障出版社，2005.

[3] 菲利普·科特勒，加里·阿姆斯特朗. 市场营销原理（第11版）[M]. 郭国庆，等译. 北京：清华大学出版社，2007.

现在，*Journal of Marketing* 依然是一个探讨品牌艺术的很好的资料来源。哥伦比亚大学商学院（Columbia Business School）的全球品牌领导中心在其官方网页上也刊登了相关学术文章。

我们在本书的叙述中省略了一家公司，那就是沃尔玛。关于沃尔玛的资料，读者可参考：Nelson Lichtenstein 编著的 *Wal-Mart: The Face of Twenty-First Century Capitalism*（2006）；Lucia Foster、John Haltiwanger、Shawn D. Klimek、C.J. Krizan 和 Scott Ohlmacher 撰写的 "The Evolution of National Retail Chains: How We Got Here"，收录于 *US Census Bureau Center for Economic Studies Paper No*. CES- WP-15-10，March 30，2015。

第四章

罗斯福新政与第二次世界大战：监管与战争动员（1933—1945年）

尽管宝洁、一些大型电影公司和专业化的企业都颇为成功，但大萧条确实让美国陷入了前所未有的经济危机。正如第二章所述，不均衡的财富分配、病态的行业、薄弱的企业结构、不健全的银行系统、股票市场的违规行为及不明智的政府政策，使美国出现了历史上持续时间最长的经济衰退期。随着经济跌至谷底，一位深谙商业之道的总统在 1932 年的选举中被一位对经商之道几乎一窍不通的职业政治家——富兰克林·D. 罗斯福（Franklin D. Roosevelt）所击败。罗斯福通过政府监管计划挽救并重塑了脱离正轨的商业行为，这为美国后期的经济增长奠定了坚实的基础。

最终，美国选民选举罗斯福连任四届总统，罗斯福带领美国民众脱离了大萧条的深渊，并在 1945 年战胜了轴心国。从 1933 年罗斯福第一次宣誓就职，到 1945 年 4 月他去世，美国经济发生了令人震惊的变化，仅一个例子就足以证明：失业率从 25% 下降至 1.9%。在罗斯福主政的 12 年时间里，美国经济、社会和文化经历了巨大变革，这种情况也许难以重现。从 20 世纪 30 年代的新政改革到第二次世界大战的战争动员，美国人民改变了自己国家的诸多方面。1945 年，美国经济已然达到世界之巅，而美国企业通过与政府建立分权合作联盟，极大推动了经济的发展。

罗斯福新政

1933 年，罗斯福公开表示他对美国经济体制很有信心，但他也坚定地认为应该对经济体制中的某些重要部分进行改革。为了加强经济体制的发展，他领导了一场旨在削弱经济体制中过激行为的变革。他和自己的改革顾问革新了银行系统和证券业。正如 20 世纪商业发展的大趋势一样，这些革新和罗斯福新政的其他改革通过使企业行为更加透明化的方式，将权利赋予了投资者和消费者。尽管这些努力并没有带来经济的全面复苏，但也确实为经济的长期增长奠定了基础。

20 世纪 30 年代的罗斯福改革不仅是一场经济运动，而且它还从政治上对一些长期存在的问题给出了解决方案，其中包括企业对工人和消费者的过度控制，以及对妇女、老人、穷人、残疾人和少数族裔根深蒂固的歧视。虽然新政没能解决这些问题，但毫无疑问，它起到了缓解作用，并激励着以后的改革者继续解决这些问题。

20 世纪 30 年代，修改后的联邦法律切实增加了工会的权力，这使工人的影响力显著增强。通用汽车公司、福特汽车公司和其他大型企业，最终不得不满足员工对工会代表权的要求。1930 年，全美国只有 7% 的非农业劳动力加入了工会，但该比例到 1940 年增加了一倍多，到 1945 年增加了两倍，并且在 1960 年达到顶峰。

罗斯福新政的实施缓和了美国自 20 世纪 20 年代以来出现的财富和收入差距过大的危机。从 20 世纪 30 年代中期到 80 年代中期，中产阶级逐渐在美国社会中占据主要地位。从 20 世纪 30 年代开始，美国人民的收入日趋均衡，这在一定程度上要归功于人口发展趋势和工作性质的变化，但罗斯福政府施行的一系列新法规和其他政府行为起到了更为关键的作用。这些措施主要包括社会保障、失业补偿、最低工资标准、对工会的支持和累进所得税制度。在某些方面，新政实行的改革与 20 世纪 20 年代一些商界领袖在新时代计划中提出的措施十分相近。

但在整个 20 世纪 30 年代，罗斯福新政的积极影响并未完全显现，许多美国商人在经历了 1933 年短暂的"蜜月期"后，逐渐对罗斯福新政产生了敌意。美国国家复兴管理局（NRA）试图支持全行业协会，以尽量减少破坏性竞争并提高物价和工资，但这一努力基本上是失败的，甚至在 1935 年最高法院推翻其授权立法之前就是如此。糟糕的管理，以及与之相关的政府规划和其他政府项目的负面问题使许多商界人士站在了总统的对立面。新政中有关提高工资和增加税收的公共工程项目也激怒了保守派。大企业的经理，以及认为银行和证券监管过于严苛的金融家变得尤为好斗。他们中的许多人认为新政是不择手段的民主党政客对权力的攫取行为（在一定程度上确实如此）。就连斯隆和杜邦等老练的高管也对罗斯福表现出近乎非理性的仇恨，他们还将部分财富投入推翻罗斯福的活动中。美国自由联盟（The American Liberty League）于 1934 年开始的反新政攻击一直影响着第二次世界大战以后的美国政治局势。

20 世纪 30 年代，虽然以杜邦家族为代表的财阀们直接发起了反对罗斯福的商业运动，但效果却适得其反，这些攻击使罗斯福获得了越来越多美国普通民众的支持。罗斯福总统通过打击"经济保皇派"和建立"有组织的货币流通"获得了民众的支持，这使他能够推动更为广泛的经济和社会改革。

与 NRA 的失败形成对比的是，两项复兴计划使美国维持了在 20 世纪 30 年代缓慢的经济增长，并且在第二次世界大战动员期间迎来了一段较长的增长期。复兴计划中规模较大的公司是由赫伯特·胡佛总统初创的复兴金融公司（Reconstruction Finance Corporation）。胡佛认为，如果给予对经济影响重大的核心企业，如铁路、保险公司和银行等必要的帮助，那么随着投资的不断增加，这些企业的经济状况会慢慢有所好转。然而，具有讽刺意味的是，这一建立在贷款基础上的计划使核心企业存在的问题更加恶化。罗斯福则采取了截然不同的措施：他让休斯敦的银行家杰西·琼斯（Jesse Jones）接手并寻找新的方法帮助企业。琼斯开始向陷入困境的公司购买优先股，这立即使那些企业的资产结构变得更具有流动性，但并没有赋予政府直接的管理控制权（只有普通股股东才能对公司董事的任免进行投票）。另一个复兴计划是1933年成立的房主贷款公司（Home Owners Loan Corporation，HOLC）。该公司旨在通过重新签订抵押贷款协议并把价值不超过2万美元的房屋的还贷期限从一般的3~6年延长至15年，以帮助房主继续支付抵押贷款（当时一套房屋的平均价格在5000美元左右）。这个项目和其他一些项目重塑了房地产行业，在20世纪后期吸引了更多的购房者。

监管的扩展与分散

新政并没有像其支持者和反对者所声称的那样，彻底改变美国经济。1940年的美国商业系统的整体结构与1930年相比并没有什么变化。但在新政下，政府的监管范围扩大到了卡车运输、航空公司、洲际天然气和电力公用事业等行业，而且监管力度也显著增强。此外，已经受到监管的行业，如铁路、银行、电信和广播，则受到了更严格的审查。总的来说，20世纪30年代推行的监管法案使经济体系在美国民众眼中变得更加规范。

新政的商业改革计划改变了银行业和证券业，这或许是 20 世纪 20 年代问题最为严重的两个行业，同时也是 20 世纪中期对商业增长最为重要的两个行业。1929 年美国股市崩盘后，田纳西州和肯塔基州、纽约、费城、波士顿、芝加哥、托莱多和圣路易斯等地都发生了银行挤兑（储户一次性提取所有资金）。银行挤兑减少了投资者可用的货币量。罗斯福在第一次宣誓就职后，利用第一次世界大战期间的总统权力，以"假期"为由关闭银行。政府的银行审查人员重组了许多银行，并永久关闭了部分银行。这一举措暂时恢复了民众对银行系统的信心，人们开始重新将资金存入银行。

为了维持这种信心，改革者推动国会通过了《格拉斯－斯蒂格尔法案》（Glass-Steagall Act）。该法案推动联邦存款保险公司（Federal Deposit Insurance Corporation）为储户的资金提供保险，以减少由于银行倒闭给储户带来的损失。储户在银行倒闭时可获得全额的保险金（最初为 2500 美元，相当于现在的 25 万美元），保险金来自成员银行支付的费用。《格拉斯－斯蒂格尔法案》还将投资银行业务和商业银行业务严格地区分开。储户的资金将不能用于股票市场上的投机行为或为银行寻求其他投资机会。从 1934 年开始，储蓄贷款银行（S&L）由联邦储蓄贷款保险公司（FSLIC）单独监管，该公司制定了运营规则，并规定了 S&L 在倒闭时用于保险的费用。随着联邦储备系统其他改革措施的推进，新政的银行立法稳定了美国的银行体系。20 世纪 20 年代和 30 年代初，美国每年有数百家银行倒闭，但从 1943 年到 1974 年，每年倒闭的银行数量已经降至个位数。

《格拉斯－斯蒂格尔法案》还禁止银行家向客户传递竞争对手的信息，会计师也不能传递相关信息。所有这些监管活动催生了一种新的现代职业，即商业顾问。商业顾问可以合法地将信息从一个案例转移到另一个案例，然后再从一家公司转移到另一家公司。通用汽车公司和杜邦公司在 20 世纪 20 年代提出的众多创新举措——尤其是分权经营、多部门的企业结构——在第二次世界大战后被传播到许多其他公司和行业。

与此同时，国会还通过了一系列旨在重塑国家资本市场的复杂法律。新立法不仅影响了银行和证券公司，还影响了成千上万家在交易所交易股票的公司。1933 年颁布的《证券法》（The Securities Act）和 1934 年颁布的《证券交易法》（The Securities Exchange Act）要求所有这些公司向股东和政府提交详细的年度报告。这些文件包含大量的商业秘密信息，而现在这些信息则必须以规定的形式列出并由独立会计师认证。1938 年的立法将这一要求扩展到了所有上市公司，即不管是否在证券交易所注册，只要其股票能自由买卖，就会被认定为上市公司。铁路和公用事业公司向监管委员会提交类似的报告已有一段时间。现在，所有上市公司都必须披露其销售额、利润，以及支付给高管和董事的工资与奖金。这种在"阳光"下运作的方式对许多公司来说都是闻所未闻的，但它的出现是为了应对大量存在的欺诈、渎职和舞弊行为，这些行为使过去十年的美国经济变得十分脆弱。总的来说，这些改革在很长一段时间内取得了良好的效果。后来即使监管委员会放松了监管，但信息披露这一措施仍使调查人员能够及时发现某些公司的不良行为。

尽管在《证券法》通过之前，商界领袖们曾强烈抗议（当时和现在一样，几乎所有的监管提案都会引起他们本能的抵触情绪），但其实这些改革反而给那些反对者带来了特别有益的影响。这些法律的有力执行，使潜在投资者相信，20 世纪 20 年代的黑幕已被消除。在 1933 年大萧条的最低谷时期，只有价值 1.61 亿美元的新公司证券被发售，大约是 1929 年的 1/50。1933 年 3 月中旬，美国股票市场一天的交易量仅为 575 850 股。而 1997 年，单日交易量首次达到 10 亿股。随后，这种交易量成为常态。如果没有新政改革奠定的基础，这种规模的交易量是不可能实现的。

这一复杂的监管制度贯彻了分权原则，为提升投资者信心奠定了坚实的基础。银行和证券法规主要由私营部门负责执行，从而分散了执行权力。严格的规则及对违法行为的刑事和民事处罚促使企业开始聘请专业律师，尤其是聘请独立会计师来履行法律的要求。

虽然新政改革增强了人们对银行和证券业的信心，但它们和政府的其他救济复兴计划并没有使美国经济摆脱大萧条。1939 年，美国的失业率为17%，这个数字高得令人无法接受。尽管国会在 1938 年通过了一些重要的改革方案，如《公平劳动标准法》（The Fair Labor Standards Act），但在很大程度上，大刀阔斧改革的时代已经结束。罗斯福开始将注意力转向海外问题，这也是大萧条结束的前兆。

战争中的世界

从全球视角来看，20 世纪 30 年代，几个主要的国家都在争夺原材料和消费市场的控制权：日本、德国和意大利分别对中国、中欧和非洲进行侵略；英国在非洲、南亚和其他地区为维持其帝国疆域而战；法国则努力维持其在非洲、中东和东南亚的殖民地；而美国正在不断扩大其在西太平洋的影响力。除了主要的经济冲突，还有复杂的种族冲突。从某种意义上来说，这些冲突是第一次世界大战的延续。

第二次世界大战对美国商业的影响，就像其对美国文化和社会的许多其他方面的影响一样，是 20 世纪最重要的事件。这场战争推动了 20 世纪末和21 世纪初在美国国民经济中占有极为重要地位的产业的发展。这些产业在本质上与第二次工业革命（钢铁、汽车和电气设备）的产业截然不同，它们构成了第三次工业革命的核心。第三次工业革命植根于科学研究，更多地基于知识工作，而不是机械化大规模生产。这些新兴产业包括先进的电信和电子设备（包括早期的计算机）、航空航天、原子能、合成化学品和制药，以及精密医疗设备。

战争对美国社会产生了深刻的影响，并且也影响了各行各业的企业，尤其体现在六个方面：离家外出工作的女性人数增加；数百万人得以适应大型组织（无论是公司还是军队）的工作和生活；在美国西海岸和"阳光地带"[①]汇聚了大量人口；商业周期趋于平稳；对大多数美国劳动者收取所得税并实行工资预扣制度；也许最为重要的是开始了一段长期的经济繁荣。从 20 世纪40 年代初到 70 年代初，这段时间成为美国企业、工人和消费者的黄金时代。

在当时，美国生产武器装备的能力将决定全球战争的结果。美国人直到1941 年 12 月 8 日才参战，此后美国的战争规划者花了近一年的时间才决定可以有效训练多大规模的军队，以及国家经济能够支撑生产多少武器装备。基于战时外交的考虑，美国及其盟国等到 1944 年春天才在西欧开辟第二战场，以减轻苏联在东欧的压力。进攻（"霸王行动"）一旦开启，德国的战败就只是时间问题。美国战争动员的速度和规模使之成为现实。

然而，美国面临着大多数其他国家没有遇到过的问题，即一个资本主义国家如何在没有中央政府强制干预所有商业决策的情况下做战争动员，并且不破坏经济赖以生存的分散市场机制？另一个理论上的极端问题是，一个完全丧失经济权力的政府如何能够打赢一场大规模的战争？1941 年，美国政府对其国民经济的控制力可能比其他主要参战国都要弱。

---

① "阳光地带"一般指美国北纬37°以南地区，由于该地区日照充足、气候温和，所以吸引了大量的人口迁入。此外，当地丰富的能源、农业资源，使美国的新兴工业也逐渐向其扩散。这个昔日以贫困落后、种族歧视、人口外流著称的地区，如今经济发展呈明显上升趋势。——译者注

最终，美国比德国或日本更好地解决了动员问题，这两个国家的政府都过度集中于对工业的控制，并赋予军官较大的权力。德国注重质量而非数量，这使得多样化和非标准设计的武器激增，这不仅延长了工厂的生产周期，而且使战场上的武器维修变得异常困难。统计数字表明，德国工人生产了 151 种型号的卡车、150 种型号的摩托车和 425 种型号的飞机，而德国工人的生产率仅为美国工人的一半。日本的工业动员则受到管理不善和物资短缺的影响——美国潜艇击沉了大部分试图向日本工厂运送物资的船只。意大利在陆军和空军物资方面的产量还比不上美国第三大国防承包商——福特汽车公司。

美国战时生产的奇迹

第二次世界大战期间，美国企业生产了 8.6 万辆坦克、60 万辆吉普车、200 万辆军用卡车、19.3 万门火炮、1700 万支手枪和步枪，以及 410 亿发子弹。位于大西洋、墨西哥湾和西海岸的造船厂在生产技术方面统一以加利福尼亚州凯撒造船厂为标准，共建造了 1.2 万艘军舰和商船，以及近 6.5 万艘小型船只，用于沿海巡逻和两栖登陆。这些数字或许让我们很难理解或想象，但如果我们能够将所有远洋船只首尾相连，它们可以从纽约一直延伸到奥马哈。最引人注目的是，美国人在战争期间制造了近 30 万架飞机。

与此同时，铝的产量增加了 4 倍，同样用于飞机制造的镁的产量增加了 350 倍。战争期间生产的橡胶有 85% 来自联邦政府资助的新型合成橡胶工业，该工业在战后使美国成为世界上最大的橡胶出口国。钢铁产量从 1938 年的 2800 万吨增加到 1943 年的 1.01 亿吨，几乎全部被用于军事领域。汽车制造商也不再生产汽车，转而生产坦克、吉普车、卡车、装甲运兵车和其他军事装备。汽车公司 40% 的产出是飞机及其相关产品，它们制造了超过 45 万台飞机发动机，约占总数的 56%。当然，发动机的制造需要精密的工具和大规模生产。

第二次工业革命的所有基本要素——规模经济、可互换部件、大型制造组织的纵向和横向一体化、大规模分销等——使美国的工业动员取得了卓越的成效。这一成功是美国在太平洋战争中战胜日本的关键，也是盟军在欧洲西线取得胜利的最重要的因素之一。1944 年，美国的生产量远远超过了英国、德国和日本的生产量总和。这一表现展示了美国商业体系的实力和韧性，以及美国政府的灵活性。那么，它是如何运作的呢？

动员问题

事实上，美国战争动员的规划者们从 1939 年至 1942 年年底才弄清楚如何发挥自己的作用。罗斯福总统在此期间设立了许多机构，而且它们的管辖范围大多重叠，这造成了混乱并阻碍了武器装备的生产。由于动员规模巨大，不可避免地会出现混乱和分歧，例如，不明确哪种公共和私人采购商应该优先购买重要但稀缺的原材料。企业高管经常对不可能实现的生产目标提出抗议。当军官们对军需品的要求得不到满足时，就会大发脾气。以下这几段话摘自美国商务部关于这一时期的权威历史著作《战争中的美国》（*The United States at War*, 1946），它揭示了当时的混乱局面。

第一，近期，我们无法将所有订购的产品都生产出来，这是完全不可能的，因为需求总量超出了我们的生产能力。

第二，各种生产计划之间，包括负责执行这些计划的人员之间发生了冲突……

第三，由于争先恐后下订单而导致合同签订率和生产率不同步，所以生产计划中所有纸面上的信息都对不上……

第四，在转产过程中存在巨大浪费。经过艰难而缓慢的起步后，当许多工厂在面对常规产品比新产品更加急需的情况时，不得不转为战时生产状态。

第五，我们建造了许多新工厂，也扩建了许多旧工厂，事实上，我们根本用不上这些工厂，也不需要……

第六，优先权制度因"优先权膨胀"而崩溃。拥有军事合同的人有权获得比原有数量更多的稀缺物资和零部件，因此优先权或分配权只不过是一张"狩猎许可证"。

战争初期，动员规划者曾拼命想出了一些切实可行的方法来分配战略物资。他们最初采用的是"优先权"分配方式。这个优先地位只意味着特定的买家会比普通客户优先获得供给，但这并不意味着他们会足额收到自己所需要的物资。该系统也无法有效区分陆军、海军和其他授权采购商，他们可能对相同的物资拥有同等权重的"优先权"。即使在相同的兵种中，不同的部门也在争夺同一类物资。

解决方案：通过物资控制计划进行权力下放

优先权制度的混乱状态一直持续到 1942 年 11 月，即珍珠港事件发生近一年后。那时，罗斯福政府宣布了一项引人注目的新战略，并给它起了一个平淡无奇的名字——"物资控制计划"。该计划是由费迪南德·埃伯施塔特制订的，他是一位才华横溢的投资银行家，后来前往华盛顿担任陆军和海军军需委员会主席，再后来又成为颇有权力的战时生产委员会副主席，新计划就是在该委员会的领导下实施的。

埃伯施塔特的父亲是德裔犹太人，母亲是德裔委内瑞拉天主教徒（埃伯施塔特后来成了长老会教徒）。他的父母来到美国后，定居在新泽西州，然后开始工作养家。埃伯施塔特在就读普林斯顿大学之前曾在一所私立预科学校学习。尽管埃伯施塔特在第一年曾因其不守规矩的行为而被大学除名，但他仍以优异的学业成绩毕业。他随后前往欧洲继续深造，并在第一次世界大战期间作为美国陆军的炮兵军官在法国服役。从哥伦比亚大学法学院毕业后，他加入了华尔街的一家律师事务所。埃伯施塔特是一个大胆的年轻人，他的个人行事风格会在儒雅和专横之间随意变化。20 世纪 20 年代，某些商业互捧模式开始流行起来，但埃伯施塔特对这种模式有些不屑一顾，他一直是办公室里的聪明人，更青睐创新企业融资这个新型的业务。在这个领域，头脑不够灵活的人很快就会被淘汰。

1925 年，埃伯施塔特离开律师事务所，成为德威公司（Dillon, Read & Co.）的合伙人，该公司是华尔街投资银行中的头部企业。他利用自己的外语技能，帮公司与欧洲客户（特别是德国的煤炭和钢铁公司）进行最敏感的贷款谈判。埃伯施塔特一心一意地扑在工作上，由于经常去欧洲出差，四个孩子中有三个在出生时他都不在妻子身边。1928 年，他在将道奇兄弟汽车公司出售给克莱斯勒公司的项目中发挥了重要作用。一年后，在要求拿到更高业务提成而未果后，他被德威公司解雇，并于 1931 年创立了属于自己的埃伯施塔特公司（F. Eberstadt & Co. ）。

许多投资银行在大萧条期间倒闭，而且新的投资银行几乎难以获得大的业务项目，但埃伯施塔特机智地发现了一个能确保他的新公司获得成功的商机——服务于中小型公司，其中大部分是家族企业。随后，埃伯施塔特的公司蒸蒸日上。1939 年，《财富》杂志对他的成功进行了报道。另外，埃伯施塔特还充分利用了税务法规的变化。在 20 世纪 30 年代紧张的政治气氛中，罗斯福政府向国会施压，要求通过《遗产税法案》，这使许多州纷纷效仿。许多家族企业的继承人不得不在创始人去世后出售公司，以便能够缴纳税款。埃伯施塔特的解决方案是让这些公司在创始人在世时上市。在创始人去世后，埃伯施塔特将少量的普通股出售给公众，为继承人提供了支付遗产税的资金，同时使这些继承人仍能保持多数股权，确保管理层能继续控制公司。埃伯施塔特还持有一些小型蓝筹股企业的股票，其中的一部分企业蓬勃发展并在日后成了大企业，如麦格劳 – 希尔公司（McGraw-Hill）、诺维奇制药公司（Norwich Pharmacal）、维克多化学公司（Victor Chemical）等。

埃伯施塔特的独特才能在他的整个职业生涯中体现得淋漓尽致，包括设计新机制以应对新情况的超凡能力，以及施行这些机制的勇气。在共同基金流行之前，他就建立了一个成功的投资组合（后来被称为共同基金），并且他是最早使用杠杆收购[①]作为投资工具的人之一。一位战时规划机构的同事曾这样评价他："最重要的是，他可以做出决定——非常艰难的决定。即使这些决定会伤害到一些人—— 一些有影响力的人，他也能做出决定。"

---

① 杠杆收购是指使用不同形式的债务来支付收购公司的费用。——译者注

1942 年 9 月，埃伯施塔特成为战时生产委员会副主席。一上任，他就被眼前的混乱局面震惊了。他明白，在战争期间需要用严厉的手段来指导国家的工业动员工作，但也必须避免一切商业勾结行为。此外，他知道任何忽视市场力量的计划都无法充分挖掘美国企业的潜力。他面临的挑战是创建这样一个体系：既要能够发挥市场的力量，同时又要能引导企业以合适的数量生产合适的设备，并在合适的时间送到合适的地点。

埃伯施塔特的目标是在各个层面实现生产和销售的最高效率，同时将来自高层的干预降到最低。这与通用汽车公司的斯隆和宝洁公司的麦克尔罗伊为和平时期的企业制定的目标如出一辙。事实上，埃伯施塔特承认斯隆对自己的思想有诸多影响，并以斯隆式的逻辑构想出了分权决策的巧妙方法。他召集了一些他所认识的精明能干之人，其中许多人比他年轻。在 1942 年初秋为期六周的时间里，他主持召开了八次会议，对不同的想法和计划进行了讨论和辩论，最终形成的方案是采取金字塔式的组织形式。他在报告中提到："我们从控制出发，通过运营下放权力。你只能在组织的顶层处理最普遍的问题，如果你想在有限时间内完成工作，那就必须尽可能更快、更彻底地分散你的运营压力。"

"物资控制计划"只对三种物品进行定量配给：钢、铝和铜。这种简单且强有力的方案摆脱了优先权制度的缺陷，并且能够保持对这三种关键金属的严格控制。这三种金属对于武器装备的生产最为重要，战时生产委员会不再需要过多关注此前一直试图细化管理的大量其他产品。

为了使供应与需求相匹配，便于在情况变化时迅速调整分配策略，工作人员制定了非常详细的"物资控制计划"实施步骤。首先，测算人员将计算未来几个月三种受控金属的供应量。随后，"物资控制计划"的工作人员要求诸如陆军和海军物资的生产机构提交钢、铝和铜的订单。这些订单来自通用汽车公司和波音公司等主要军事承包商，它们不仅列出了自己的要求，还列出了分包商的要求。该计划非常重视预测的准确性，如果领取物资的申请机构出现错误，可能会受到包括刑事起诉在内的各种处罚。

然后，主承包商在其工厂和分包商之间分配物资。与有缺陷的优先权制度相比，该计划最重要的变化之一是主承包商和领取物资的申请机构都有权将物资从一种用途转移到另一种用途。例如，如果一家主要承包商想要将其原本分配给一个项目的部分铜原料，转移分配到另一个项目（比如，从铜线圈转移到铜管），那么它可以直接这样做，而无需事先征求政府的许可。这本来就是该公司在和平时期会做的事情：利用其垂直整合的管理系统来更有效地分配资源。

"物资控制计划"只关注高层文职和军事参谋人员的一些战略决策。分配钢材的官员可能会发现，在接下来的几个月里，海军将需要更多的钢材来生产特定数量的舰艇，而陆军也需要相同数量的钢材来制造坦克。在这种情况下，必须首先建造船只，因为要用船只将坦克运送到海外战场。船只的生产需求得到满足之后，优先生产坦克的决定才可能更有意义。同样，海军也需要决定优先建造什么类型的舰艇，是先建造航空母舰、巡洋舰、驱逐舰和潜艇，还是先建造支援货船、运兵船和运油船。

因此，战略决策是在金字塔顶端做出的，但生产动态却是自下而上传递的。成千上万次个人权衡在不同操作层面来回进行，每一次权衡都是在能获得正确选择所需信息的地方进行的。这是最佳的行政管理模式，同时也是分权决策的胜利。

对于所有极具挑战性的组织问题，"物资控制计划"是最具美国特色的解决方案之一。像德国那样的军事控制系统在美国是行不通的，而将工业和军事集团联系在一起的日本模式也行不通。这些方案在美国并不适用，美国的解决方案借鉴了和平时期民用产品公司采取的分散、多部门的公司模式，这种模式凭借纵向一体化的组织结构，使决策能够由掌握信息最充分的部门做出。

变革性事件：第二次世界大战

"物资控制计划"之所以执行得如此顺利，还有一个重要的原因，那就是政策制定者决定向美国企业支付合理的费用，使它们能顺利生产战争所需物资。美国陆军部长亨利·L. 史汀生（Henry L. Stimson，1867—1950）曾直言不讳地说："在一个资本主义国家，如果你要尝试去打仗，或者为战争做准备，那么你必须让企业在这个过程中赚钱，否则企业就无法运作。"

其中，税收刺激政策发挥了主导作用，那些税收减免措施对处于钢铁、铝和铜行业的企业的帮助尤为明显——它们都是支持"物资控制计划"的主要企业。另外，政府通过税收补贴，支持建设了许多合成橡胶企业；可口可乐和箭牌公司通过向世界各地的美国士兵供应产品也获得了发展，并在战后扩大了市场。不过，主要的支持还是通过被称为"成本加成"的承包模式体现的。从本质上来讲，许多因战争动员而投入生产的美国公司享有成本及利润的保障。这有助于满足罗斯福总统对短期战争的需求，同时也改善了海军和陆军物资规划人员在生产过程中改变设计的问题。

所有这些生产费用都来自借款、税收和国债。罗斯福希望国家在战争期间尽可能多向企业采购，而最终的税收收入略低于战争总费用的一半。创造这些税收收入需要一个更着眼于宏观的税收制度。1940 年，只有约 700 万美国人的收入达到支付个人所得税的下限，他们按季度或按年直接向税务局缴纳所得税。1942 年通过的税收法案从根本上改变了美国的所得税制度。它将大多数美国工薪阶层纳入了所得税体系（当时任何年收入超过 624 美元的人都要纳税；按 2016 年的美元购买力计算，约为 9212 美元）。战争期间还增加了 5% 的"胜利税"（Victory Tax）。税收法案还引入了预扣税制度，即从每份薪水支票中预扣一部分税款。到第二次世界大战结束时，大约 70% 的美国人（约 4200 万人）缴纳了所得税。

政府通过有组织地强化美国人的爱国主义情操来促进所得税的增长和战争债券的销售。比如，许多杂志在每次国家债券发行之前都会发表封面故事；著名艺人会在广播节目中宣传债券和所得税对国家的意义；流行音乐词作家欧文·柏林（Irving Berlin）创作了战争期间颇受欢迎的歌曲《白色圣诞》（*White Christmas*），还创作了歌曲《我今天缴纳了所得税》（*I Paid My Income Tax Today*）；迪士尼公司制作了一部动画片，唐老鸭在片中计算出了自己的税单，并为它抚养的外甥辉儿、杜儿和路儿计算出了相应的标准扣除额。组织这些活动和其他促销活动的费用主要由广播电台和电影制作公司支付，表演者则是义务演出，不收取任何报酬。

因此，美国人将购买债券和支持税收体制视为爱国人士应承担的一项义务。当然，第二次世界大战后这一制度仍在延续。在大多数其他工业化国家，税收收入大多是以增值税的形式征收的，这些增值税由企业计算和支付，而销售税则由消费者在收银台支付。对现代美国税收制度而言，正如在许多其他方面一样，第二次世界大战是 20 世纪最具变革性的事件。

增加所得税制度和提升联邦政府的预算权力只是战争带来的众多变革运

动中的两个，还有许多其他因素影响了美国的商业、社会和文化结构。

其中一个被政治化的领域是小企业在战争中的地位问题。战争动员组织的管理者们会选择依靠他们熟知的、能够在极端时间压力下进行批量生产的公司，这往往意味着大公司签订了与战争采购有关的大部分合同。当时，大约 30% 的国防采购合同是与这 10 家公司（按合同价值排序）签订的：通用汽车公司、柯蒂斯 – 莱特公司（Curtiss-Wright，飞机和发动机）、福特汽车公司、联合伏尔提飞机公司（Consolidated Vultee Aircraft）、道格拉斯飞机公司（Douglas Aircraft）、联合飞机公司（Uuited Aircraft）、伯利恒钢铁公司（Bethlehem Steel）、克莱斯勒公司、通用电气及洛克希德飞机公司（Lockheed Aircraft）。1942 年，参议院委员会报告称，在全美国 18.4 万家制造公司中，56 家公司获得了占总数 3/4 的军事采购合同。虽然这一政策破坏了美国长期以来支持小型创业企业的文化价值观，但小企业也从大企业那里获得了供应重要零部件的合同。

为了延续 20 世纪 30 年代对大型企业的政治打压，当时的政府在小型零售商的要求下颁布了《反连锁商店法》（Anti-chain Store Legislation），战时国会成立了小型战争工厂公司（Smaller War Plants Corporation，SWPC），为小型企业提供贷款资金，使小企业家能够赢得更多的合同。战后，SWPC 演变为小企业管理局（Small Business Administration，SBA）。

与此同时，零售业也发生了翻天覆地的变化，成千上万家与战争动员采购无关的小公司纷纷倒闭，其中包括很多公路服务站、车库、杂货店和电器经销商。战时生产委员会几乎停止了所有民用收音机、电动洗衣机、剃须刀、熨斗、烤面包机、炉灶、搅拌机、华夫饼烤模和加热垫的制造。1941—1943 年，冰箱产量下降了 99.7%；钢琴制造商停止生产钢琴，专注于生产军用飞机的木制和铝制零件；最重要的是，1942 年 3 月之后，民用汽车的生产也停止了。

许多民用物品都实行配给制度，包括橡胶、汽油、燃油、尼龙、工作鞋、肉、糖、咖啡、黄油。为了节省制作降落伞、帐篷和制服所需的布料，女装不能有褶皱，男装不能有翻边裤。

配给、价格控制和征兵都是由联邦政府强制执行的，但所有这些在执行上都是高度分权的。多达 6000 个社区委员会执行了配给计划。这些委员会的地方公民领袖倡导爱国主义，以赢得支持。大多数人都熟悉了将带有印章的优惠券和配给簿交给零售商，以获得更多商品。地方征兵委员会负责制订征兵计划，将每个符合条件的男性从 1-A（可被征召入伍）到 4-F（身体条件不符）进行分类。华盛顿特区的任何官僚都无法做出这样的决定。因此，通用汽车公司的斯隆和宝洁公司的麦克尔罗伊所开创的分权模式在民间得到了较好的应用。

学者们对配给制度到底有多重要存在一些分歧。当然，美国人在战争年代的体验不同于他们的盟友——英国、法国、中国和苏联，也不同于他们的敌人——日本、意大利和德国。事实上，美国是唯一一个在战争年代消费支出还在增长的参战国——他们在 1938—1944 年增长了 22%，而英国则是下降了 22%。也许更能说明问题的是，1939—1944 年，美国国民生产总值增长了 93%。鉴于美国是迄今为止世界上最大的经济体，在如此短暂的时间内实现如此大幅度的增长是令人惊讶的，而且这将在很多方面对第二次世界大战后的世界产生影响。

第二次世界大战对劳动力提出了前所未有的需求，无论他们是穿军装的还是不穿军装的，满足这些需求的过程改变了许多美国工人的生活：1944

年，失业率已从 1933 年的 25% 和 1939 年的 17% 下降至 1.2%；共有 1600 万人参军，其中有 1000 万人是应征入伍的；制造业工人每周平均工作时间从 38 小时增加到 45 小时以上；与国防相关的工作岗位从占总就业人数的 9% 增长至 40%。

300 万年龄在 21 ~ 64 岁的女性是平民劳动力中规模最大的人口群体。1944 年，女性已在飞机机体工厂中占所有工人的 40%，在发动机和螺旋桨工厂中占 30%，在造船厂中占 10%。在政府的公关活动中，"铆工罗茜"（Rosie the Riveter）的形象深入人心，她是飞机制造厂中理想化的年轻女性。事实上，在此期间，美国劳动力市场中已婚女性的数量首次超过了单身女性的数量。可从事同样工作的女性，其报酬往往不如男性高。战后，许多女性被迫放弃工作，或者将某些工作机会优先让给回国的军人。

然而，在为动员工作做出重要贡献的过程中，女性打破了长期存在的就业障碍，并利用此机会进入新闻、媒体、音乐和证券交易所等行业工作。随后，20 世纪 60 年代和 70 年代，政府推出的一些政策进一步鼓励女性进入劳动力市场，包括担任行政职务及创办自己的企业。

战争动员使美国发生了历史上最大规模的国内人口迁移。不仅 1600 万士兵（有时还有他们的家人）乘坐汽车和火车四处迁移，而且还有大约 1500 万平民搬迁到了他们的工作所在地——特别是中西部、南部和西部地区；100 万南方人口移居北方（包括 20 万非洲裔美国人），同时也有 60 万北方人口迁往南方；大约有 140 万美国人移居到加利福尼亚州，其中包括来自南方的大约 20 万非洲裔美国人。这些迁移加剧了南部、西部和中西部的种族紧张局势，但同时也为后来的民权改革奠定了基础。

战争期间，美国工人不但能够偿还债务并攒下存款，而且提高了赛马场、夜总会和电影院的上座率。由于能买到的零售商品很少，曾被压抑的消费需求在战后得以释放，这打破了许多人对经济萧条回归的预测。

最后，我们将用一个成功的航空企业的案例来简要总结罗斯福新政和第二次世界大战对美国企业的影响。飞机的组装或许是从第二次工业革命向第三次工业革命过渡中最重要的例证。它需要成百上千种不同的工业产品（比汽车还多）、无数的技术和工程研发成果（空气动力学、发动机、金属和复合材料、空调及高科技控制系统）、训练有素的劳动力，以及持续不断地质量监控共同来实现。

走向成熟的航空业：波音公司

美国在为战争生产飞机方面取得的成就，几乎是从零起步的。1939 年之前的 20 年间，美国总共只制造了 13 500 架军用飞机。1940 年 5 月，罗斯福总统呼吁每年生产 50 000 架飞机，批评者嘲笑说出这个数字的罗斯福是不负责任的。飞行员查尔斯·林德伯格（Charles Lindbergh）将其称为"历史性闲谈"。但事实证明，罗斯福制定的目标被低估了，因为美国实际生产了以下数量的飞机。

- 1941 年：26 000 架。
- 1942 年：48 000 架。
- 1943 年：86 000 架。
- 1944 年：96 000 架。
- 1945 年：50 000 架。

美国在战争年代生产的 30 多万架飞机轻而易举地超过了轴心国的总产量。在德国，尽管纳粹付出了巨大的努力，并从被征服的欧洲国家雇用了成千上万名被监禁的工人，但其生产量直到 1944 年才达到顶峰，生产了 40 000 架飞机。日本的飞机产量也在 1944 年达到了顶峰（28 000 架）。德国和日本生产的大多数飞机都是小型的单引擎防御型战斗机，而美国生产的飞机中很大一部分是大型的多引擎轰炸机和运输机。除苏联外，所有参战国家都付钱给私人公司制造飞机——如英国的维克斯公司、德国的梅塞施密特公司和日本的三菱公司。在美国，全国各地新建了 350 家飞机工厂，其中大部分位于加利福尼亚州和得克萨斯州。海军和陆军航空兵的军官与私人公司密切合作，设计了各种类型的飞机。

在美国，按单体产品重量计算，最大的单翼飞机制造商是加利福尼亚州的道格拉斯公司，该公司的员工人数从 1940 年的 17 000 人增加到了 1943 年的 154 000 人。1921 年，一位毕业于麻省理工学院的年轻工程师——唐纳德·道格拉斯（Donald Douglas，1892—1981）创立了这家公司。20 世纪 20 年代和 30 年代，该公司发展缓慢，随后呈现出不规则的发展曲线，这也是该行业自此以后的特点：1939 年售出 314 架飞机；1944 年达到顶峰，售出 12 000 架飞机；1946 年又回落，仅售出 127 架飞机。第二次世界大战后，市场对民用和军用飞机的需求每年都有很大变化。

这种销售数量上的变化给管理带来了财务、人事、生产计划和营销等方面的问题。再加上唐纳德·道格拉斯不愿涉足喷气式飞机领域，这些因素导致道格拉斯在抢占市场份额的竞争中输给了波音公司。1967 年，道格拉斯公司被麦道公司兼并，麦道公司随即成为美国最大的国防承包商。1997 年，波音公司收购了麦道公司。

由威廉·波音（William Boeing）于 1916 年创立的波音公司，是美国战后飞机产业竞标的最大赢家。威廉·波音的父母分别来自德国和奥地利，他在密歇根州长大，曾就读于耶鲁大学。为了给父亲的木材公司寻找更多原料，他第一次来到华盛顿州。第一次世界大战期间，他成立了太平洋航空制品公司，这是波音商用飞机公司的前身。制造水上飞机是该公司的专长，其工程师以建造大型飞机的能力而闻名。

波音公司在 20 世纪 20 年代取得了一些成功。1929 年，通过一系列兼并，该公司成为联合飞机运输公司的一部分，威廉·波音等人成为百万富翁。金融家们领导该公司，试图整合该行业的其他业务，包括客运业务。与当时的许多兼并一样，这次兼并失败了，波音公司又恢复为一家独立的公司。20 世纪 30 年代初，当国会开始调查过去十年的金融骗局时，威廉·波音对此次调查感到愤怒，并出售了他所有的股票。这家以他名字命名的公司随后转归菲利普·约翰逊（Philip Johnson，1894—1944）领导。

1939 年，波音公司面临破产，只从政府那里获得了 255 架小型教练机和 38 架轰炸机（政府可选择再增加 42 架）的少量军用订单。这批轰炸机就是 B-17。事实证明，这是历史上最成功的军用飞机之一。随后，成百上千的订单蜂拥而至。波音公司西雅图工厂的员工人数从 1928 年的 1800 人攀升至 1945 年的 45 000 人。波音公司和其他公司联合制造了约 13 000 架 B-17 轰炸机。这些"飞行堡垒"有 1/3 被敌人的火力摧毁，但在西线战场上，德国每损失三架战斗机，就有两架是被这些轰炸机击落的。

1942 年，波音公司正全力研发一款更大的飞机，这也是当时美国制造的最复杂的军用产品：B-29 轰炸机。战争期间，在欧洲战场有近一半的炸弹是被波音飞机投下的，而在日本战场则有 99% 的炸弹是被波音飞机投下的。

B-29 轰炸机向日本投掷了大量炸弹，包括投向东京的毁灭性燃烧弹及投向广岛和长崎的原子弹。B-29 的重量是 B-17 的三倍，在不加油的情况下可以飞行近 9600 千米。到 1945 年年中，波音公司已制造了近 4000 架 B-29 飞机。

波音公司在战争期间取得成功并不能确保其战后也取得成功。波音公司 CEO 菲尔·约翰逊（Phil Johnson）于 1944 年去世，公司前法律顾问威廉·艾伦（William Allen，1900—1985）成为他的继任者。与战后许多其他高科技公司不同，波音公司通过将轰炸机重新设计成客机，保留了其卓越的工艺和生产团队。此外，波音公司还不断赢得政府合同，建造了从中型到超大型、异常前卫的后掠翼型喷气式轰炸机。

其中一种轰炸机就是 B-52 轰炸机，这种飞机曾出现在 1964 年好莱坞冷战喜剧电影《奇爱博士》（*Dr. Strangelove*）中。该机可携带常规武器或核武器，并成为战略空军司令部的王牌武器。在波音公司生产的 750 架 B-52 中，迄今为止仍有 90 多架在飞行。

为什么战争时期企业的经历在这本书里很重要呢？第二次世界大战期间及之后的航空业预示着在接下来的半个世纪里，美国企业的运作方式将发生一些重大变化。在航空、冶金和电子领域取得的一系列科学和工程突破，使美国人能够在相对较短的时间内（仅十多年时间）将飞机的类型从 B-29 型发展到 B-52 型。许多新技术都可以转移到民用市场，而且波音公司的适应能力远远超过了它的两个主要竞争对手——道格拉斯公司和洛克希德飞机公司。

以下是对波音公司贡献的简要概述。

1954 年，波音公司开发出 707 型客机，它迅速成为全球商业航空的主力机型。此后，波音公司不断推出新机型：1963 年推出 727 型客机；1967 年推出 737 型客机（改装后仍然畅销）；1969 年推出 747 型客机（一种巨大的四引擎飞机，其重量大约是 B-52 轰炸机的一半）；1982 年推出更省油的 757 型和 767 型客机；1997 年推出 777 型客机，这是当时世界上最先进的客机；2008 年推出"787 梦想客机"，这是一款由复合材料而非金属制成的超轻、节能型飞机，可搭载 250 名乘客。

但是，即使没有从战时到和平时期生产的大起大落，飞机产业的发展也一直是周期性的。现代飞机的制造需要十分巨大的资本投入，而且由于飞机非常耐用，航空公司更倾向于推迟购买新机型，并根据需要购买替换零件，使飞机保持数十年的使用寿命。因此，该行业一直受到需求波动、频繁的现金流危机、新飞机订单取消或推迟等问题的困扰。道格拉斯、洛克希德和其他公司已经退出了民用市场，转而依赖政府的国防和航空航天项目生存。

波音公司在 20 世纪 60 年代末也曾面临着严重危机，并把员工人数从 10.5 万削减到 3.8 万。自 20 世纪 70 年代以来，波音公司的员工人数则呈上升趋势。20 世纪 90 年代，公司管理人员开始采用从日本丰田公司学到的精益制造技术。2002 年，该公司开始更多地关注国防市场，其主要军用飞机是 C-17 环球霸王 II 运输机、阿帕奇直升机，以及 A/A-18 和 F-15 战斗机。波音公司还制造导弹和通信卫星。21 世纪初，波音公司与洛克希德飞机公司在国际空间站上进行合作，其总销售额在民用采购方和政府采购方之间平分秋色。尽管波音公司是世界上最先进的航空航天公司，但它也面临着来自欧洲空中客车公司（Airbus）的激烈竞争——该公司是一家由多国公共资金支持的联营企业。尽管波音公司抱怨欧洲政府对空中客车公司给予补贴，但它同样也得到了美国政府在军事和太空合同方面的支持。

后记：丑闻

在波音公司的历史上，工艺方面和反工会活动方面的问题层出不穷，但最严重的指控还是与军事承包有关。2003—2005 年，波音公司的两名 CEO 被解雇，另外两名高级管理人员因与政府在合同谈判时存在非法活动而被监禁。2006 年，该公司因利用竞争对手的信息去竞标合同而支付了总计 6.15 亿美元的罚款。

几乎所有国家的国防采购都充斥着腐败。德怀特·D.艾森豪威尔（Dwight D. Eisenhower）总统在 1961 年的告别演说中曾预言会出现此类问题，他在演说中对冷战政治造成的"军工复合体"的弊端提出了警告。里根执政期间，美国联邦调查局的"逆风行动"揭露了欺诈、贿赂和非法竞选捐款等行为，其中涉及 12 名海军和空军采购官员，以及 60 多名为国防承包商工作的美国公民。1988 年，国会颁布《采购诚信法》（Procurement Integrity Act）后，丑闻数量一度下降。但 21 世纪初的伊拉克战争助长了更多的腐败，其中大部分与哈里伯顿公司（Halliburton，一家建筑和油井服务公司）有关。

自冷战开始以来，与军事采购有关的商业丑闻层出不穷。国防预算变得异常庞大，并且国会议员热衷于为选民争取合同和为自己争取竞选捐款，这使腐败问题难以避免。腐败问题的核心是政治体制，政府必须自我改革才能克服这种不利局面。但无论政府还是普通公民，都没能阻止腐败的发生。

第四章精选资料

在本章中，对这一时期最深入的研究是 David M. Kennedy 的杰作 *Freedom from*

Fear: The American People in Depression and War, 1929–1945（1999）。关于富兰克林·D. 罗斯福和新政的大量历史文献源自 Arthur M. Schlesinger，Jr. 的三部曲 *The Age of Roosevelt*（1957–1960）：*The Crisis of the Old Order*，*The Coming of the New Deal*，*The Politics of Upheaval*。最好的单卷本综论是 William E. Leuchtenburg 所著的 *Franklin D. Roosevelt and the New Deal, 1933*[①]*–1940*（1963）和 Paul K. Conkin 所著的简要而又带有批判性的著作 *The New Deal*（1967）。在关于罗斯福新政时期经济政策的著作中，较为重要的一本书是 Ellis W. Hawley 所著的 *The New Deal and the Problem of Monopoly*（1966）。有关资本市场改革的相关内容，读者可参考 Michael E. Parrish 所著的 *Securities Regulation and the New Deal*（1970），Joel Seligman 所著的 *The Transformation of Wall Street: A History of the Securities and Exchange Commission and Modern Corporate Finance*（1982）[②] 中的第 2 章和第 3 章，以及 Thomas K. McCraw 所著的 *Prophets of Regulation*（1984）中的第 5 章。

最新关于新政的学术著作包括：Colin Gordon 所著的 *New Deals: Business, Labor, and Politics in America, 1920–1935*（1994）；Alan Brinkley 所著的 *The End of Reform: New Deal Liberalism in Recession and War*（1995）；Eliot A. Rosen 所著的 *Roosevelt, the Great Depression, and the Economics of Recovery*（2005）；Alan Lawson 所著的 *A Commonwealth of Hope: The New Deal Response to Crisis*（2006）；Jason Scott Smith 所著的 *Building New Deal Liberalism: The Political Economy of Public Works, 1933–1956*（2006）；Steven Fenberg 所著的 *Unprecedented Power: Jesse Jones, Capitalism, and the Common Good*（2011）；Kim Phillips-Fein 所著的 *Invisible Hands: The Businessmen's Crusade Against the New Deal*（2009）。在 *The Great Exception: The New Deal and the Limits of American Politics*（2015）一书中，Jefferson Cowie 认为，从新政开始实施到 20 世纪 70 年代是美国政治中的一个特殊时期。这一时期，人们利用政府政策帮助工人阶级达成了共识。

关于罗斯福在战争中所起的作用，读者可参考 Doris Kearns Goodwin 所著的

---

① 此处时间原文有误，"1933"应为"1932"。

② 乔尔·塞利格曼. 华尔街变迁史：证券交易委员会及现代公司融资制度的演化进程（修订版）[M]. 田风辉，译. 北京：经济科学出版社，2004.

Franklin and Eleanor Roosevelt: The Home Front in World War II（1994）[1]。在有关第二次世界大战期间美国军队的众多著作中，最具盛名的杰作之一是 Williamson Murray 和 Alan R. Millett 所著的 *A War to be Won: Fighting the Second World War*（2000）。Claudia D. Goldin 在 Glenn Porter 编著的 *Encyclopedia of American Economic History*（1980）一书中，对美国战争的经济层面进行了有益的总结性分析。

关于第二次世界大战动员的相关内容，可参考：美国商务部、预算局编写的 *The United States at War: Development and Administration of the War Program*（1946）；Donald Nelson 所著的 *Arsenal of Democracy*（1946）；Eliot Janeway 所著的 *The Struggle for Survival: A Chronicle of Economic Mobilization in World War II*（1951）；Richard Polenberg 所著的 *War and Society: The United States, 1941–1945*（1972）；John Morton Blum 所著的 *V was for Victory: Politics and American Culture during World War II*（1976）；Harold G. Vatter 所著的 *The U.S. Economy in World War II*（1985）；Paul A.C. Koistenen 所著的 *Arsenal of World War II: The Political Economy of American Warfare, 1940–1945*（2004）；Richard E. Holl 所著的 *From the Boardroom to the War Room: America's Corporate Liberals and FDR's Preparedness Program*（2005）。

对相关内容进行补充的最新资料包括：Jim Lacey 所著的 *Keep From All Thoughtful Men: How U.S. Economists Won World War II*（2011）；Arthur Herman 所著的 *Freedom's Forge: How American Business Produced Victory in World War II*（2012）[2]；Maury Klein 所著的 *A Call to Arms: Mobilizing America for World War II*（2013）；Charles K. Hyde 所著的 *Arsenal of Democracy: The American Automobile Industry in World War II*（2013）；Inger L. Stole 所著的 *Advertising at War: Business, Consumers, and Government in the 1940s*（2012）；Mark R. Wilson 所著的 *Destructive Creation: American Business and the Winning of World War II*（2016）；James T. Sparrow 所著的 *Warfare State: World War II Americans and the Age of Big Government*（2011）。

---

[1]　多莉丝·基恩斯·古德温. 非常年代：罗斯福夫妇在二战岁月中［M］. 尤以丁，刘春发，谷红欣，译. 北京：北京时代华文书局，2015.

[2]　阿瑟·赫尔曼. 拼实业：美国是怎样赢得二战的［M］. 李永学，译. 上海：上海社会科学院出版社，2017.

关于第二次世界大战期间研发的相关内容，可参考 Ronald Kline 撰写的 "R&D: Organizing for War"，载于 *IEEE Spectrum*，November 1987，这是一项跨国性研究。对战争动员和国家从大萧条中复苏之间的关系做出了挑战性解释的是：Robert Higgs 撰写的 "Wartime Prosperity？ A Reassessment of the U.S. Economy in the 1940s"，载于 *Journal of Economic History*，52（March 1992）；Hugh Rockoff 撰写的 "From Plowshares to Swords: The American Economy in World War II"，载于 *National Bureau of Economic Research Historical Paper* 77（December 1995）。关于同时代人对战争的社会影响的相关看法的著作，可参考 Richard Polenberg 主编的文集 *America at War: The Home Front, 1941–1945*（1968）。有关价格调控的著作，可参考 Harvey C. Mansfield 所著的 *Historical Reports on War Administration: Office of Price Administration* 第十五卷 *A Short History of OPA*（1947）；Andrew H. Bartels 撰写的 "The Office of Price Administration and the Legacy of the New Deal，1939–1946"，载于 *Public Historian*，5（Summer 1983）；Meg Jacobs 撰写的 "'How About Some Meat？' The Office of Price Administration，Consumption Politics，and State Building from the Bottom Up"，载于 *Journal of American History*，84（December 1997）。 Richard Overy 所著的 *Why the Allies Won*（1995）则从经济和军事动员到战术和领导力等主题对第二次世界大战的各个方面进行了精彩的分析。

有关 Ferdinand Eberstadt 和"物资控制计划"的相关内容，可参考：Robert C. Perez 和 Edward F. Willett 所著的 *The Will to Win: A Biography of Ferdinand Eberstadt*（1989）；Jeffrey M. Dorwart 所著的 *Eberstadt and Forrestal: A National Security Partnership, 1909–1949*（1991）；*Fortune*，April 1939；尤其要关注的是 Calvin Lee Christman 撰写的历史学博士学位论文 "Ferdinand Eberstadt and Economic Mobilization for War, 1941–1943"。Hugh Rockoff 撰写的一篇题为 "The Paradox of Planning in World War II" 的论文较为实用，但我们认为观点有误，该文载于 *National Bureau of Economic Research Historical Paper 83*（May 1996）。在这篇论文中，他提出"物资控制计划"的积极影响被高估了。在我们对该计划的解释中，除了麦克劳自己的研究外，我们还参考了其他被提及的著作，例如，与 Robert D. Cuff 的访谈及他撰写的 "Organizational Capabilities and U.S. War Production：The Controlled Materials Plan of World War II"，这是 1997 年他所做的案例研究——哈佛商学院 390166 号案例。

关于美国人口流动、城市发展、就业和消费模式的统计数据，可参考 *The Impact of the War on Civilian Consumption in the United Kingdom, the United States and Canada: A Report to the Combined Production and Resources Board from a Special Combined Committee on Nonfood Consumption Levels*（1945）。读者还可参考：Gerald D. Nash 所著的 *The American West Transformed: The Impact of World War II*（1985）；Jacob Vander Meulen 撰写的 "World War II Aircraft Industry in the West"，载于 *Journal of the West*，36（July 1997）；Carl Abbott 所著的 *The New Urban America: Growth and Politics in Sunbelt Cities*（1981）。对战争期间尤其是战后国防工业的扩散进行了全面分析的著作是 Ann Markusen、Scott Campbell、Peter Hall 和 Sabina Deitrick 所著的 *The Rise of the Gunbelt: The Military Remapping of Industrial America*（1991）。读者还可参考 Paul A.C. Koistinen 所著的 *State of War: The Political Economy of American Warfare, 1945–2011*（2012）。Arthur Herman 所著的 *Freedom's Forge: How American Business Produced Victory in World War II*（2012）强调了美国企业的贡献，但也淡化了政府的作用。

关于妇女走出家庭进入劳动力市场的相关研究，可参考：Gregory Chester 所著的 *Women in Defense Work during World War II: An Analysis of the Labor Problem and Women's Rights*（1974）；Susan M. Hartmann 所著的 *The Home Front and Beyond: American Women in the 1940s*（1983）；Sherna Berger Gluck 所著的 *Rosie the Riveter Revisited: Women, the War, and Social Change*（1987）；Ruth Milkman 所著的 *Gender at Work: The Dynamics of Job Segregation by Sex during World War II*（1987）；D'Ann Campbell 所著的 *Women at War with America: Private Lives in a Patriotic Era*（1984）；Jordynn Jack 所著的 *Science on the Home Front: American Women Scientists in World War II*（2009）。

关于联邦税务系统的演变问题，可参考：W. Elliot Brownlee 所著的 *Federal Taxation in America: A Short History*（1996）；Carolyn C. Jones 撰写的 "Class Tax to Mass Tax: The Role of Propaganda in the Expansion of the Income Tax during World War II"，载于 *Buffalo Law Review*，37（Fall 1988/89）。关于战争对战后全球经济发展的非凡影响，可参考 Patrick J. Hearden 所著的 *Architects of Globalism: Building a New World Order during World War II*（2002）等许多重要著作。

关于战争期间各个行业和公司所起的作用的相关研究，读者可以参阅大量的专业书籍和文章。相关代表性的文献是：William M. Tuttle, Jr. 撰写的 "The Birth of an Industry: The Synthetic Rubber 'Mess' in World War II"，载于 *Technology and Culture*，22（January 1981）；对于铝行业，战争将其从一个垄断行业转变成了由 Alcoa、Kaiser、Reynolds 三家公司构成的寡头垄断行业，相关著作为 George David Smith 所著的 *From Monopoly to Competition: The Transformations of Alcoa, 1888–1986*（1988）。关于造船业取得显著成就的文献，可参考：Frederic C. Lane 所著的 *Ships for Victory: A History of Shipbuilding under the U.S. Maritime Commission in World War II*（1951，2001）；L.A. Sawyer 所著的 *The Liberty Ships: The History of the Emergency Type Cargo Ships Constructed in the United States During the Second World War*（1985）。

关于飞机采购的统计数据和其他相关信息，可参考 I.B. Holley, Jr. 所著的 *Buying Aircraft: Matériel Procurement for the Army Air Forces*（1964）。一篇对企业与政府相互作用的杰出分析是 Robert D. Cuff 撰写的 "Organizing U.S. Aircraft Production for War, 1938–1944: An Experiment in Group Enterprise"，载于 Jun Sakudo 和 Takao Shiba 编著的 *World War II and the Transformation of Business Systems*（1994），这本书本身就是关于比较分析的绝佳素材。读者还可参考：Tom Lilley 所著的 *Problems of Accelerating Aircraft Production during World War II*（1947）；Jonathan Zeitlin 撰写的 "Flexibility and Mass Production at War: Aircraft Manufacture in Britain, the United States, and Germany, 1939–1945"，载于 *Technology and Culture*, 36（January 1995）。

关于航空业的概括性著作，可参考：Roger E. Bilstein 所著的 *The American Aerospace Industry: From Workshop to Global Enterprise*（1996）；John B. Rae 所著的 *Climb to Greatness*（1968）；Michael S. Sherry 所著的 *The Rise of American Air Power: The Creation of Armageddon*（1987）；Jacob Vander Meulen 所著的 *The Politics of Aircraft: Building an American Military Industry*（1991）；Ronald Shaffer 所著的 *Wings of Judgment: American Bombing in World War II*（1985）。哲学家 A.C. Grayling 对英美轰炸轴心国城市的行为进行了谴责，读者可参考 *Among the Dead Cities: The History and Moral Legacy of the WWII Bombing of Civilians in Germany and Japan*（2006）。

本章中涉及的飞机制造公司的数据，我们参考了多篇文献：包括正文引用的作品，以及本书"推荐书目"中所提到的相关公司和参考书。读者还可参考：René J. Francillon 所著的 *McDonnell Douglas Aircraft since 1920*（1979）；Peter M. Bowers 所著的 *Boeing Aircraft since 1916*（1989）；Harold Mansfield 所著的 *Vision: A Saga of the Sky* [Boeing]（1956）；*Pedigree of Champions: Boeing Since 1916*, 6th ed.（1985）；Robert J. Serling 所著的 *Legend and Legacy: The Story of Boeing and Its People*（1992）[①]；H.P. Willmott 所著的 *B-17 Flying Fortress*（1983）；Jacob Vander Meulen 所著的 *Building the B-29*（1995）；Clive Irving 所著的 *Wide-Body: The Triumph of the 747*（1993）；Guy Norris 和 Mark Wagner 所著的 *Boeing 777: The Technological Marvel*（2001），它是一本图文并茂、内容相对浅显的书籍（这家出版社专门出版军事和航空书籍）；反对波音公司的著作有 Philip K. Lawrence 和 David Weldon Thornton 所著的 *Deep Stall: The Story of Boeing Commercial Airplanes*（2006）；John Newhouse 所著的 *Boeing versus Airbus: The Inside Story of the Greatest International Competition in Business*（2007）[②]，这本书信息量更大，立场更为中立。对近期研究的一个有力补充是 Jenifer Van Vleck 所著的 *Empire of the Air: Aviation and the American Ascendancy*（2013）[③]，该书强调了泛美航空公司的历史和美国在国际上的影响力。

---

① 罗伯特·瑟林. 波音传奇［M］. 张连康，译. 北京：企业管理出版社，1998.
② 约翰·纽豪斯. 最高的战争：波音与空客的全球竞争内幕［M］. 宁凡，译. 北京：北京师范大学出版社，2007.
③ 詹妮佛·凡·弗莱克. 空中帝国：美国航空与美国霸权［M］. 姜哲人，译. 北京：航空工业出版社，2019.

照片中的美国企业史（一）

From the Collections of The Henry Ford (84.1.1660.P.189.4337/THF94842)

插图 1.1 　1927 年 5 月 26 日，亨利·福特和埃德塞尔·福特（Edsel Ford）与第 1500 万辆福特 T 型车和 1896 年生产的四轮驱动汽车的合影。埃德塞尔·福特和亨利·福特将第 1500 万辆 T 型车驶出海兰帕克工厂后，与亨利·福特的第一辆汽车——四轮驱动汽车合影留念。1896 年生产的四轮驱动汽车是"引领者"，而 T 型车则改变了世界，但到了 1927 年，这两款车都已过时。来自通用汽车公司的竞争压力迫使福特汽车公司做出了改变，开始将重点转向生产新款 A 型车。

资料来源：亨利·福特的收藏。

插图 1.2 阿尔弗雷德·P. 斯隆，通用汽车公司的创始人，52 岁时仍十分瘦。这张照片拍摄于 1927 年，正是在这一年，来自通用汽车公司的竞争压力最终迫使亨利·福特关闭了他的巨型工厂，并重新设计了他的新款 A 型车。第二次世界大战后，斯隆提出的分权和多部门管理结构传至整个美国企业界乃至世界各地。

资料来源：由 Bettmann 提供，经 Getty Images 授权转载。

插图 1.3　尼尔·H. 麦克尔罗伊以其 1931 年的著名备忘录开启了宝洁公司的品牌管理战略，这一战略后来被全球数十家消费品公司所采用。1957—1959 年，麦克尔罗伊担任了两年多的美国国防部部长。

资料来源：由 Pictorial Parade 提供，经 Getty Images 授权转载。

插图 1.4 2010 年 5 月 13 日，美国俄亥俄州辛辛那提的宝洁实验室。全球最大的消费品公司宝洁公司利用通常用于太空和医学研究的技术，对年销售额约 30 亿美元的潘婷护发品牌进行了全面革新。宝洁公司减少了约 1/3 的洗发水、护发素和定型辅助产品的生产，将产品减少至 116 种，并将重点放在 4 种特定的发质类型上，以方便顾客选择。

资料来源：由 Tom Uhlman/Bloomberg 提供，经 Getty Images 授权转载。

插图 1.5 投资银行家兼战争生产委员会副主席费迪南德·埃伯施塔特，他独创的"物资控制计划"在第二次世界大战期间推动了美国工业动员工作的执行。

资料来源：由 Herbert Gehr/The LIFE Picture Collection 提供，经 Getty Images 授权转载。

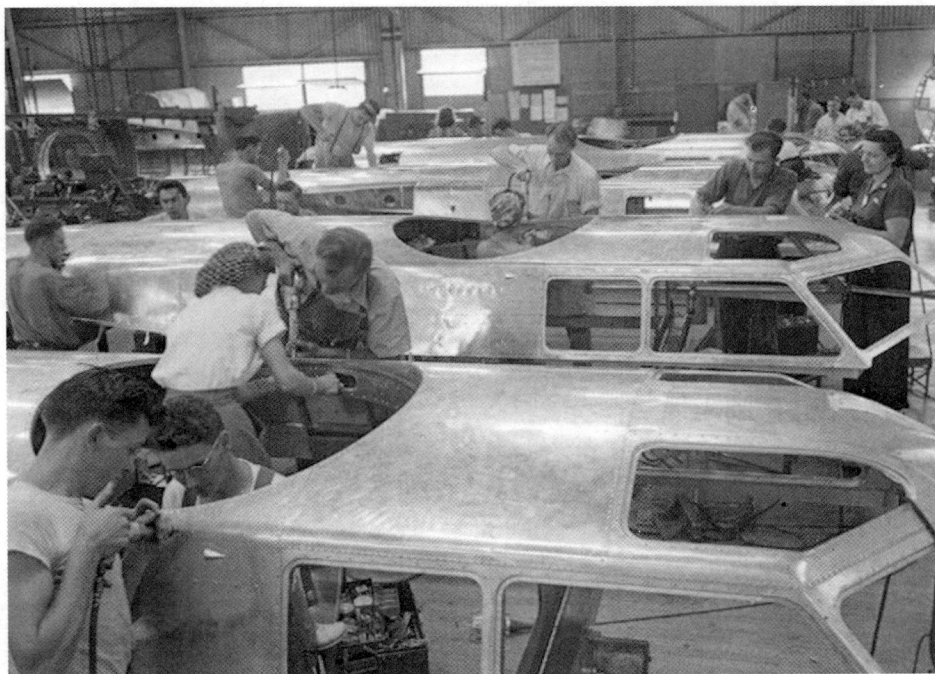

插图 1.6　20 世纪 40 年代，B-17 轰炸机机舱顶部装配实景——请注意与男性员工一起工作的女性员工。波音公司于 1916 年由威廉·波音创立，是美国战后飞机市场的最大赢家。

资料来源：波音公司。

第五章

战后繁荣与社会改革概述（1945—1980年）

第二次世界大战结束后，四大历史性因素塑造了美国的历史，它们分别是：美国与苏联之间看似永无休止的冷战；连续 28 年的经济繁荣增长；"婴儿潮"一代（出生于 1946—1964 年）的涌现；几场围绕着民权、女权主义和环保主义而兴起的社会运动。所有这些因素都对美国商业的运作方式产生了影响。第二次世界大战后初期，商业是美国文化的核心，而到了 20 世纪 70 年代末，美国商业的社会地位开始动摇。

冷战与商业

第二次世界大战后，美国一跃成为世界强国，其经济实力起到了至关重要的作用，而商界和政界的领袖人物往往对此不甚了解。陷入冷战思维的美国外交官拓展了冷战的方式和方法，其中包括关于意识形态的辩论、对友国的经济计划和对敌国的制裁，以及通过对友国的军事支持来对抗敌国。

在第二次世界大战结束之前，美国实施了支持西欧和促进世界其他地区（包括南美洲、非洲和亚洲）经济增长的战略。1944 年，在新罕布什尔州的布雷顿森林举行的一次国际会议上，美国外交官支持建立两个新机构：国际货币基金组织（International Monetary Fund，IMF）和世界银行（World Bank），其总体目标是防止再次出现导致两次世界大战的灾难性经济竞争。与英国和法国过去的做法不同，美国人在建立这两个机构时都巧妙地平衡了各国之间的权力关系。尽管如此，但由于美国人对这两个机构出资最多，因此让人感觉二者已被其控制。它们的目标包括加强各国之间的资本流动、消除贸易壁垒，以及运用市场的力量促进经济继续增长。简而言之，美国人在全世界范围内推动了更加自由的贸易。

美国冷战时期的经济战略包括向其他国家灌输美国的商业模式。1947年，美国发起"欧洲复兴计划"（也被称为"马歇尔计划"），提供了120多亿美元的资金支持，通过重建在战争中被摧毁的工厂和企业来复兴西欧经济。该计划还包括派遣160多个美国管理和技术工人团队前往欧洲国家，向他们的欧洲同行展示美国企业是如何运作的。美国还鼓励西欧国家消除国家之间的贸易壁垒，并促进了工会的发展。与此同时，商业顾问不仅将分权的、多部门的管理结构推广到美国公司，还将其推广到海外公司。1967年，美国最大的500家公司中有86%采用了分权式管理结构。随着这些公司的发展及在规模和经营范围上变得更加国际化，它们也在行为上影响了西欧的公司。

与此同时，美国战后的经济和社会发展趋势推动了美国企业进入转型时代。

经济发展趋势

从第二次世界大战结束到1973年，这在美国历史上是一段不同寻常的经济增长期。从1890年到第二次世界大战，美国人均国民生产总值实际上以每年 1.2% 的复合增长率增长；从 1945 年到 1973 年，复合增长率为 3%；从 1973 年到 21 世纪的第一个十年，复合增长率略高于 2%；从 2001 年到 2016 年，复合增长率为 0.9%。乍看之下，这些差异似乎无关紧要。但是，如果以每年 1% 的复合增长率计算，人均收入将在 72 年内翻一番；如果以 2% 的复合增长率计算，人均收入将在 36 年内翻一番；而如果以 3% 的复合增长率计算，人均收入则将在 24 年内翻一番。显然，1945—1973 年对美国来说是一段异常繁荣的时期。

虽然一些国家也在第二次世界大战后显现出了比以前更快的经济增长速度，但总体而言，美国的商业体系表现优于其他国家。在主要参战国中，只有美国本土从未遭受过轰炸，而且由于其惊人的战时生产能力，美国经济在第二次世界大战期间实现了增长，而其他多数国家却没有。从战争结束到 20 世纪 60 年代，美国劳动力每小时的工作产出一直是大多数其他工业化国家的两倍多，更是发展中国家的若干倍。虽然美国人口大约只占世界人口的 1/16，但其生产的商品总产量却占世界总产量的 2/5。

几乎每项指数都显示出了这一时代的积极趋势。在第二次世界大战前的几十年里，大约 40% 的美国家庭拥有自己的住房；到 1970 年，这一比例增长到了 62%。因此，对大多数人来说，"美国梦"的一个关键目标已经成为现实。大约 240 万参战退伍军人通过退伍军人管理局获得了低成本住房贷款；根据《退伍军人权利法案》（GI Bill），800 万名退役军人重返校园，并获得参加教育和就业培训的资助；在这些人中，有 230 万人进入大学深造，极大扩充了大学本科生的队伍，并且进一步推动了高等教育的平民化。1947 年，依据《退伍军人权利法案》，半数进入美国大学的学生获得了资助。

几乎每个商业领域都反映了经济的强劲增长。战时耐用消费品销售冻结的结束，加上购买力达到前所未有的新水平，导致"被抑制的需求"得到释放。购物中心如雨后春笋般出现在美国各地，大批美国人驱车前往购买电视机、音响和空调。消费者的整体购买力又向前迈进了一步，而广告商则把"美国人的生活方式"大肆宣扬为一种近乎理想的生活方式。

消费需求的释放在美国的"阳光地带"表现得尤为显著，该地区自第二次世界大战后以来一直对美国国内的经济、社会和政治起着重要作用。第二次世界大战期间，随着新的军事设施部署于美国南部和西南部，数百万美国人搬到了那里。1940 年，只有 1/9 的美国人生活在得克萨斯州、佛罗里达州和南加利福尼亚州，这三个州是"阳光地带"中如今人口最多的州。而到了 1995 年，这一比例已飙升至 1/4。

20 世纪 60 年代，美国南方地区终于摆脱了过去的困境，吸引了大量新住户，扭转了 100 年来该地区人口净外流的局面。在第二次世界大战（军事训练与曼哈顿计划）和冷战（太空项目与航天制造）期间，空调的普及和政府补贴使 1861—1865 年曾是南部邦联的地区受益匪浅。1940—2008 年，佛罗里达州的人口增长了十倍，而全美国人口只增长了一倍。在整个南方地区，商业航空公司的发展和州际公路系统的建设还促进了零售业和旅游业的发展。

德怀特·D.艾森豪威尔总统推动了州际公路系统的发展，其重要原因之一是为国家可能发生的战争做准备。国家公路的里程数从 1940 年的 48 万千米增加到了 1970 年的 143 万千米。这个与众不同的联邦项目为经济发展创造了成千上万个建筑工作岗位，并使城市之间的交通更加快捷和安全。但这一项目也有消极的一面：在鼓励更多汽车出行的同时，高速公路系统因大量汽油和柴油发动机运行而造成了较为严重的空气污染，加上对进口石油的愈发依赖，反过来又影响了美国的外交政策。交通工程师为了提高交通效率而设计的公路立交桥，阻隔了街区之间的交往空间，切断了其他街区与中心城市的联系，从而扼杀了市中心的商业，使社区被永久隔离。

州际公路系统只是美国基础设施建设支持商业活动的一个案例。多层次的基础设施还包括高速公路、铁路、机场、电力设施和电信等设施，以及完备的法制体系，其中包括与合同、公司、侵权和知识产权相关的法律。

从广义上来讲，商业基础设施包含了一个由公司和其他机构组成的复杂网络，它为生产和分销的核心系统提供了金融和信息服务。在金融方面，这些支持机构包括证券交易所、商业银行、保险公司、投资银行、风险投资公司和共同基金；在信息方面，它们包括律师事务所、咨询公司、会计师事务所，以及从事数据处理和存储的各种企业。新政下实施的改革确保了这一基础设施持续且平稳地运行至 20 世纪 80 年代。

商业在社会中的地位

也许是因为战时的经历，第二次世界大战后美国人对大企业的反感程度有所减弱。正如经济学家约翰·K. 加尔布雷思（John K. Galbraith）所言，大企业、大工会和大政府似乎是相互制衡的，其中的任何一个都无法主宰另外两个。反垄断活动之所以很少发生并非源于民粹主义者对中央集权的愤怒。美国企业陷入了更为宏观的冷战背景中，正如在杜鲁门总统和艾森豪威尔总统领导下由白宫制定的"忠诚调查令"一样，美国企业也注重确保员工和地方社区的忠诚度。

社会学家小威廉·H. 怀特（William H. Whyte，Jr.）在他的著作《组织人》（*The Organization Man*，1956）中指出，大型企业的崛起改变了美国版的新教工作伦理，而这种伦理在本杰明·富兰克林（Benjamin Franklin）时代就已确立。19 世纪，小说家霍雷肖·阿尔杰（Horatio Alger）倡导个性、勤奋、进取和储蓄的价值观。阿尔杰宣称，如果人们读过其著作，如《奋斗与成功》（*Strive and Succeed*）和《勇敢与大胆》（*Brave and Bold*），并遵循这些价值观，他们就会变得成功且富有。

怀特认为，一种社会伦理已经取代了这种工作伦理，成为美国企业界的指路明灯。集体权力取代了经理的个人自主权，个人是为集体，而不是为副总裁或工头工作的。此外，一个人不再追求自己的个性，而是努力与集体和睦相处。员工们寻求同事的认可，并培养自身团队合作的能力，以消除冲突并达成共识，从而培养对公司的奉献精神和忠诚之心。

这种员工的新社会伦理与公司的新社会伦理相呼应，在当时反映为公司对员工及公司对所在社区的责任。20 世纪中期，美国的企业领导者重新发扬了 20 世纪 20 年代企业福利资本主义的精神，扩大了雇主提供的医疗保健、保险计划和利润分享计划，以削弱工会的力量，并维持白领员工对公司的忠诚。杜邦公司和伊士曼柯达公司（Eastman Kodak）甚至为员工及其家属提供免费的心理治疗服务。很多企业还会为员工及他们的妻儿设立活动课程（如男孩参加少年棒球联盟，女孩参加芭蕾舞课程）。尽管工作保障和更高的薪酬仍然在劳资谈判中占据核心地位，但工会也为蓝领工人争取到类似的福利项目。

对白领与蓝领工人来说，企业雇主在 20 世纪 50 年代和 60 年代的美国都占据着核心地位。管理层除了关心员工的忠诚度外，还采取新的措施来维持公司在社区中的良好形象。1944 年，只有 25 家大公司设有公共关系部门。但到了 1960 年，没有公共关系部门的公司已经是凤毛麟角。在 20 世纪 50 年代之前，企业公关活动的主要作用是消除美国人对大企业及其活动的敌意，同时削弱工会的攻击。然而，从战后开始，公关人员开始宣传公司的慈善活动，例如，向民间慈善机构（医院）、教育机构（地方学校和大学）和文化组织（博物馆、交响乐团和剧院）捐款。所有这些活动都提升了公司的形象，并贴合了传统的西方价值观，从而加入更为宏观的冷战精神体系。

20 世纪中期的公司最终成为由管理层运营的机构。管理人员的任务是确保该机构能继续存在。管理层和股东之间在发挥重要职责方面有很大的不同：前者根据公司的长远利益做出最佳决策，后者则接受这一决策，并获得股息及长期且缓慢的股价增值。然而，公司与社会、员工和股东之间的关系在 20 世纪后几十年里也会发生改变。

"婴儿潮"一代、社会运动和政府

要了解美国的战后时代，就必须注意到被称为"婴儿潮"的文化现象，即 1946—1964 年出生的 7600 万美国人，他们从前所未有的经济增长中获益。尽管"婴儿潮"一代可能从他们的父母那里接收到了一些大萧条和第二次世界大战时期的价值观，但他们对社会、商业和文化也有着其他的看法。他们比前几代人更富有，也更加充满活力，学业也更有成就。在他们成长的社会中，无论是否属于退伍军人，政府和企业都会提供比以往任何时候都要全面的支持，包括社会保障和失业计划、公立教育、政府抵押贷款机构等。他们是第一代认为所有美国人的未来都会变得更美好的人，他们也愿意通过基本医疗保障（医疗补助和医疗保险）和职业培训项目来帮助社会弱势群体。

当然，刚刚提及的"婴儿潮"一代主要是美国白人，也可以说是白人男性。这一代的许多其他种族的美国人并没有享受到由教育和经济的进步所带来的好处。这两个群体中的许多人都做了前几代人没有做过的事情：他们摒弃了老派的领导方式，开创了他们自己发起和领导的社会运动。当反越战抗议活动引人注目时，其他社会运动也同时出现。总体而言，20世纪60年代，美国"婴儿潮"一代意识到，他们的许多同胞并没有像其他人一样获得发展和成功的机会。他们首先开始听取非洲裔美国人和其他少数族裔的意见，这些人建立了自己的组织，并要求所有公民享有平等的社会地位和经济水平。非洲裔和拉美裔美国人领导了民权运动，他们还加入了其他社会运动（尤其是第二波女权运动），要求从政策上允许全体美国人更加自由地进入经济领域。

尽管商界领袖和老一辈民众会抱怨——少数族裔和女性没有资格享受某些权利，因为满足他们这些特殊需求的成本太高——但这些社会运动推动了他们的事业，并使他们赢得了政治上的支持。一些较大的公司在受到法律限制之前便已实施了增加少数族裔就业机会的计划，这些公司包括万国收割机公司（International Harvester）、控制数据公司（Control Data Corporation）、必能宝公司（Pitney-Bowes）和杜邦公司等。

然而，当联邦政府对社会运动做出回应时，重大的成就随之到来。其结果是产生了一批革命性的立法，包括1963年的《同工同酬法》（The Equal Pay Act of 1963）、1964年的《民权法》（The Civil Rights Act of 1964）和1965年的《选举权法》（The Voting Rights Act of 1965）。例如，《民权法》第七条就旨在确保所有美国人，无论什么种族、肤色、血统、宗教或性别，都能平等地获得经济和社会层面上的各项权利。特别是在南方地区，一旦商人们认定改变种族隔离社会的"大规模抵抗"不再可行时，南方的黑人和白人、男性和女性就会得到相对较快的经济改善，而社会关系的改善却极其缓慢。与此同时，1972 年的《教育修正案》（*Title IX of the Education Amendments of 1972*）第九条为改善女性在经济方面的处境奠定了基础。随后，从幼儿园到大学，凡是接受联邦政府资助的教育项目，男女均可获得同等资助。一旦联邦政府通过立法来消除法律障碍，女性和少数族裔便开始快速取得相应的权利。

环境保护主义

第二次工业革命中以煤炭为基础的制造业和运输业破坏了美国的空气、土地和水资源，这一显而易见的事实败坏了美国在 20 世纪中叶的商业成就。污染的急剧增加始于 19 世纪，而第二次世界大战期间的经济扩张和战后消费主义的爆发，以及它们对自然资源和公众健康产生的负面影响，促成了现代环保运动的萌芽。

"婴儿潮"一代是推动这场运动的先锋。20 世纪中叶，当时的领导者感到他们已经为未来建立了基本的经济保障，于是他们将重点转向确保让所有公民拥有更好的生活质量。这就意味着商业体系要遭到攻击。环保主义者从蕾切尔·卡森（Rachel Carson）的力作《寂静的春天》（*Silent Spring*，1962）中获得启发，这本书通常被认为是教育美国人了解合成化学品危害的开山之作。她在书中向人们展示了合成化学品在农业中的广泛应用，以及它们是如何污染环境，并对人类和动物造成实际伤害的。

包括科学家、户外运动爱好者（打猎爱好者、钓鱼爱好者和徒步旅行者），以及城市、郊区和农村居民在内的多方特殊利益群体，在地方、州和联邦政治舞台上进行游行和游说，以期减少空气、土地和水资源的污染。1970 年，《国家环境政策法》（The National Environmental Policy Act）和《清洁空气法》（The Clean Air Act）的颁布，以及美国国家环境保护局（EPA）的设立，拉开了政府长达十年的制定环境治理政策的序幕。

1969—1977 年颁布的联邦环境法规采用了一种新的方式来监管商业活动。在此之前，州政府和联邦政府建立了监管机构，负责制定商业行为规则（通常有企业利益集团的参与）。而现在的环境法规则包含了一种新的执法手段：公民个人可以通过对利益集团的诉讼，借助法院系统确保法律的执行。这种赋予公民权利的做法确保了环保运动的长盛不衰，并防止了造成环境问题的企业"占领"监管机构。

EPA 与各州合作，制定了一套更全面的措施来减少全美国范围内的污染，同时，这也对能源政策产生了影响。根据在加利福尼亚州获得的经验，联邦政府鼓励汽车制造商设计和生产更为轻巧的汽车并使用更清洁和更省油的发动机。1990 年，环境立法的修改使自然资源管理的新办法得以继续实施。

通常情况下，大部分企业会抵制这些改革。继民权立法要求改变雇用方式之后，这些环境法规对美国企业提出了更多的要求。它们不得不雇用额外的人员来核查规则，并提交政府所需的报告，同时它们也不得不花更多的资金购买新机器，并对旧机器进行改造，使其以更为环保的方式运行。尽管到1980 年，有 2/3 的美国民众表达了对环境状况的担忧，但保守派政客及其商界盟友仍不断在州和联邦层面的法院及立法机构中反对环境法规。21 世纪初，在乔治·W. 布什执政期间，尽管这些保守派并没有取消这些规定，但他们减缓了这些规定的执行速度。与此同时，欧盟似乎已经接管了环境监管的领导角色。

尽管在 21 世纪发生了这种转变，但美国的环境保护运动普遍采用政府补贴的方式来鼓励节约用水和用电，这反过来又带来了切实的改善。政府补贴鼓励了新的创业公司，使其发展成为专注于改善隔热性能、利用太阳能和风能，以及研发"智能住宅"（住宅内的电子系统可以控制电力消耗）的行业。这些获得政府补贴的企业家们也随之开始改变美国人的日常生活方式。

其他受益于 20 世纪 60 年代和 70 年代政府立法的群体还包括女性和少数族裔，相关内容将在第六章介绍。

第五章精选资料

关于第二次世界大战后经济秩序建立的最新研究，可参考 Benn Steil 所著的 *The Battle of Bretton Woods: John Maynard Keynes, Harry Dexter White, and the Making of a New World Order*（2013）[1]。

关于战后美国社会发展的权威概述，可参考：David Halberstam 所著的 *The Fifties*（1993）；James T. Patterson 所著的 *Grand Expectations: The United States, 1945–1974*（1996）；G. Calvin Mackenzie 和 Robert Weisbrot 所著的 *The Liberal Hour: Washington and the Politics of Change in the 1960s*（2008）；Bruce J. Schulman 所著的 *The Seventies: The Great Shift in American Culture, Society, and Politics*（2001）；Judith Stein 所著的 *Pivotal Decade: How the United States Traded Factories for Finance in the Seventies*（2010）；Richard M. Abrams 所著的 *America Transformed: Sixty Years of Revolutionary Change,*

---

[1] 本·斯泰尔. 布雷顿森林货币战：美元如何统治世界［M］. 北京：机械工业出版社，符荆捷，陈盈，译. 2024.

1941–2001（2006）。J.P. Telote 在其所著的 *The Mouse Machine: Disney and Technology*（2008）一书中分析了 20 世纪中期科技与各种文化之间的一些联系。读者还可参考 James L. Baughman 所著的 *The Republic of Mass Culture: Journalism, Filmmaking, and Broadcasting in America since 1941*（1992，2005）。

关于军工复合体（Military Industrial Complex，MIC）的相关内容，可参考 *Enterprise and Society*，12（March 2011）中的专题论坛。关于商业和冷战的另一本颇为有趣的书是：Ruth Oldenziel 和 Karin Zachmann 编著的 *Cold War Kitchen: Americanization, Technology and European Users*（2009）；Shane Hamilton 所著的 *Trucking Country: The Road to America's Wal-Mart Economy*（2008）表明，由于新政失败，很多卡车司机抛弃了民主党，转而支持在 20 世纪中叶日益壮大的共和党。

经济发展趋势

对第二次世界大战后美国经济空前繁荣进行简要分析和解读的相关著作有 Richard H.K. Vietor 撰写的 "Economic Performance"，载于 Stanley I. Kutler 编著的 *Encyclopedia of the United States in the Twentieth Century* 第三卷。在该卷中，还要特别关注以下文章：Chandler, Jr 撰写的 "Industrial Production"；Strasser 撰写的 "Consumption" 和 Childs 撰写的 "Infrastructure."。有关消费的宏观著作，可参考 Lizabeth Cohen 所著的 *A Consumers' Republic: The Politics of Mass Consumption in Postwar America*（2003）。

对美国制造业概述得比较好的文章也许是 Alfred D. Chandler, Jr. 撰写的 "The Competitive Performance of U.S. Industrial Enterprises since the Second World War"，载于 *Business History Review*，68（Spring 1994）。有关空调演变的相关内容，可参考：Raymond Arsenault 撰写的 "The End of the Long Hot Summer: The Air Conditioner and Southern Culture"，载于 *Journal of Southern History*，50（November 1984）；Gail Cooper 所著的 *Air-conditioning America: Engineers and the Controlled Environment 1900–1960*（1998）。

Robert Lifset 编著的 *American Energy Policy in the 1970s*（2014）是一本让大众开

始了解 20 世纪 70 年代能源危机的好书。 Joseph A. Pratt 与 William E. Hale 合著的 *Exxon: Transforming Energy, 1973–2005*（2013）深入探讨了埃克森美孚公司，以及石油产业从 20 世纪 70 年代到近年来的变化历程。

商业在社会中的地位

年轻的学者已经开始将商业史与"阳光地带"、经济和社会问题联系起来，如 Elizabeth Tandy Shermer 所著的 *Sunbelt Capitalism: Phoenix and the Transformation of American Politics*（2013）；Nathan D.B. Connolly 所著的 *A World More Concrete: Real Estate and the Remaking of Jim Crow South Florida*（2014）；Andrew Needham 所著的 *Power Lines: Phoenix and the Making of the Modern Southwest*（2014）。Darren Dochuk 所著的 *From Bible Belt to Sunbelt: Plain-Folk Religion, Grassroots Politics, and the Rise of Evangelical Conservatism*（2011）揭示了在 20 世纪 70 年代之前基督教福音派，以及商业网络在政治舞台上的崛起。读者还可参考：Marko Maunula 所著的 *Guten Tag, Y'All: Globalization and the South Carolina Piedmont, 1950–2000*（2009）；Michael Dennis 所著的 *The New Economy and the Modern South*（2009）；Bethany Moreton 所著的 *To Serve God and Wal-Mart: The Making of Christian Free Enterprise*（2009）。

"婴儿潮"一代、社会革命和政府

Todd Gitlin 是第二次世界大战后一名不知疲倦的新闻工作者、社会历史学者及评论家。在他的众多著作中，读者可以阅读 *The Sixties: Years of Hope, Days of Rage*（1987）。Jennifer Delton 所著的 *Racial Integration in Corporate America, 1940–1990*（2009）挑战了人们普遍认为的美国企业顽固抵制民权立法的观点。Anthony S. Chen 所著的 *The Fifth Freedom: Jobs, Politics, and Civil Rights in the United States, 1941–1972*（2009）通过社会学方法揭示了一个与众不同的故事。Benjamin C. Waterhouse 所著的 *Lobbying America: The Politics of Business from Nixon to NAFTA*（2014）展示了企业利益集团如何在 20 世纪 70 年代学会更有效地游说，但随后在 20 世纪 80 年代因保守的新自由主义兴起，而失去了其领导作用的故事。

Gavin Wright 所著的 *Sharing the Prize: The Economics of the Civil Rights Revolution in the American South*（2013）揭示了 20 世纪 60 年代民权立法生效后，在南方黑人和白人的公共住房和劳动力市场领域所取得的进步。

企业与环境保护主义

关于企业与环境保护主义的研究，始于 Rachel Carson 所著的 *Silent Spring*（1962）[①]，读者还可参考：Samuel P. Hays 所著的 *Beauty Health, and Permanence: Environmental Politics in the United States, 1955–1985*（1989）；Pratima Bansal and Andrew J. Hoffman 编著的 *The Oxford Handbook of Business and the Natural Environment*（2012）。Robert D. Lifset 所著的 *Power on the Hudson: Storm King Mountain and the Emergence of Modern Environmentalism*（2014）展示了法律框架在 20 世纪 60 年代和 70 年代如何变化，以实现更有效的环境监管。读者还可参考：Adam Rome 所著的 *The Bulldozer in the Countryside: Suburban Sprawl and the Rise of American Environmentalism*（2001）[②]；Richard P. Tucker 所著的 *Insatiable Appetite: The United States and the Ecological Degradation of the Tropical World*（2000）；Bartow J. Elmore 所著的 *Citizen Coke: The Making of Coca-Cola Capitalism*（2015）[③]。Thomas Jundt 所著的 *Greening the Red, White, and Blue: The Bomb, Big Business, and Consumer Resistance in Postwar America*（2014）表明消费者对食品的担忧推动了早期环保运动的发展。读者还可参考 Joe Dobrow 所著的 *Natural Prophets: From Health Foods to Whole Foods-How the Pioneers of the Industry Changed the Way We Eat and Reshaped American Business*（2014）。Richard Posner 所著的 *Catastrophe: Risk and Response*（2004）中有一章涉及了全球气候变化的相关内容。

记者们也在自己的书中揭露了造成环境退化和劳动条件危险的相关行业：Elizabeth Cline 所著的 *Overdressed: The Shockingly High Cost of Cheap Fashion*（2013）；Barry Estabrook 所著的 *Tomatoland: How Modern Industrial Agriculture Destroyed Our Most Alluring Fruit*（2012）。Edward Humes 所著的 *Eco Barons: The New Heroes of*

[①] 蕾切尔·卡森. 寂静的春天 [M]. 王晋华，译. 南京：江苏凤凰文艺出版社，2018.
[②] 亚当·罗姆. 乡村里的推土机：郊区住宅开发与美国环保主义的兴起 [M]. 高国荣，孙群郎，耿晓明，译. 北京：中国环境科学出版社，2011.
[③] 巴托·J. 埃尔莫尔. 可口可乐帝国：一部资源掠夺史 [M]. 林相森，张雪媛，译. 上海：格致出版社，上海人民出版社，2018.

Environmental Activism（2010）则向我们介绍了企业领袖试图缓解环境恶化的相关内容。另外，读者可参考法律学者 Kurt Strasser 所著的 *Myths and Realities of Business Environmentalism: Good Works, Good Business or Greenwash*（2011）。Geoffrey Wells 编著的 *Sustainable Business: Theory and Practice of Business under Sustainability Principles*（2013）则试图向企业领袖展示其他人如何努力使他们的公司获得可持续发展。

关于商业人士试图破坏环境保护运动的相关研究，可参考：Naomi Oreskes 与 Erik M. Conway 所著的 *Merchants of Doubt: How a Handful of Scientists Obscured the Truth on Issues from Tobacco Smoke to Global Warming*（2011）[①]；JudithA. Layzer 所著的 *Open for Business: Conservatives' Opposition to Environmental Regulation*（2012）。David Vogel 在其所著的 *The Politics of Precaution: Regulating Health, Safety, and Environmental Risks in Europe and the United States*（2012）一书中表明，自 1990 年以后，美国保守派的反对及党派政治阻碍了美国在环境管理和监管方面的领导权，而 20 世纪 60 年代美国在这方面曾处于领先地位。

---

① 内奥米·奥利斯克斯，埃里克·康韦. 贩卖怀疑的商人［M］. 于海生，译. 北京：华夏出版社，2013.

女性与少数族裔在企业中权利提升的概述

从理论上来讲，资本主义仅会在精英管理的情况下运转得最好。但是，在社会中运行的任何经济制度都能体现其潜在价值。在许多行业，美国企业和劳动力一直是按性别、种族和民族划分的。这种划分既影响了人们思考商业的方式，也影响了不同类型的公司所遵循的战略。美国企业作为一个整体，既没有率先促进社会多元化，也没有落后于社会上的其他诸多组织。

女性和少数族裔的收入源自家庭和在企业中从事的生产性劳动。然而，直到20世纪后期，他们中大部分人的成功还是主要源于满足一些行业的特定市场需求。女性只生产女性所需的商品，非洲裔、拉美裔、亚裔美国人也只生产各自族裔所需的商品。这些群体中的创业者取得了一定的成就，直到20世纪60年代联邦政府新颁布的法律极大地改变了这些群体的状况，他们才得以超越过去的成就。

女 性

20世纪60年代，女性在经济中的重要性源于她们作为消费者的角色——实质上，是她们影响或做出了大多数家庭的零售购买决定（2015年，女性对

70% 以上的零售购买做出了决定或施加了影响）。但直到近几十年，女性才以一种更为重要的角色进入劳动力市场和商界。自 1920 年以来，在潜在的非家庭劳动力中，从事有偿工作的女性比例大约增加了两倍。19 世纪，美国女性的工作主要集中在教书、护理、家政服务，以及面向女性的生产和服务（如裁缝、女帽制造、美发和美容沙龙）。1920 年，女性在文秘工作人员中的占比已达一半（1870 年为 2.5%）。而现代键盘打字机和电话交换机系统等办公技术的发展，以及大公司对扩大办公人员规模的需求，均为女性创造了更多的工作机会。1920 年，超过 90% 的速记员、打字员和簿记员都是女性。曾经做过簿记员的男性则进入了收入更高的会计行业。

而女性经理人、高级职员和企业经营者的数量占比却增长缓慢，1900 年为 4.5%，1940 年为 11%，21 世纪初才增长到 40% 左右。第二次世界大战期间，女性暂时填补了一些工厂中原本由男性担任的职位，并首次大量进入以前由男性主导的新闻和其他行业。在第二次世界大战结束后的房地产热潮中，许多女性获得了在房地产行业工作的机会；到 1977 年，她们已经占据了44% 的房产经纪人职位。

女性企业家的数量比人们普遍认为的要多，但几乎都是在小众经济领域。女性创立的企业只为女性服务的这个传统一直延续至今，如伊丽莎白·雅顿（Elizabeth Arden）、赫莲娜·鲁宾斯坦（Helena Rubenstein）、C.J. 沃克夫人（Madame C. J. Walker, 1867—1919）、雅诗·兰黛和玫琳凯·艾施（Mary Kay Ash）等都在化妆品和护发领域建立了蓬勃发展的商业帝国。其中，后三位分别是 20 世纪三个时代的女性企业家代表。

C. J. 沃克夫人是一名非洲裔企业家，她创立了一家主要为非洲裔美国人生产护发产品和烫发器的企业。正如她在 1912 年回顾自己的人生时所总结的那样："我是一个来自南方棉花田的女人。从那里我踏进洗衣房，从那里我踏进厨房，也是从那里我开始进入了制造美发和护发用品的企业。我在自己的土地上建立了自己的工厂。"沃克夫人几乎没有接受过正规教育，但她不仅创办了一家企业，还发起了一场社会运动。她雇用和培训了大量的女性代理人（到她去世那年为止，共有 2.5 万名女性代理人）来销售她的护发产品，而这些人大部分是非洲裔美国人。她赚取了数百万美元的个人财富，更重要的是，她教导并激励她的代理人提升她们自身的经济实力。

雅诗·兰黛于 1908 年出生在纽约皇后区，父母是外来移民。她最初在厨房里调制护肤霜，然后把产品卖给一家美容院。这家美容院的老板将业务扩展到了曼哈顿的上东区，兰黛和她的丈夫（也是其商业伙伴）亦随之前往。此外，不知疲倦的兰黛还在纽约和佛罗里达州棕榈滩的度假酒店及私人社交聚会上宣传她的产品。兰黛并不像她的竞争对手，如蜜丝佛陀、赫莲娜·鲁宾斯坦和露华浓（Revlon）那样在药店销售产品。她专注于精英客户，主要在萨克斯第五大道百货店（Saks Fifth Avenue）、马格宁百货（I. Magnin）和尼曼百货（Neiman Marcus）销售产品。21 世纪初，兰黛的公司年收入超过 70 亿美元，同时她还控制了美国百货商店化妆品市场近一半的份额。兰黛是《时代周刊》评选的 20 世纪 20 位顶尖商界人物中唯一的一位女性。她于 2004 年逝世，享年 97 岁。她被誉为美国商界最有活力、最果断、最足智多谋的高管之一。

1963 年，45 岁的玫琳凯·艾施创办了自己的公司。艾施将全部积蓄 5000 美元（相当于 2016 年的 39 385 美元）投入产品中，并培训了数百名女性代理人去挨家挨户地推销化妆品。艾施给她的代理人灌输了一种啦啦队精神和从不言弃的意志。代理人可通过售出产品来获得 50% 的佣金，成功的回报立竿见影。到 2001 年她去世时，玫琳凯化妆品的年销售额已超过 20 亿美元，拥有 80 万名员工（其中大多数是兼职工作）。2010 年，玫琳凯公司在全球拥有 200 万名销售顾问，收入达 25 亿美元。许多销售主管有着六位数的年收入。艾施鼓励女性将事业与家庭生活完美兼顾，她在谈论这一原则时曾提道："我们为她们提供了拥有一切的机会。"（当然，情况是否如此还不得而知。该公司是一家未上市的私营企业，因此有时很难获得可靠的评估数据。而记者们则揭露了多层次销售体系的实质：许多人根本没有赚钱，甚至许多人可能已经负债累累。）

沃克夫人、兰黛和艾施作为企业家，体现了女性的创业精神。但是，在经历了 20 世纪 60 年代的重大立法改革之后，大多数美国女性才开始走上创业之路。直到 1972 年，女性在所有美国公司中的持股比例还不到 5%，在女性创立的公司中，只有 1/7 拥有带薪员工，这些公司的总收入仅占全美国所有公司总收入的 0.3%。

引人注目的进展随之出现。1982 年，女性拥有的企业占美国所有企业的 1/4，其收入约占全美国所有企业总收入的 10%。十年后，女性拥有的企业占比为 1/3 以上，并且其收入占总收入的近 20%。其中，少数族裔女性取得了极大的成就。1987—1996 年，拉美裔女性拥有的企业数量增加了约 200%，亚裔女性和非洲裔女性拥有的企业数量则分别增加了 150% 和 135%。21 世纪初，女性拥有的企业的总销售额约占全美国企业总销售额的 1/4，而女性创办的新公司则占所有新公司的 40% 以上。

2007—2016 年，女性拥有企业数量的增长幅度是全美国平均水平的五倍多，而少数族裔女性企业家在创办新公司方面则处于优势地位。研究表明，2007—2009 年的金融危机促使更多的少数族裔女性自主创业。在女性拥有的公司中，有超过一半的公司由白人女性掌管，并且她们获得了较高的收入：

2016 年，白人女性的平均年收入为 201 948 美元。相比较而言，亚裔美国人的平均年收入为 184 699 美元，拉美裔平均年收入为 52 087 美元，而非洲裔美国人的平均年收入则为 26 550 美元。非洲裔美国女性管理的公司数量仍旧独占鳌头，拉美裔美国女性在创建新公司的数量上领先，亚裔美国女性则在收入方面领先。一般来说，女性企业家创业时的资本约为男性的一半，她们会比男性更多地使用个人储蓄，而且很少依赖银行贷款。

职场女性

从 20 世纪 70 年代到 20 世纪末，美国人对女性外出就业这一现象的看法发生了极大的变化。在 1977 年进行的一项民意调查中，一组成年人被问道："如果男人主外打拼赚钱，而女人主内料理家务，你觉得这样的家庭分工是合理的吗？" 2/3 的受访者表示赞同。而在 1996 年，当被问及同样的问题时，仅有 38% 的人表示赞同。

1996 年，在有学龄前孩子需要照顾的母亲群体中，大约 65% 的人在外工作，这个数字是 1950 年的五倍。对家里有学龄儿童的已婚女性而言，超过 3/4 的人已有带薪工作或正在找工作，许多人回家后仍需要继续照顾孩子（许多女性称之为"双倍劳动日"）。到了 21 世纪，大约有 30% 的 5 岁及以下的儿童被送到日托中心，这一比例远高于 1965 年的 6%。从 20 世纪 90 年代开始，这些日托中心的数量显著增加，提供托管服务的公司数量也越来越多。此外，约 25% 的在职母亲和超过 60% 的贫困家庭母亲在工作期间曾通过亲戚的帮助来照顾学龄前儿童。

女性工作人数的大量增加是因为她们确实想要工作还是出于经济需要，

这是一个有争议的问题。而无可辩驳的是，自 20 世纪 60 年代以来，女性以前所未有的方式进入了美国的经济领域。21 世纪初，女性在律师、大学教授、内科医生、牙医、药剂师和注册会计师等职业中所占的比例远远高于美国历史上的任何时期。

性别收入差距仍旧困扰着女性。直到 2016 年，女性在医疗行业的收入比男性低 8%（每年约 2 万美元），在法律界的收入比男性低 10%（每小时约 47 美元）。一个令人不安的趋势是，在大量女性进入的行业里，平均工资下降了。这种情况发生在各行各业的工作中，从设计师到家政，再到生物学家。在 30 个高收入的工作岗位中，有 26 个是以男性为主的；在 30 个低收入的工作岗位中，有 23 个是以女性为主的。

高级管理层中的女性

21 世纪初，卡莉·菲奥莉娜（Carly Fiorina，美国电话电报公司、朗讯、惠普）、玛丽莎·梅耶尔（Marissa Mayer，麦肯锡、谷歌、雅虎）、梅格·惠特曼（eBay、惠普）和谢丽尔·桑德伯格（Sheryl Sandberg，麦肯锡、谷歌、脸书）都是公认的杰出女性高管。其中最后两位还是亿万富翁，而前面三人遭到了华尔街分析师和权威人士的广泛批评，在某种程度上，这些批评带有性别歧视的色彩。她们的照片曾广泛出现在媒体上，这一事实代表着自 20 世纪 70 年代以来女性在商界地位的重大转变。同时，女性也开始大量出现在有线电视的商业节目中。

女性进入高级管理层的机会是晚近时期才出现的。1970 年，女性占美国文秘人员总数的 75%，但在年收入超过 1.5 万美元（相当于 2016 年的 93 185

美元）的经理和行政人员中，女性所占比例不到 4%。

这一问题的典型表现是，在三代人的时间里，大多数精英商学院只招收男性。例如，哈佛大学直到 1963 年才将其常规的工商管理硕士（MBA）课程向女性开放。十年后，1973 届毕业生中的女性占比还不到 5%；1983 年，这一数字已经稳定在 26% 左右——虽然仍是少数，但已经有了相当大的增长；到了 2010 年，这一比例已经上升到了 36%；而到了 2017 年，这一比例为 42%。在全国范围内，女性读 MBA 课程的比例从 1960 年的 4% 增长到了 2015 年的 36%，相比之下，女性医学生的比例为 47%（2014 年），女性法学生的比例接近 50%。数字本身并不能说明全部问题。在毕业 15 年后进行的一项调查中，哈佛大学 1983 届 MBA 学员曾被问道："女性身份对你的职业生涯是否有影响？"在得到的回复中，超过一半的人对此持否定意见，仅有不到 1/4 的人表示肯定。

2009 年，拥有高薪的女性高管的收入仅为男性高管的 70% 左右，这一差距比一般职业女性高 10%。导致女性高管遭遇这一性别差异化现象的部分原因是，在大公司中，女性往往倾向于或降级到被称为"3R"的员工部门任职，诸如公共关系（Public Relations）部门、劳资关系（Industrial Relations）部门和人力资源（Human Resources）部门。只有少部分女性担任部门总裁或副总裁等实权职位，以及销售或生产部门总经理等一线职位。与普通员工的工作相比，这些职位要承担盈亏责任，并且工资较高。但在许多女性看来，问题远比这复杂得多。正如著名经济学家克劳迪娅·戈尔丁（Claudia Goldin）在 2006 年所说："收入平等是我们真正想要的吗？我们是否希望每个人都有平等的机会，在最佳生育年龄每周工作 80 小时？是的，但我们不希望她们抓住这个机会。"

在 2009 年的《财富》500 强公司中，15% 的公司董事是女性，在十年前这一比例为 11%，而在 1960 年这一比例几乎为零。2009 年，《财富》500 强公司的女性 CEO 有 13 位，2000 年只有 3 位，而 1960 年则没有；到 2015 年，这一数字已跃升至 24 位。罗睿兰（Ginni Rometty）就是其中之一，她在 2012 年打破了 IBM 长达一个世纪的男性 CEO 管理模式。从某种角度来看，这是一个巨大的进步。尽管如此，只有一小部分女性（在《财富》500 强公司中，女性 CEO 占比为 4.8%，女性高管占比为 15%，女性董事占比为 17%）已经突破了"玻璃天花板"[①]，在美国大型企业中担任最高管理职位。

在其他国家，这一比例甚至更低。2009 年，美国大公司的董事中有 17% 是女性，而在英国这一比例约为 8.5%。一项调查显示，在美国公司中，女性在各级管理职位中所占的比例约为 40%，而在欧洲公司中，这一比例仅为 20%～30%；在亚洲公司中，据大多数人估计，这一比例则要低得多。然而，欧洲国家已开始采取行动改变这种状况。从 2003 年的挪威开始，许多欧洲国家对女性董事实行配额制。支持配额制的理由是全部为男性和白人的董事会并不能反映公司客户或员工的广泛性。此外，研究还表明，性别多元化的公司董事会在所有公司中有着更出色的财务业绩，并增加了整个公司女性的工作机会。当然，实行配额制的做法也遭到了抵制。对配额制的普遍厌恶，以及没有能够胜任的女性来填补缺额的说法导致了这一趋势，结果则是喜忧参半。几乎没有证据表明整个公司的女性都能从中受益。由于一些不清楚的原因，自配额制生效以来，劳动力成本一直在上升。裁员减少了，这表明女性公司董事可能倾向于阻止此类举措。而在美国，并没有类似的行动来实行配额制。

---

① "玻璃天花板"是1986年由《华尔街日报》的两位作者卡洛·海默维兹（Carol Hymowitz）和提摩西·薛哈特（Timothy Schellhardt）首次提出的。——译者注

从 21 世纪第 2 个十年中期的有利形势来看，很难预测在美国企业管理层中女性角色的最终占比。一方面，人们仍然认为，许多女性希望走一条不受干扰的职业道路，而有一些女性则选择了作家菲利斯·施瓦兹（Felice Schwartz）所说的"妈妈之路"，可这一说法却激怒了一些女性。另一方面，不同行业的差异也很大。在规模庞大的公司中，约有 30% 的非营利组织由女性领导，而在半导体公司中，这一比例仅为 3%。在许多行业中，相当数量的男性高管似乎仍然对女老板感到害怕。

瑞沃特公司（Rainwater, Inc.）是一家以机构投资人身份进行投资的金融公司，其总裁达拉·摩尔（Darla Moore）在 1998 年时曾谈到，她和其他女性高管往往是"离群索居、特立独行、与周边人群格格不入的人"——这其实是一件好事。她建议其他渴望权力的女性不要理会诸如"你应该做一个好女孩"和"你应该融入其中"之类的建议。摩尔嘲笑这种建议会导致"巨大的时间浪费"。

谢丽尔·桑德伯格在 2013 年出版的《向前一步：女性、工作及领导意志》（Lean in: Women, Work, and the Will to Lead）一书中，也将一场关于公司办公室女性的热烈讨论推上了风口浪尖（亚马逊网站上有近 4000 条评论）。桑德伯格关注的是女性如何阻碍自身的发展（缺乏抱负和自尊），而不是商业世界如何阻碍她们的发展。评论者们常常对她的成就表示钦佩，同时也指出了她的优势地位——哈佛大学毕业，导师为拉里·萨默斯（Larry Summers）。桑德伯格花了一些时间来选择支持女性进入董事会的合适配偶。不幸的是，在 2015 年度假时，她的丈夫意外去世。桑德伯格当时正在写一本名为《B 计划》（A Plan B）的书。

卡莉·菲奥莉娜曾在 2000—2005 年担任惠普公司总裁，她在离职后表示，批评她的人说她"要么是一个太软弱的傻妞，要么是一个太强硬的泼妇"。像大多数备受瞩目的 CEO 一样，菲奥莉娜在职期间采取了一些非常大胆的举措：她收购了顶尖的个人计算机制造商康柏（Compaq），并一度解雇了 3.6 万名员工。她在 2015—2016 年竞选共和党总统候选人时，曾遭受了一些对她管理经历的尖锐批评，这与 2012 年共和党总统候选人米特·罗姆尼（Mitt Romney）受到的批评如出一辙。

但奇怪的是，在过去几年中，女性高管的薪酬发生了一些重大变化。2015 年，一些女性高管的收入实际上超过了男性同行，部分原因是女性高管人数太少，供求关系失衡导致其工资上涨。例如，美国前 100 名公司中的 8 位女性 CEO 的平均年薪为 2270 万美元，而男性 CEO 的平均年薪为 1490 万美元。女性 CEO 的数量较少，可能会使这种对比产生一定的偏差。尽管如此，少数晋升至高层的女性高管显然获得了"多元化溢价"。而因为供大于求，在公司底层寻找工作的女性并没有从多元化溢价中获益。

总的来说，自 1920 年以来，尤其是 1980 年以来，女性在商界明显取得了巨大的进步。不仅有更多的女性参与各级工作，而且她们的影响力也在某些层面改变了企业文化。女性坚持要求公司对人性需求采取更现实的态度，因此出现了诸如弹性工作时间和给新生儿父母自由休假等有利于家庭幸福的政策。除了女性在商界取得的直接成就外，她们所推动的政策变革本身就是对整个社会的重大贡献。

但要实现女性与白人男性的平等，还有很长的路要走。要做到这一点，美国文化中根深蒂固的性别歧视因素必须被彻底改变，并且白人男性必须成为这方面的倡导者。

非洲裔美国人

非洲裔美国人的现代民权运动始于第二次世界大战期间。尽管有种族隔离的训练营、部队和船只，但非洲裔美国人在海外的军事行动和国内的工业动员中都发挥了重要作用。1948 年，杜鲁门总统下令整合军队，这标志着法律层面的种族隔离在美国开始走向终结。在接下来的 20 年间，非洲裔美国人领导的地方抗议活动、新闻媒体对南方种族隔离生活的揭露、司法判决和联邦立法等一系列相关活动，破除了非洲裔美国人在教育、公共住房和就业方面的障碍。

非洲裔美国人早在南北战争之前就有着从事商业活动的悠久历史。纵观历史，与大多数女性和少数族裔拥有的公司一样，大部分非洲裔美国人的企业规模较小、资本不足，经常面临破产的危险。20 世纪初，越来越多的非洲裔美国人创办了公司，其中少数人还成了百万富翁。1900—1930 年，非洲裔美国人拥有的企业数量增长了 700%。20 世纪中叶，非洲裔美国人在大大小小的城市里成功经营着美容院、理发店、餐馆、杂货店、修鞋店、殡仪馆，以及银行和保险公司。就像女性和少数族裔向各自群体售卖商品一样，非洲裔美国人创立的企业通常也主要服务于非洲裔美国人。

非洲裔美国人的企业家是否应该继续专注非洲裔美国人这一客户群体，是一个跨越政治谱系的具有争议性的问题。非洲裔美国知识分子杜波依斯（W. E. B. DuBois）曾说过："1000 万拥有聪明才智的人永远不会被长期忽视或虐待。"他还指出，"任何对世界市场有贡献的种族都不会长期受到任何程度的排斥。"然而，杜波依斯和其他商业倡导者也承认，非洲裔美国企业家只迎合自己种族成员需求的做法会使自身处于不利地位。他们把顾客群体锁定在一部分不太富裕的人口，这将会阻碍其企业未来的发展。

非洲裔美国人，即使是那些拥有大学学位的人，直到 1970 年之后才在美国企业中占据了较多的管理职位。从 1970 年到 2000 年，非洲裔美国大学毕业生的数量大约翻了一番，到 2013 年，这一比例上升到 40%。因此，非洲裔美国大学毕业生进入商界的比例较以往更高。由于非洲裔美国大学毕业生的数量大幅增多，非洲裔美国中产阶级的数量也在 1970 年后大大增加。

与此同时，非洲裔中产阶级消费者也越来越能够融入白人主导的美国商业主流，因此他们不太可能把钱花在传统的非洲裔美国企业上。反过来，当地的非洲裔美国企业主也在他们的社区中失去了经济和社会地位。21 世纪初，非洲裔美国人拥有企业的概率不到白人的 1/3。尽管非洲裔美国人占美国总人口的 13%，但他们的企业营收却只占美国国民总收入的 1% 左右。

但是，某些特定部门反映了实质性的经济进步。在整个 20 世纪，保险公司是非洲裔美国人拥有的最重要的企业。北卡罗来纳州互助人寿保险公司（North Carolina Mutual Life Insurance Company）成立于 1898 年，该公司吸引了一流的人才，至 1920 年已雇用了 1100 名员工；1905 年，阿朗佐·赫恩登（Alonzo Herndon）用理发赚来的本金，建立了第二家大公司——亚特兰大人寿保险公司（Atlanta Life Insurance）；类似的还有至尊人寿保险（Supreme Life Insurance）（芝加哥，1921 年）、联合互助人寿保险（United Mutual Life Insurance）（纽约，1933 年）和金州互助保险（Golden State Mutual）（洛杉矶，在集团销售方面的创新使其在 20 世纪 60 年代的美国社会具有举足轻重的地位）。1960 年，美国共有 46 家由非洲裔美国人掌控的保险公司。其中，北卡罗来纳州互助保险公司在 1971 年控制了价值超过 10 亿美元的保单（2016 年为 143 亿美元）。20 世纪最后十年，经合并产生了 19 家由非洲裔美国人掌控的保险公司，有效保险金额达 230 亿美元。

虽然 20 世纪非洲裔美国人的收入增长率明显高于白人，但非洲裔美国人积累的财富数量却落后于白人。20 世纪 80 年代，非洲裔美国人家庭的净资产中位数仅为白人的 1/12，而在接下来的 25 年里，这一数字几乎没有变化。当然，也有例外：20 世纪末，数千名非洲裔美国人变得异常富有，特别是活跃在娱乐和职业体育行业中的非洲裔美国人。

非洲裔美国企业家在各行各业都取得了成功。如今，大多数富有的非洲裔美国商人都是汽车经销商或特许快餐连锁店的老板。非洲裔美国人拥有的最著名的公司之一是摩城唱片公司（Motown Records），它是由底特律一个显赫家族的后裔伯瑞·高迪（Berry Gordy）于 20 世纪 60 年代创建的。1977 年，摩城唱片以 6100 万美元的销售额成为美国最大的非洲裔美国人非金融类公司；1985 年则排名第二，销售额达到 1.49 亿美元（相当于 2016 年的 3.333 亿美元）。1988 年，当摩城唱片公司被出售给 MCA 公司时，非洲裔美国人失去了代表他们身份的一个象征。

另一家大公司——约翰逊出版公司（Johnson Publishing），由约翰·H. 约翰逊（John H. Johnson, 1918—2005）于 1942 年在芝加哥创立。1933 年，约翰逊的家人先后搬到了阿肯色州和芝加哥，他在那里的早年生活就是霍雷肖·阿尔杰小说中的 20 世纪非洲裔美国人版本：被非洲裔中产阶级的孩子嘲笑；努力学习并获得了芝加哥大学的奖学金；受到一位捐助人的帮助——哈里·佩斯（Harry Pace，至尊人寿保险公司总裁），从佩斯的助理做起，并最终创立了属于自己的公司。约翰逊将他的业务从杂志——《黑玉》（Jet）和《乌木》（Ebony）——扩展到广播、房地产、保险和美容等行业。自 20 世纪 70 年代以来，约翰逊出版公司在非洲裔美国人非金融类公司中的排名从未低于第二。1982 年，约翰逊成为第一位登上《福布斯》400 富豪榜的非洲裔美国人。

雷金纳德·刘易斯（Reginald Lewis，1942—1993）出生于约翰逊创办公司的那一年。但与约翰逊不同的是，刘易斯出身中产阶级家庭，获得过体育奖学金，并于 1968 年毕业于哈佛大学法学院。刘易斯创立了 TLC 集团，这是一家风险投资集团。1987 年，该集团以 9.85 亿美元杠杆收购了比阿特丽斯国际食品公司（Beatrice International Foods），这家公司大部分的业务都在海外。刘易斯因此成了第一位掌管价值 10 亿美元公司的非洲裔美国人。1992 年，他也成功跻身于《福布斯》400 富豪榜。

1980 年，由罗伯特·L. 约翰逊（Robert L. Johnson）创立的非洲裔美国人娱乐电视台（Black Entertainment Television，BET）是第一个由非洲裔美国人掌控的有线电视集团。1990 年，它通过美国、波多黎各和维尔京群岛的 2200 个有线电视系统为 2700 万户家庭提供每天 24 小时的节目放送。截至 2009 年，BET 已经覆盖了 8500 万户家庭。2000 年，约翰逊将自己的公司卖给了传媒集团维亚康姆（Viacom），并于 2001 年成为美国首位非洲裔亿万富翁。他还在 2002 年成为美国国家篮球协会（National Basketball Association，NBA）夏洛特山猫队的大股东。

美国历史上最具有影响力的非洲裔企业家之一是集演员、脱口秀主持人、出版人和慈善家于一身的奥普拉·温弗瑞（Oprah Winfrey）。除了镜头前的工作，温弗瑞还创立了哈泼制片公司（Harpo Production Company）来制作电影和电视节目，并赞助了奥普拉读书俱乐部，该俱乐部几乎可以保证其列出的所有书籍都是最畅销的。2000 年，时年 46 岁的温弗瑞被《时代周刊》列为 20 世纪 100 位最重要的人物之一。2003 年，她成为美国第一位非洲裔女性亿万富翁。

与温弗瑞齐名的是艺人和慈善家比尔·科斯比（Bill Cosby）。科斯比是费城可口可乐瓶装公司（Philadelphia Coca-Cola Bottling Company）的共同所有者，该公司在 20 世纪 90 年代是仅次于倍顺集团（TLC Beatrice）和约翰逊出版公司的第三大非洲裔美国人企业。然而，在 21 世纪第 2 个十年中期，由于科斯比面临多项性骚扰指控，他的品牌遭受重创。

与普遍的范围经济类似，活跃于非洲裔美国人社区的大多数创业活动的都是规模较小的企业。在许多城市中，非洲裔美国人和其他少数族裔拥有的所有类型企业都受益于小企业管理局于 1967 年开始实行的"预留"计划。该项计划规定，一定比例的政府采购合同必须给予少数族裔所拥有的公司。20 世纪 80 年代，每年的预留合同金额超过了 20 亿美元。1989 年，最高法院的一项裁决削减了州和地方政府资助项目的预留要求，但这项规定在联邦政府采购合同中仍然是一种有效的促进手段。1990 年，联邦政府采购合同的预留资金已接近 40 亿美元。

向非洲裔和其他少数族裔企业提供的联邦贷款和赠款金额，从 1969 年的 2 亿美元增加到 1991 年的 70 亿美元（若按 2016 年美元价值计算，则是从 13 亿美元增加到了 124 亿美元）。这些公司在 1969 年仅向政府出售了价值 8300 万美元的商品和服务，但 1991 年已达到 170 亿美元（若按 2016 年美元价值计算，则是从 5.44 亿美元增加到 300 亿美元）。在 20 世纪 90 年代的诉讼和其他争议中，预留资金的数额开始趋于平稳。这些纷争往往不是针对少数族裔的地位问题，而是围绕关于"小企业"的定义问题展开，尤其是在小公司承包大公司的项目时。反对者认为，预留资金的真正受益者往往是大公司。但毫无疑问，通过提供至关重要的本金，非洲裔美国人的企业从中受益匪浅。

高层管理中的非洲裔美国人

直到 20 世纪末，以白人为主的美国公司才开始给予非洲裔美国人竞争大公司高层职位的机会。1957 年，前棒球明星杰基·罗宾森（Jackie Robinson）被任命为食品服务公司 Chock Full o'Nuts 的副总裁，这是产生这一变化的早期里程碑式事件。这一事件通常被认为是非洲裔美国人第一次被一家以白人为主的大公司接纳为高层管理人员。然而，即使在 20 世纪 60 年代和 70 年代，当非洲裔美国人开始被大量聘为高管时，他们也像白人女性一样，经常被安排在人力资源、社区关系和公共事务等部门，而不是成为生产和营销岗位的一线人员。

1987 年，小克利夫顿·R. 沃顿（Clifton R. Wharton, Jr.）成为《财富》500 强企业美国教师退休基金会（TIAA CREF）的第一位非洲裔 CEO。1995 年，诺埃尔·霍德（Noel Hord）被任命为玖熙（Nine West）鞋业制造公司的 CEO。2007 年，《财富》500 强中有 6 位非洲裔美国人担任 CEO，但到 2008 年 2 月，其中 3 位失去了高管职位。这与他们的种族出身无关，而是因为他们所在的公司或行业表现不佳，其中许多白人高管也被解雇了。这些离职的人员包括金融业的斯坦利·奥尼尔［Stanley O'Neal，美林公司（Merrill Lynch）］、娱乐业的理查德·帕森斯［Richard Parsons，时代华纳公司（Time Warner）］和零售业的埃尔文·刘易斯［Aylwin Lewis，西尔斯百货（Sears），他在西尔斯收购凯马特（Kmart）后成了该公司的 CEO，他也曾担任过凯马特的 CEO］。只有 15 名非洲裔美国人曾被任命为《财富》500 强企业的 CEO，其中仅有 5 人在 2015 年仍旧留任。

与白人女性一样，非洲裔美国人担任大公司 CEO 的例子仍然很少，非洲裔美国人在大公司中的职位晋升速度也不是特别快。尽管有关这一课题的可靠研究很少，但一个显而易见的解释是，直到 20 世纪后期，非洲裔美国人才有机会进入最顶尖的学院和大学学习。罗莎琳德·布鲁尔（Rosalind Brewer）的崛起非常引人注目，这位非洲裔美国女性于 2012 年成为零售巨头沃尔玛旗下山姆会员商店的 CEO。

1980 年以后，非洲裔美国人进入顶尖学院和大学学习的机会显著增加。虽然这些新的机会对一些非洲裔学生帮助很大，但从名校毕业并不能保证他们在大公司得到与白人一样的平等待遇。例如，H. 内勒·菲茨休（H. Naylor Fitzhugh）在哈佛大学（1931 届）和哈佛商学院（1933 届）都获得了学位，但当他进入就业市场时，却被一个又一个潜在的雇主拒之门外。菲茨休随后进入印刷业，成为华盛顿特区的一名独立推销员。除了自己的工作，他还成立了新黑人联盟（New Negro Alliance），通过该联盟，他说服了主要在非洲裔美国人社区经营的公司雇用当地居民。在另一项倡议中，他开始了与霍华德大学长达 30 年的合作，在那里，他发挥了重要作用：帮助建立了一个营销部门，并组织建立了学校的小企业中心。1965 年，在获得哈佛 MBA 学位大约 32 年后，菲茨休终于被一家龙头企业——百事公司聘用。在这家公司，他策划了一项创新性营销活动，该活动专门针对非洲裔美国人，并使他们成为一个非常重要的潜在消费者群体。到 1992 年去世时，菲茨休已经指导了数十名在商界崭露头角的非洲裔美国人。

戴维·A. 托马斯（David A. Thomas）和约翰·J. 加巴罗（John J. Gabarro）在 1999 年发表的一项重要研究《突破》（Breaking Through）中分析了非洲裔美国人在职场晋升过程中有时进展缓慢的原因。作者发现，由于根深蒂固的种族主义，与白人新员工所花的时间相比，大公司的非洲裔美国人和其他少数族裔员工通常需要花费更多时间来证明自己在初级职位上的能力，这被称为一种"税"。一旦缴纳了这种"税"——通常不仅是为初级职位缴纳，而且还要为接下来的几级职位缴纳——许多管理人员就会像其他人一样迅速晋升到更高的职位。但与此同时，他们则失去了其职业生涯中宝贵且不可挽回的时间。

抛开大企业的文化因素，非洲裔美国人有时不太可能因为主管不愿及时提拔而受到晋升阻碍。非洲裔美国人尤其被音乐和职业体育等任人唯贤的精英领域所吸引，因为在这些领域中，相对突出的能力可以被明确地识别出来。大量非洲裔美国人也成功地进入了美国军队的最高层。美国军队是一个大型组织，几十年来一直在有条不紊地努力实现种族平等，并在这一特定领域成为其他社会组织的典范。

非洲裔美国人在军队和政府获得了很高的职位，如科林·鲍威尔（Colin Powell）、康多莉扎·赖斯（Condoleezza Rice）、贝拉克·奥巴马（Barack Obama），但他们在大企业中的地位却没有得到相应的认可。2015 年，美国500 强企业中只有 5 名非洲裔 CEO，大公司仍然需要考虑如何更好地接纳非洲裔美国人、其他少数族裔及所有族裔的女性进入高管层。

拉美裔

拉美裔在美国商界的经历与女性和非洲裔美国人的遭遇既有相似之处，又有不同之处。人们对拉美裔企业家的学术研究不如对女性和非洲裔美国人的研究多。尽管如此，人们普遍认为，在 1900 年之前，拉美裔企业主要集中在美国西南部、路易斯安那州、佛罗里达州和纽约等地。在美国西南部，沿着后来成为墨西哥与美国边境的两侧，西班牙在该地区的殖民统治导致许多西班牙和墨西哥家庭建立了大型农牧企业。19 世纪 40 年代，美墨战争和随后的条约让盎格鲁－撒克逊占领者及其他美国企业从中受益，导致这些牧场主中的许多人失去了对这些企业的控制权。不过，仍有一些拉美裔保住了他们的庄园，而另一些拉美裔则通过服务于盎格鲁－撒克逊人控制的美国西南部农场、牧场和采矿企业，继续发展壮大。

例如，埃斯特万·奥乔亚（Estevan Ochoa，1831—1888）为从墨西哥索诺拉州到密苏里州圣路易斯的牧场、农场和矿山提供运输服务。这项业务的发展使他能够开设商业机构和养羊场。然而，铁路的出现削弱了奥乔亚和其他拉美裔在西南部地区的运输业务。在新墨西哥州，农民开始修建围栏，封锁了历史悠久的贸易路线，因此拉美裔的土地在一场圈地运动中被夺走。

1900 年以后，随着从拉丁美洲移民到美国的人数增加，拉美裔拥有的企业遍布全美国。鉴于学术研究的缺乏，为了探寻拉美裔对美国企业史的贡献，将这一群体置于美国移民史的大背景下，并分析现有的综合数据，是一种富有成效的研究方法。然而，在这样做的同时，我们必须注意到这种分类所固有的局限性和谬误。

如今，大多数移民被视为非白人，即"少数族裔"。这些非白人认同自己是少数族裔的比例远高于美国历史上的任何时期。1920 年，美国将近 90% 的人口是白人；9.9% 是非洲裔；1.2% 是拉美裔（包括出生于拉美地区的非洲裔或亚裔）；0.2% 是亚太裔。到 1970 年，白人占 83.1%，非洲裔占 11.7%，拉美裔占 4.4%，亚裔占 0.8%；而到了 2010 年，占比分别为 72.4%、12.6%、16.3% 和 4.9%。虽然亚裔是增长速度最快的群体，但拉美裔的增长人数最多，他们超过了非洲裔，成了第二大种族群体。虽然许多拉美裔居住在美国西南部地区，但全美国各地都有相当数量的拉美裔。2010 年，拉美裔占美国东北部人口的 12.6%，占美国中西部人口的 7%，占美国南部人口的 15.9%，占美国西部人口的 28.6%。

在 1965 年之后，拉美裔移民中出现了复杂的多样性：他们从南美洲、中美洲、墨西哥和加勒比等地移民而来。西班牙语可能是他们多数人使用的语言，但还有一些拉美裔移民说葡萄牙语或某种本土语言，并且不同国家的西班牙语在发音和语法结构上也存在一定的差异。

这与美国商业有什么关系呢？有几点值得我们注意。

第一，与早期的欧洲移民潮一样，近来的拉美裔移民大多是年轻、单身、努力工作的人，他们对国家经济的贡献与他们的人数不成比例。

第二，与早期移民一样，拉美裔也存在代际差异。移民子女的经济状况几乎总是比他们的父母要好。这与"同化"不同，因为美国已经变得十分多样化，以至于民族同化已经变得完全不可能。到了 21 世纪，这个国家早已成为一个像州联邦那样的民族联邦。尽管存在对种族奴隶制的反感，但美国还是比其他大多数大国（巴西可能除外）更好地完成了民族联邦的壮举。

第三，来自古巴、波多黎各和加勒比地区的拉美裔移民数量大大增加。他们纷纷前往美国的佛罗里达州及纽约和芝加哥等城市，做了之前的移民都做过的事情——建立了为其他拉美裔移民服务的企业，还包括理发店、台球厅、报社（大量信息在这三个场所互通）、鞋店和餐馆。

自 20 世纪 80 年代以来，美国少数族裔企业份额的增长速度超过了少数族裔在人口份额中的增长速度，尽管后者也已从 21% 增长到了 34%。我们可以看到，一个庞大国家的民族构成在如此短暂的时间内便发生了如此巨大的变化。

在 20 世纪到 21 世纪的过渡时期里，少数族裔拥有的企业数量以飞快的速度增长。例如，小企业管理局的一项研究表明，在 1997 年至 2002 年的短暂时间内，非洲裔美国人拥有的公司数量增加了 45%，而拉美裔拥有的公司数量则增加了 31%。然而，这些数字本身也具有一定的欺骗性。首先，公司数量是一个非常模糊的分母。在所有美国公司中，大约只有 2% 是上市公司，但这些公司创造了约 61% 的商业总收入。以非上市公司为例，每当白人拥有的公司平均获得 1 美元的收入时，拉美裔拥有的公司就可以平均获得 56 美分的收入，而非洲裔美国人拥有的公司可以平均获得 43 美分的收入。

总的来说，这一系列有些令人困惑的统计数据描绘了如下图景：拉美裔拥有的企业，尤其在近年来，取得了巨大的进步，非洲裔美国人的企业也是如此。但与白人拥有的公司相比，少数族裔公司之间的差异仍然很大。非洲裔美国人与拉美裔似乎和大多数消费者一样，都倾向于在低成本的大型零售商那里购物，就像他们早些时候倾向于在麦当劳和其他连锁餐厅购买快餐一样。大型零售商，尤其是沃尔玛，还有好事多（Costco）、塔吉特（Target）、家得宝（Home Depot）等，它们的商品售价大大低于街边商铺，因此吸引了庞大的客户群。这些商店雇用了大量的少数族裔员工，他们中的大多数人在购物时获得了较多的折扣，因此他们更为频繁地光顾这些商店，这至少在零售业方面给少数族裔企业的统计表现蒙上了一层阴影。

换言之，不难想象，如果没有大型零售商，情况会有多么的不同。它很可能类似于在超市和其他低成本大众零售商出现之前的非洲裔美国人企业。在这种情况下，非洲裔美国人会更多地光顾非洲裔美国人经营的社区商店，拉美裔则会支持拉美裔经营的商店，等等。因此，企业所有权并不是一个衡量任何群体经济进步的完全可靠的指标。这是拼图的一部分，但也仅是其中的一部分。

许多拉美裔工人，特别是新移民，从事着低薪工作。成千上万家企业——从大型农场到小型工厂，到肉类加工公司，再到保洁和草坪护理公司——都受益于按美国标准支付工资，美国的工资标准比拉丁美洲国家的工资标准要高得多。这些企业大多为白人所有。近年来，少数族裔拥有的公司数量在成倍增加。

因此，情况远非如此简单。在许多方面，这可能与 1880—1910 年的历史模式相似：当时来自中欧和东欧的移民以每年近 100 万人的数量涌入美国。就像最近的移民集中在美国西南部地区（加利福尼亚州、亚利桑那州、新墨西哥州和得克萨斯州）一样，一个世纪前的移民倾向于聚集在美国东北部的大城市。有一段时间，纽约下东区挤满了来自欧洲的新移民，这曾是世界上人口最密集的大型社区。希腊人、意大利人和像年轻的戴维·沙诺夫这样的俄罗斯犹太人在此开始了新的生活，就像对今天的拉美裔一样，这是一片真正充满财富机遇的土地。许多人对当时所谓"新移民"的强烈反对与今天类似的争议有很多共同之处。

2009—2014 年，离开美国的墨西哥人（包括孩子是在美国出生的家庭）多于进入美国的墨西哥人——离境人数为 100 万，入境人数为 87 万。这可能会对美国拉美裔企业家的未来产生一定的影响。即便如此，近年来，拉美裔企业家的数量仍在快速增长。2015 年的一份报告预测，到当年年底，拉美裔拥有的公司数量将超过 400 万家，年收入将达到 6610 亿美元。这意味着仅在2012 年就增加了 75 万家公司。有趣的是，这一增长集中在美国中北部偏西的人口普查地区，主要是明尼苏达州、北达科他州、南达科他州、内布拉斯加州、艾奥瓦州和密苏里州。太平洋地区仍然是拉美裔企业最集中的地区，该地区的拉美裔企业数量自 2012 年以来增长了 22%。

高层管理中的拉美裔

与女性和非洲裔美国人一样，拉美裔从 20 世纪 80 年代开始，终于有机会竞争大企业中的一些高层工作岗位了。2008 年，有 7 名拉美裔领导了《财富》500 强公司，与非洲裔 CEO 的人数大致相同，并且女性 CEO 的人数大约占其中的 1/3。2015 年，这个数字已经增加到 9 名。虽然拉美裔在高层管理者中的占比提高了，但进展仍很缓慢。

最引人注目的先驱是古巴裔的罗伯特·戈伊苏埃塔（Roberto Goizueta），他从 1980 年开始领导可口可乐公司，直到他 1997 年去世。戈伊苏埃塔出生在哈瓦那的一个富裕家庭，他在古巴的一所耶稣会高中接受教育，然后在耶鲁大学获得了化学工程学位。1959 年，他和他的家人带着 40 美元和 100 股可口可乐的股票逃亡到了美国，这些股票是他家人在戈伊苏埃塔为古巴的可口可乐公司工作时购买的。在他被可口可乐公司雇用之后，公司首先将他派往巴哈马，然后将他调到亚特兰大总部，之后他的职业生涯十分顺利。1979 年，48 岁的他被任命为总裁，随后在 1980 年担任 CEO。那时，可口可乐已经是世界上最知名的品牌之一，在戈伊苏埃塔任职期间，该公司的利润比以往任何时候都要高，并且通过几次重大收购扩大了规模。当他成为亿万富翁时，他像许多其他移民商人一样（安德鲁·卡内基就是最好的例子），建立了一家慈善机构。戈伊苏埃塔基金会的明确使命是"通过教育改变个人和家庭的命运"。1994 年，亚特兰大的埃默里大学（Emory University）以戈伊苏埃塔的名字命名其商学院。1999 年，他的遗产管理机构向该校捐赠了 2000 万美元。

另一位杰出的古巴裔 CEO 是卡洛斯·古铁雷斯（Carlos Gutiérrez），1960 年，在他 6 岁时，他的家族逃离了古巴。他们先是定居在迈阿密，然后又到了墨西哥，古铁雷斯在那里就读于蒙特雷理工学院（Monterrey Institute of Technology）的一所分校。1975 年，他在谷物食品巨头家乐氏（Kellogg）担任销售和管理培训生，并开始在公司中稳步晋升。1990 年，他成为主管产品研发的副总裁，并在位于密歇根州巴特尔克里克的家乐氏总部办公。1999 年，该公司董事会选举他为总裁兼 CEO。在 2004 年前往华盛顿担任美国商务部部长之前，古铁雷斯在家乐氏公司的这一最高职位上工作了五年。

同样在 2004 年，超威半导体公司（Advanced Micro Devices，AMD，一家成立于 1969 年的《财富》500 强公司，总部位于硅谷）任命鲁毅智（Hector Ruiz）为董事长兼 CEO。鲁毅智出生在墨西哥的彼德拉斯内格拉斯。他在得克萨斯大学奥斯汀分校（University of Texas at Austin）获得了电气工程学士和硕士学位，随后在莱斯大学（Rice University）获得博士学位。2005 年，《电子商业》杂志（*Electronic Business Magazine*）将鲁毅智评为"年度 CEO"，部分原因是他领导了 AMD 公司的"50×15"计划，该计划旨在到 2015 年为全球 50% 的人提供廉价的互联网服务。

2008 年，《财富》500 强公司的其他拉美裔 CEO 还有以下几位。

铝业巨头——美国铝业公司的阿兰·J.P. 贝尔达（Alain J. P. Belda）。贝尔达出生于摩洛哥，后来移居巴西，在圣保罗的麦肯齐大学（Universidade MacKenzie）接受教育。1969 年，他加入了美国铝业的巴西子公司美铝铝业（Alcoa Aluminio），担任财务规划师。他于 1974 年成为美铝铝业的总裁，并在该职位上任职了 15 年，最后四年，他负责管理美国铝业在拉丁美洲的所有业务。1994 年，他被任命为母公司的执行副总裁；1995 年，他担任美国铝业的总裁兼首席运营官；2001 年，他担任 CEO；2009 年，他成为私募股权投资公司华平投资（Warburg Pincus）的董事总经理。

美国最大的口香糖公司——箭牌公司 CEO 威廉·D. 佩雷斯（William D. Perez）出生在俄亥俄州的阿克伦，但在哥伦比亚长大。他曾在威斯康星州拉辛的庄臣公司（Johnson's Wax）工作多年，并于 1996—2004 年担任该公司的 CEO。随后，他短暂地担任了耐克公司的 CEO。2006 年，他又跳槽到箭牌公司。他是有史以来第一位执掌这个由家族成员持股的封闭型公司的外部人士。箭牌公司总部位于芝加哥，年销售额约为 40 亿美元。2008 年，箭牌公司被糖果巨头玛氏公司以 230 亿美元的价格收购，根据双方达成的协议，佩雷斯将继续担任箭牌公司的 CEO。2010 年，他加入了投资公司格林希尔事务所。

奇基塔公司（Chiquita）的费尔南多·阿吉雷（Fernando Aguirre）。阿吉雷出生于墨西哥，毕业于美国南伊利诺伊大学（Southern Illinois University）。2004 年，46 岁的阿吉雷来到奇基塔担任 CEO，在此之前，他曾在宝洁公司工作了 23 年，他大部分的职业生涯都在巴西、墨西哥和加拿大度过。他于2012 年离开奇基塔，成为辛辛那提红人棒球队和一支小联盟球队的小股东（该球队附属于芝加哥小熊队）。此外，他还是一支宾夕法尼亚州小联盟棒球队的大股东。

肯塔基州路易斯维尔市金德里德医疗保健公司（Kindred Healthcare Inc.）的保罗·J. 迪亚兹（Paul J. Diaz）。金德里德经营着连锁医院、疗养院等相关企业。迪亚兹是一名律师和金融专家，同时也在 2004—2015 年担任金德里德药店服务公司的 CEO，然后转到了私募股权公司克雷西公司（Cressy & Company）。

总体而言，女性群体、非洲裔美国人和拉美裔在美国商界的地位和权利的变化让人感到既清晰又模糊：在 20 世纪 70 年代之前，这三个群体的增长速度都非常缓慢，随后从 20 世纪 70 年代末到现在，这三个群体的进步越来越快。鉴于美国商业和社会中种族及性别偏见的结构性障碍，这一进步是显著的，也体现了自 1920 年以来消费者和企业家不断变化以及权利日益增强模式中的一个重要因素。自助项目和辅导制是为女性和少数族裔带来一些改变的实用手段。然而，整体改变的进程还是受到了制约。在 21 世纪第 2 个十年中期，有一些证据表明，越来越多的白人男性参与到了争取女性和少数族裔平等的运动之中，例如，Salesforce 公司的 CEO 马克·贝尼奥夫（Marc Benioff）和演员布莱德利·库珀（Bradley Cooper）。鉴于白人男性仍然占据着美国商界的大部分权力职位，他们积极参与实现劳动力和管理平等的行动是必不可少的。

在国外出生的美国公司 CEO

最近的全球化浪潮再次揭示了移民对美国企业史的重要性。2008 年，标准普尔 500 指数中的公司有史以来第一次有一半的收益来自美国本土以外。2002 年，这一比例仅为 1/3，远低于现在的水平。全球范围内的商品和服务贸易的增长为许多美国企业带来了更多具有全球视野的专业高管。虽然在大公司的高层管理者中移民仍然是少数，但很多移民已经在美国的技术和工程行业创立了属于自己的公司：1995—2005 年，硅谷超过一半的新科技公司都是由移民创办的。2012 年，移民在技术和工程行业建立的公司共创造了 630 亿美元的销售额。

2008 年，在 100 家总部设在美国的大公司中，有 16 家公司的 CEO 是在国外出生的。这些公司包括百事可乐公司［卢英德（Indra K. Nooyi），印度，女性］；雪佛龙（Chevron）［戴维·J. 奥莱利（David J. O'Reilly），爱尔兰］；

陶氏化学（Dow Chemical）[利伟诚（Andrew N. Liveris），澳大利亚]；花旗集团（Citigroup，2008 年世界上最大的银行）[潘伟迪（Vikram S. Pandit），印度]；可口可乐公司[内维尔·伊斯德尔（Neville Isdell），北爱尔兰]；以及奥驰亚集团（Altria Group，菲利普·莫里斯公司的母公司）[路易斯·C. 卡米尔里（Louis C. Camilleri），出生于埃及，父母是马耳他人，在瑞士接受教育]。另外，以色列女性奥里特·加迪什（Orit Gadeish）在 1993—2015 年担任总部位于波士顿的大型咨询公司贝恩公司（Bain & Company）的董事长。

2015 年，谷歌、微软、百事可乐、万事达（MasterCard）、奥多比（Adobe）和哈蒙（Harmon）的 CEO 都来自印度。他们在印度接受的教育是用英语讲授的，其中许多人在美国完成了研究生课程（百事可乐的卢英德在其母国接受了所有的教育）。当然，他们所有人的成功都得益于在美国公司中的晋升。

然而，就像对待女性群体、非洲裔美国人和拉美裔一样，我们对移民在美国商界影响力的研究还没有达到应有的水平。来自这些群体的每个人都学会了如何在双重世界中互动。有时若想在美国企业中取得成功，就需要使用不止一种语言。我们需要更多地了解他们是如何取得这些成就的。

第六章精选资料

女性

"自传＋传记＝更多女性＋更多女性的呼声，这终将会书写一段关于性别的商业史，它能够解决性别和权利的不对等及许多其他不平等问题。女性历史学家和文学家提出了一个颇有说服力的理由，认为书写传记是探索女性生活、观念、思想和经历的工具。"这段话摘自 Mary A. Yeager 撰写的 "Women Change Everything"，载于 *Enterprise and Society* 16（December 2015），fn 26，p. 754.。许多女性企业家仍旧需要有一本自己的传记。

有关商界女性的著作并不像政治、社会和文化主题的作品那么浩繁，也许 19 世纪比 20 世纪的相关著作更深刻，20 世纪早期和晚期比中期的作品更丰富。但学术研究在 20 世纪末迅速发展，以下文献尤为有用：Angel Kwolek-Folland 所著的 *Incorporating Women: A History of Women and Business in the United States*（1998）和 *Engendering Business: Men and Women of the Corporate Office, 1870–1930*（1994）；Mary A. Yeager 编著的 *Women in Business*，（1999），这是一部三卷本文集，附有全面的介绍；Carol H. Krismann 所著的 *Encyclopedia of American Women in Business: From Colonial Times to the Present*（2005）；Virginia G. Drachman 所著的 *Enterprising Women: 250 Years of American Business*（2002），这是一本精美的、包含很多图片的书籍，与哈佛大学施莱辛格图书馆的一批文献同时出版；Alice Kessler-Harris 所著的 *In Pursuit of Equity: Women, Men and the Quest for Economic Citizenship in Twentieth-Century America*（2001）；Victoria Sharrow 所著的 *A to Z of American Women Business Leaders and Entrepreneurs*（2002）；Claudia Goldin 所著的 *Understanding the Gender Gap: An Economic History of American Women*（1990）；Kathy Peiss 撰写的 "'Vital Industry' and Women's Ventures: Conceptualizing Gender in Twentieth Century Business History"，载于 *Business History Review*，72（Summer 1998）；Julia Kirk Blackwelder 所著的 *Now Hiring: The Feminization of Work in the United States, 1900–1995*（1997）；Sharon Hartman Strom 所著的 *Beyond the Typewriter: Gender, Class, and the Origins of Modern Office Work, 1900–1930*（1992）；Susan Thistle 所著的 *From Marriage to the Market: The Transformation of Women's Lives and Work*（2006）；Caroline Bird 所著的 *Enterprising Women*（1986）；Frank Stricker 撰写的 "Cookbooks and Law Books: The Hidden History of Career Women in Twentieth Century America"，载于 Nancy F. Cott 编著的 *History of Women in the United States*，Vol. 8：*Professional and White-Collar Employments*，part 2（1993）；Clark Davi 撰写的 "'Girls in Grey Flannel Suits': White Career Women in Postwar American Culture"，载于 Elspeth H. Brown，Catherine Gudis 和 Marina Moskowitz 所著的 *Cultures of Commerce: Representation and American*

Business Culture, 1877–1960（2006）；Wendy Gamber 所著的 *The Female Economy: The Millinery and Dressmaking Trades, 1860—1930*（1997）；Rosabeth Moss Kanter 所著的 *Men and Women of the Corporation*（1977）；Barbara J. Harris 所著的 *Beyond Her Sphere: Women and the Professions in American History*（1978）；美国商务部所著的 *The Bottom Line: Equal Enterprise in America: Report of the President's Interagency Task Force on Women Business Owners*（1978）；Dawn-Marie Driscoll 和 Carol R. Goldberg 所著的 *Members of the Club: The Coming of Age of Executive Women*（1993）；Betsy Morris 撰写的 "Tales of the Trailblazers: *Fortune* Visits Harvard's Women MBAs of 1973"，载于 *Fortune*, October 12, 1998；Ann Faircloth、Andrew Goldsmith 和 Ann Harrington 撰写的 "The Class of' 83"，载于 *Fortune*, October 12, 1998。本章引用的一些关于职场女性的统计数据来自 Andrew J. Cherlin 撰写的 "By the Numbers"，载于 *New York Times Magazine*, April 8, 1998。

关于雅诗兰黛和玫琳凯公司有许多参考资料。这两位企业家都有自传问世：*Estée: A Success Story*（1985）① 及 *Mary Kay: The Story of America's Most Dynamic Businesswoman*, 3rd ed.（1994）②。杂志的报道也很广泛，例如：Sandra Mardenfeld 撰写的 "Mary Kay Ash"，载于 *Incentive*, 170（January 1996）；Nina Munk 撰写的 "Why Women Find Lauder Mesmerizing"，载于 *Fortune*, May 25, 1998。有关化妆品及相关行业的著作，可参见：Kathy Peiss 所著的 *Hope in a Jar: The Making of America's Beauty Culture*（1998）；A' Lelia Bundles 所著的 *On Her Own Ground: The Life and Times of Madam C.J. Walker*（2002）。

适合撰写 Oprah Winfrey 传记的作者人选还未出现。关于 Oprah Winfrey 的报道可谓铺天盖地，但主要集中于杂志所刊载的文章中（包括她自己的月刊《奥普拉杂志》）。相比较而言，除了 Janet Lowe 所著的 *Oprah Winfrey Speaks*（2001）以外，还没有哪本书对这位美国偶像的报道完全令人满意。而 Marcia Z. Nelson 在其所著的

---

① 埃丝黛·劳德. 装点人生：化妆女王创业史与化妆术［M］. 任幼强，译. 北京：世界知识出版社，1992.

② 玫琳凯·艾施. 玫琳凯自传：一位美国最有活力的商业女性的成功故事［M］. 马群，译. 杭州：浙江人民出版社，2017.

The Gospel According to Oprah（2005）一书中对 Oprah Winfrey 话语的宗教含义进行了深思熟虑的探讨。

Gretchen Morgenson 是最为优秀的商业记者之一，她对各种商业话题的分析总是见多识广、明智而又及时，读者可参见："Where More Women Are on Boards, Executive Pay is Higher"，载于 *New York Times*，May 27，2016；Claire Cain Miller 撰写的"As Women Take Over a Male-Dominated Field, the Pay Drops"，载于 *New York Times*，March 18，2016。Sheryl Sandberg 在其所著的 *Lean In: Women, Work, and the Will to Lead*（2013）[1] 一书中对女性在高层管理中的地位做了重要陈述。与 Sandberg 所持观点针锋相对的是 Erin Callan Montella 在其所著的 *Full Circle: A Memoir of Leaning in Too Far and the Journey Back*（2016）一书中的论述。读者还可参考 Susan S. Elliott 所著的 *Across the Divide: Navigating the Digital Revolution as a Woman, Entrepreneur and CEO*（2011），她在怀孕后被迫离开 IBM，创建了自己的公司——Systems Services Enterprises。

Helen Gurley Brown 是一个有争议性的人物，虽然本章没有提到，但也值得研究。1965—1997 年，她将广告经验与坦率的性观念相结合，将杂志 *Cosmopolitan* 改头换面。至少可以说，女权主义者对她的看法是有异议的。读者可参见：Brooke Hauser 所著的 *Enter Helen: The Invention of Helen Gurley Brown and the Rise of the Modern Single Woman*（2016）；Gerri Hirshey 所著的 *Not Pretty Enough: The Unlikely Triumph of Helen Gurley Brown*（2016）.

非洲裔美国人

20 世纪末，关于非洲裔美国人及其在商界的学术研究也开始迅速发展，以下书目对此进行了很好的介绍：John N. Ingham 和 Lynne B. Feldman 所著的 *African-American Business Leaders: A Biographical Dictionary*（1993）；Jessie Carney Smith 编著的 *Encyclopedia of African American Business*（2006）；Rachel Kranz 所著的 *African-American Business Leaders and Entrepreneurs*（2004）；Alusine Jalloh 和 Toyin Falolo 编

---

[1]　谢丽尔·桑德伯格. 向前一步：女性，工作及领导意志［M］. 颜筝，等译. 北京：中信出版社，2014.

著的 *Black Business and Economic Power*（2002）；Juliet E.K. Walker 所著的 *The History of Black Business in America: Capitalism, Race, Entrepreneurship*（1998），该书涵盖了从殖民时期到 20 世纪 90 年代中期的历史内容；Ronald W. Bailey 编著的 *Black Business Enterprise: Historical and Contemporary Perspectives*（1971）；Robert E. Weems Jr. 与 Lewis A. Randolph 合著的 *Business in Black and White: American Presidents and Black Entrepreneurs in the Twentieth Century*（2009）。

相关具体研究，可参见：Timothy Bates 撰写的 "Black Business Community"，收录于 Jack Salzman、David Lionel Smith 和 Cornel West 编著的 *Encyclopedia of African-American Culture and History*（1996）；Susannah Walker 所著的 *Style and Status: Selling Beauty to African American Women, 1920–1975*（2007）；Adam Green 所著的 *Selling the Race: Culture, Community, and Black Chicago, 1940–1955*（2006）；Jason Chambers 所著的 *Madison Avenue and the Color Line: African Americans in the Advertising Industry*（2008）；John Sibley Butler 所著的 *Entrepreneurship and Self-Help among Black Americans: A Reconsideration of Race and Economics*（1991）；Shelley Greene 和 Paul Pryde 所著的 *Black Entrepreneurship in America*（1990）；Timothy Bates 所著的 *Black Capitalism: A Quantitative Analysis*（1973），这本书特别关注了非洲裔美国人对非洲裔美国人企业的赞助，从总体上考察了这种赞助行为究竟是有益的还是有害的；Russ Rymer 撰写的 "Integration's Casualties：Segregation Helped Black Business, Civil Rights Helped Destroy It"，载于 *New York Times Magazine*，November 1, 1998。读者还可参见：Paula Mergenhagen 撰写的 "Black-owned Businesses"，载于 *American Demographics*，18（June 1996）；1970 年创刊的 *Black Enterprise* 期刊中的任何一期。David A. Thomas 和 John J. Gabarro 所著的 *Breaking Through: The Making of Minority Executives in Corporate America*（1999）对非洲裔美国人及其在企业中的晋升阶梯进行了出色的分析。

关于保险行业，极佳的参考资料是：Walter A. Friedman 撰写的 "Insurance Companies"，收录于 Salzman，Smith 和 West 编著的 *Encyclopedia of African-American Culture and History*；Robert Weems 所著的 *Black Business in the Black Metropolis*（1996）对芝加哥都市保险公司进行了考察；Alexa Henderson 所著的 *Atlanta Life Insurance Company: Guardian of Black Economic Dignity*（1990）；Walter Weare 所著的 *Black*

Business in the New South: A Social History of the North Carolina Mutual Life Insurance Company（1973）。

关于政治和少数族裔企业的关系，可参见：George R. LaNoue 撰写的 "Split Visions：Minority Business Set Asides"，载于 *Annals of the American Academy of Political and Social Science*，523（September 1992）；Dean Kotlowski 撰写的 "Black Power-Nixon Style：The Nixon Administration and Minority Business Enterprise"，载于 *Business History Review*，72（Autumn 1998）；Jonathan Bean 撰写的极具批判性的著作 *Big Government and Affirmative Action: The Scandalous History of the Small Business Administration*（2001）。

关于最近的一些研究，可参见 Miko Branch 所著的 *Miss Jessie's: Creating a Successful Business from Scratch – Naturally*（2015）。在 *The Real Pepsi Challenge*（2008）[①] 一书中，记者 Stephanie Capparell 通过采访讲述了百事可乐在 20 世纪 40 年代末和 50 年代如何关注非洲裔美国消费者的故事。读者还可参考 Tiffany M. Gill 所著的 *Beauty Shop Politics: African American Women's Activism in the Beauty Industry*（2015）。

拉美裔

与女性和非洲裔美国人相比，有关拉美裔在美国商界的文献，至少在目前是极其稀少的。最佳的资料来源只有 *Hispanic Business* 杂志。它的最新和过往期刊包含了非常有用的统计和叙述类数据，而且它的网站上也有许多关于具体数据的链接。美国国家拉美裔商业信息交换所网站是另一个丰富的资料来源。

政府关于少数族裔企业的报告通常包含有关拉美裔企业的部分。有关这方面的两个很好的例子是：Robert W. Fairlie 撰写的 "Minority Ownership"，收录于 *The Small Business Economy 2005: A Report to the President*（2005）；美国小企业管理局宣传办公室撰写的 "Minorities in Business：A Demographic Review of Minority Business Ownership"（April 10，2007）。这两个资料来源就像美国人口普查局发布的大量移民报告一样，都包含有用的统计数据。美国国家公园管理局（NPS）的出版物 *American Latinos and the Making of the United States: A Theme Study*（1998–2011）中有一些很好

---

① 斯蒂芬妮·卡培尔. 百事挑战［M］. 林祝君，等译. 北京：机械工业出版社，2008.

的文章，尤其是 Geraldo L. Cadava 撰写的 "Entrepreneurs from the Beginning: Latino Business and Commerce since the 16th Century"，读者可在 NPS 网站上查阅。关于更早的叙述，可参见 Sarah Deutsch 所著的 *No Separate Refuge: Culture, Class, and Gender on an Anglo-Hispanic Frontier in the American Southwest, 1880–1940*（1989）。

目前，在美国出版的西班牙语报纸有 50 多种。也有许多相关内容的文章刊登在英文报纸上，并且能够在网上检索到，例如：James Flanigan 撰写的 "Latino Funds Help Family Businesses with Posterity in Mind"，载于 *New York Times*，July 8，2006；Hubert B. Herring 撰写的 "A Closer Look at the Hispanic Population"，载于 *New York Times*，August 13，2006；E. Scott Reckard 撰写的 "Latino-Owned Banks See to Fill Void in L.A."，载于 *Los Angeles Times*，July 23，2006；James Flanigan 撰写的 "Champion Boxer（Oscar de la Hoya）and Builder Aim to Help Latinos"，载于 *New York Times*，October 14，2006；Cheryl V. Jackson 撰写的 "Number of Hispanic Businesses Small，But Growing Fast in Illinois"，载于 *Chicago Tribune*，December 12，2013；Ruth Simon 撰写的 "Immigrants，Latinos Helped Drive Business Creation Last Year"，载于 *Wall Street Journal*，May 27，2015；Nancy Dahlberg 撰写的 "Report: Hispanic Entrepreneurship Could Mean $1.4 Trillion Boost to U.S. Economy"，载于 *Miami Herald*，January 27，2016。

在众多杰出的拉美裔商人传记中，最为实用的是 David Greising 所著的 *I'd Like to Buy the World a Coke: The Life and Leadership of Roberto Goizeuta*（1998），以及 Thomas H. Kreneck 所著的 *Mexican American Odyssey: Felix Tijerina, Entrepreneur and Civic Leader, 1905–1965*（2001）。有关本章中所提到的其他高管，他们的职业生涯可以通过谷歌在线搜索他们的名字（如 Carlos Gutiérrez、Hector Ruiz、Alain J.P. Belda、William D. Perez、Fernando Aguirre 和 Paul Diaz）进行研究。读者还可参考 John Sibley Butler、Alfonso Morales 和 David Torres 编著的 *An American Story: Mexican American Entrepreneurship and Wealth Creation*（2009）。

一些拉美裔美国人的企业史被纳入了更广泛的研究之中，相关案例可参见：Alicia M. Dewey 所著的 *Pesos and Dollars: Entrepreneurs in the Texas–Mexico Borderland, 1880–1940*（2014）；Matt Meier 和 Feliciano Ribera 所著的 *Mexican Americans/ American*

Mexicans: From Conquistadors to Chicanos（1994）；George Sanchez 所著的 *Becoming Mexican American: Ethnicity, Culture, and Identity in Chicano Los Angeles, 1900–1945*（1995）；Juan Gonzalez 和 Joseph Torres 所著的 *News for All the People: The Epic Story of Race and the American Media*（2012）；Matt Garcia 所著的 *A World of Its Own: Race, Labor, and Citrus in the Making of Greater Los Angeles, 1900–1970*（2002）；Geraldo L. Cadava 所著的 *Standing on Common Ground: The Making of a Sunbelt Borderland*（2013）；Mario T. Garcia 所著的 *Mexican Americans: Leadership, Ideology, and Identity, 1930–1960*（1989）。社会学家 Zulema Valdez 在 *The New Entrepreneurs: How Race, Class, and Gender Shape American Enterprise*（2011）中指出了合作如何帮助人们克服社会偏见。

照片中的美国企业史（二）

插图 2.1　2015 年 5 月 18 日，雅虎总裁兼 CEO 玛丽莎·梅耶尔出席了在纽约时代华纳中心举行的《财富》杂志 2015 年最具影响力女性晚会。在加入雅虎之前，梅耶尔曾在麦肯锡和谷歌工作。

资料来源：由 Mike Pont 提供，经 Getty Images 授权转载。

插图 2.2　2003 年 9 月 11 日，惠普公司 CEO 卡莉·菲奥莉娜在加州旧金山举行的 2003 年甲骨文世界大会上发表主题演讲。菲奥莉娜后来进入政界，于 2010 年竞选加州参议员，2016 年竞选共和党总统候选人。她一直积极参与慈善工作并致力于各项事业，包括为女性争取权益。

资料来源：由 Justin Sullivan 提供，经 Getty Images 授权转载。

插图 2.3 2003 年的 eBay 高管团队。站立者（从左至右）为 eBay 总裁兼 CEO 梅格·惠特曼、高级副总裁比尔·科布（Bill Cobb）、首席运营官梅纳德·韦伯（Maynard Webb）和高级副总裁迈克·雅各布森（Mike Jacobson）。坐者（从左至右）为高级副总裁马特·班尼克（Matt Bannick）、高级副总裁杰夫·乔丹（Jeff Jordan）和首席财务官拉吉夫·杜塔（Rajiv Dutta）。惠特曼起初在 eBay 取得了巨大成功，但随后也遭到了不少批评。当她转任惠普 CEO 时，这些批评仍旧存在。

资料来源：由 Kim Kulish 提供，经 Getty Images 授权转载。

插图 2.4 2013 年 3 月 12 日，在纽约联合广场的巴诺书店（Barnes & Noble），Facebook 首席运营官谢丽尔·桑德伯格出席了她的新书《向前一步：女性、工作及领导意志》（*Lean In: For Graduates*）的宣传演讲。自 2008 年桑德伯格从谷歌离职后受聘于 Facebook 以来，她已成为当今世界上最具影响力的女性高管之一。截至 2016 年年中，她还没有表现出对公职的任何兴趣。

资料来源：由 Taylor Hill / FilmMagic 提供，经 Getty Images 授权转载。

插图 2.5 （从左至右）2015 年 3 月 5 日，活动家兼作家格洛丽亚·斯泰纳姆（Gloria Steinem）、石溪大学（Stony Brook University）校长塞缪尔·斯坦利（Samuel Stanley）、Facebook CEO 兼作家谢丽尔·桑德伯格抵达纽约罗斯福酒店，参加以男性为主题的国际会议的首日活动。活动家和商界领袖开始意识到，要想实现性别平等，不仅需要提高女性的意识，同时也需要提高男性的意识。

资料来源：由 Brent N. Clarke / FilmMagic 提供，经 Getty Images 授权转载。

插图 2.6 2013 年 4 月 19 日，奥普拉·温弗瑞在昆西·琼斯（Quincy Jones）入选摇滚名人堂时发表演讲。琼斯在过去几十年里以作曲家和制作人的身份为音乐产业做出了许多贡献，同时她在其他众多行业中，也是最重要的非洲裔美国人之一，她曾担任过电视脱口秀主持人、演员、制片人、企业家和慈善家。

资料来源：由 Kevin Winter 提供，经 Getty Images 授权转载。

插图 2.7 约翰·H. 约翰逊（John H. Johnson）是约翰逊出版公司（一家价值数百万美元的公司）卓有成就的领导者。19 岁时，他曾是至尊保险公司（Supreme Insurance Company）一名周薪 25 美元的办公室小职员，后来成为该公司的董事会主席和最大的股东，同时他还是一位面向非洲裔美国人的杂志出版商（照片拍摄于 1974 年 3 月 3 日，伊利诺伊州芝加哥）。

资料来源：由 Bettmann 提供，经 Getty Images 授权转载。

插图 2.8　2013 年 6 月 7 日，星期五，山姆会员店总裁兼 CEO 罗莎琳德·罗兹·布鲁尔（Rosalind Roz Brewer）在美国阿肯色州费耶特维尔举行的沃尔玛年度股东大会上发表讲话。

资料来源：由 Sarah Bentham / Bloomberg 提供，经 Getty Images 授权转载。

插图 2.9　1990 年 5 月 19 日，可口可乐公司总裁罗伯特·戈伊苏埃塔在法国敦刻尔克的就职典礼上品尝一罐可口可乐。1981 年，戈伊苏埃塔接管了可口可乐公司，并将其重新定位为软饮料，使其成为世界上最大的非酒精饮料公司。

资料来源：由 Jean Meunier/AFP 提供，经 Getty Images 授权转载。

第七章

科学与研发：从电视到生物技术

　　美国战后一代之所以能够享受到一段不同寻常的经济繁荣期，部分原因归功于他们在研发方面所做的努力。美国的科学和研发人员，总会遭遇扣人心弦的顺境与逆境。在政府的推动下，从第一次世界大战到 20 世纪 60 年代，美国的电子工业经历了一段强劲的发展期。后来，美国企业在战略上的失败使国际竞争对手确立了在消费电子产品领域的优势地位。然而，美国化学和制药行业的公司之所以能保持领先地位，在很大程度上是因为它们对消费者的需求做出了更有效的回应。21 世纪初，许多化学和制药公司已经转变成为生物技术企业。

冷战时期的研发

　　飞机和制导导弹、电子、化学和制药等高科技行业，以及基本消费品和家居建筑行业，一起成为第二次世界大战后美国经济中最有利可图的行业。政府资助研发的专款流向了企业和大学，用于支持基础研究和产品开发，这些都被视为在冷战中领先苏联的必要条件。

　　在第二次世界大战后的 30 年里，联邦基金承担了大约 70% 的电子产品研发工作。在联邦政府资助的所有工业研究项目中，有80%用于军事应用。1950年，有15 000个与军事相关的研究项目正在进行。20世纪60年代初，此类项目已达8万个。在美国大学和企业里，一些最优秀的研究人才被吸引到军事研究领域，而不是商用产品研发领域。研发氢弹或将人类送上月球似乎比创造新的消费产品更具有吸引力。

尽管如此，直到20世纪70年代，美国公司在消费电子产品领域仍处于世界领先地位。它们不断推出价格实惠的收音机、留声机与电视机。专家们认为，美国公司将在很长一段时间内，甚至很可能永远保持领先地位。但在20世纪70和80年代，这些公司却开始落后于欧洲和日本的竞争对手。

戴维·沙诺夫和美国无线电公司

美国无线电公司及其富有魅力的领导者戴维·沙诺夫的故事反映了消费电子行业的兴衰。这个故事也表明，在整个20世纪，美国政府作为保护者、推动者、监管者和军事客户，是多么密切地参与到了以科学为基础的商业之中。而且，正如亨利·福特的失败一样，这个故事还表明了管理过于集中化的弊端。

1895年，当戴维·沙诺夫四岁时，他的父亲离开了他在俄罗斯贫困村庄的犹太家庭，前往美国。几年后，他们全家跟随老沙诺夫搬到了纽约下东区，住在一个月租金为10美元的贫民窟里。年轻的戴维靠卖意第绪语报纸和在犹太教堂唱歌来养活他的移民家庭。在此期间，他还学会了英语，以及如何在说话时不带外国口音。

戴维·沙诺夫读完八年级后便离开了学校，在马可尼公司（Marconi Company）找到了一份信使的工作，该公司是由年轻的意大利无线电报发明者古列尔莫·马可尼（Guglielmo Marconi）创立的。沙诺夫在工作中表现出了霍雷肖·阿尔杰式的英雄气质，或者说是伟大移民制造商安德鲁·卡内基的认真态度，这使他成为公司最为优秀的骨干员工之一，并且在公司中迅速得到晋升。在马可尼多次来访期间，他还带着马可尼游览了纽约，同时两人也成了很要好的朋友。

勤奋和偶然的机遇造就了沙诺夫的青春岁月。1911年，20岁的他进入了沃纳梅克百货公司（Wanamaker's Department Store）的马可尼广播电台，这个电台是为了吸引顾客来到商店而设立的。1912年4月的一个晚上，沙诺夫听说泰坦尼克号撞上了北大西洋上的一座冰山，他冲到沃纳梅克公司里的电台，并在接下来的72小时里持续播报此事件。在此期间，沙诺夫接收到了一个求救信号（SOS），并将这个重要信息传递给了当局和乘客家属，由此他因为自己的努力创造了一个用无线电传递灾情的奇迹。

泰坦尼克号的灾难表明了无线电的重要性。马可尼公司的业务迅速发展，公司赋予了这位年轻的接线员新的职责，并大幅加薪。沙诺夫用一些额外的收入把自己打扮成了一个着装华丽的商界人士：他身高170厘米，长着一张圆圆的娃娃脸，穿着量身定做的西装，戴着一顶洪堡帽，手里拄着一根手杖。他后来意识到，他的人生轨迹几乎与广播和电视的发展完全同步。

沙诺夫是最早认识到两个电台之间"点对点"的无线电传输不必受限的人，他相信未来是"点对大众"的通信，也就是后来所谓的"广播"。在1915年给马可尼公司高管的一份备忘录中，沙诺夫展望了现代无线电业务的未来。

这个想法是通过无线电将音乐电波传输到大众的家中……所有能解调发射波长的接收器都应该能够接收到这样的音乐。接收器会被设计成一个简单的无线电音乐盒的样式，并设置几种不同的波长，这些波长应该是可以改变的……并且配有放大管和扬声器，所有这些都可以被整齐地安装在一个盒子里。你可以把这个盒子放在客厅或起居室的桌子上，设置相应的开关，并接收传输的音乐。

当时马可尼公司忙于战时工作，无暇把沙诺夫的想法付诸行动，但沙诺夫一直有制作无线电音乐盒的想法。

第一次世界大战后，美国政府下令对无线电行业进行调整。因为马可尼公司是一家外国公司，美国海军要求国内领先的电气制造商通用电气成立一家美国公司，负责企业和政府的无线通信。这家新公司是由通用电气和西屋电气（Westinghouse）领导的美国企业集团，名为美国无线电公司。它接管了海军的电子专利，并将它们与通用电气和其他公司的专利结合起来，创建了一个实用的发明成果库。这些专利构成了未来所有领域电子产品的研发基础。1919 年，马可尼公司彻底脱离了无线电行业，并将其股票出售给了其他股东。当时年近 30 岁的沙诺夫旋即成了公司的主要高管，不久之后，他又成为美国无线电公司的总经理。

与此同时，西屋电气的一名工程师开始有了一项爱好：他在宾夕法尼亚州匹兹堡的家中通过无线电信号播放录制好的音乐。用"晶体管接收机"接收到信号的爱好者给他写了一封感谢信。西屋电气的一位高管由此意识到了一个潜在的市场，他向美国商务部申请了广播许可证，于是匹兹堡的 KDKA 广播电台便成了美国第一家商业广播电台。

沙诺夫认为，西屋电气的举措并没有剥夺美国无线电公司及其主要母公司通用电气主导新行业的机会。他明白，无线电广播的产业结构不仅需要接收信号的设备，还需要销售设备的分销系统、广播节目的电台，以及制作节目的可靠资金来源。他重新启用了他的电台音乐盒方案，将其寄给了通用电气，并很快得到了通用电气的重视。

1928 年，30 岁的沙诺夫在哈佛商学院发表演讲，此时的他在电子和无线电领域已深耕 14 年。他提出需要一种新型的企业管理人员，一种既能创造高科技产品，又能把它们推向市场的人。就像沙诺夫本人一样，这个新模式的管理者对技术要有自己独特的理解，也需要对技术和市场影响力的发展有很清晰的认知，并且有能力将两者融合在一起以获得商业上的成功。沙诺夫后来的职业生涯表明，他的此番言论是多么有先见之明。

大多数国家的无线电系统都是由政府控制的。然而，在美国，政府（海军）自愿放弃了无线电专利，并将其转让给一个由私人公司组成的财团，否则这些公司就会相互竞争。20 世纪 20 年代，沙诺夫开始在美国建立第一个无线电广播网。与此同时，美国电话电报公司也开始建立电台系统，但沙诺夫明白，作为一家电话垄断企业，它不能同时垄断无线电业务。1926 年，一名仲裁员做出了一项有利于美国无线电公司的决议，并由此诞生了一家新公司——美国全国广播公司（NBC），它由美国无线电公司（50%）、通用电气（30%）和西屋电气（20%）共同出资组成。美国电话电报公司完全退出了广播业务，它的电台以 NBC 红网（NBC Red）的名称并入了美国无线电公司。美国无线电公司的现有电台，以及西屋电气和通用电气的电台，则变成了 NBC 蓝网（NBC Blue）。所有新的分支机构都将接入纽约的一个中央馈电系统，然后使用从美国电话电报公司租用的电话线将信号传送到遥远的电台，并通过无线电频率进行广播。1941 年，在美国政府的要求下，NBC 蓝网从美国无线电公司脱离，后来成了美国广播公司（American Broadcasting

Company，ABC）；NBC 红网后来则变成了 NBC。

就像 20 世纪初的汽车（及 20 世纪后期的互联网）一样，20 世纪 20 年代无线电的重大创新招来了众多竞争者。企业家比尔·佩利（Bill Paley）建立了第三家广播网络公司——哥伦比亚广播公司（Columbia Broadcasting System，CBS）。随后，无线电台从 1921 年的 1 个发展到 1950 年的 2800 个，再到 1990 年的 9400 个。收音机最初的售价为 25～500 美元（相当于 2016 年的 336～6727 美元）。到 1923 年，已有 200 多家收音机制造商和 5000 多家零部件生产商进入市场。1923—1934 年，又有 1000 多家公司开始生产收音机，但其中有 90% 的公司倒闭或被其他公司收购。

美国无线电公司在经营着 NBC 红 / 蓝广播网络的同时，也销售由其母公司通用电气制造的收音机、零件和真空管。20 世纪 20 年代中期，它遇到了由这两项业务引发的一系列商业问题：竞争对手开始抱怨美国无线电公司的独家专利池。监管机构认为美国无线电公司试图垄断电子行业，而通用电气的某些高管则认为美国无线电公司是一个傲慢的"孩子"，并把其总经理沙诺夫看作是一个厚颜无耻的、年轻的犹太人，认为沙诺夫侵犯了长期以来一直是盎格鲁—撒克逊白人新教徒的专有领域。早在 1921 年，通用电气的高管欧文·D. 杨（Owen D. Young）就选择了沙诺夫担任美国无线电公司的总经理，并在整个危机期间一直支持他，但沙诺夫能获得成功主要是因为其出色的个人能力。

沙诺夫成功解决了这一系列问题，主要基于以下三个战略步骤。

第一，他通过组建第一个广播网——NBC，为广播业务建立了秩序。

第二，他没有与其他侵犯美国无线电公司专利的制造商进行斗争，而是从 1927 年开始以非排他性的方式将专利授权给所有参与者，沙诺夫还将大部分授权收益重新投入研发。

第三，他利用政府的反垄断行为做了他想做的事——将美国无线电公司从其母公司中剥离出来。

1930年，美国司法部反托拉斯局（The Antitrust Division of the Department of Justice）声称，海军支持的原始专利联营违反了《谢尔曼反托拉斯法》（The Sherman Antitrust Act）。沙诺夫精心设计了一个避免被审判的应对方案。1932年11月签署的一项协议裁决使美国无线电公司从其母公司中独立出来，并使其有能力制造自己的电子管和收音机。通用电气和西屋电气承诺在两年半内不参与无线电制造业的竞争，在那之后，它们可以在美国无线电公司的许可下生产收音机。通用电气和西屋电气将美国无线电公司的股票分发给了自己的股东。它们在美国无线电公司的董事会中没有职工代表，而美国无线电公司则保持着对专利的控制权。

就像1926年分配广播许可证一样，沙诺夫通过一系列的申诉赢得了对公司最有利的结果。他将公司总部迁至纽约市的新洛克菲勒中心，并在新更名的美国无线电公司大厦里设立了自己的办公室。在经历了大萧条头两年的持续亏损之后，1934年，美国无线电公司的销售额为7900万美元，净利润为420万美元（分别相当于2016年的14亿美元和7540万美元）。随后，他便开始竭力推动一个新领域的研究——电视。

沙诺夫与电视

第二次世界大战期间，戴维·沙诺夫大部分时间都在伦敦担任德怀特·D. 艾森豪威尔将军的通信顾问。1945年回到美国无线电公司后，沙诺夫把高级经理们召集在一起，明确表示："美国无线电公司的首要任务是发展电视产业。我们将为此提供其所需的一切资源。"他的目标是使美国无线电公司成为电视机、电子管、发射机、组件和研发领域的引领者。

大萧条时期，沙诺夫加大了美国无线电公司在电视研究方面的投入。1936 年，美国无线电公司已经在纽约帝国大厦顶层的发射机和新泽西州卡姆登的研究实验室之间建立了一系列的电视中继站。1939 年，沙诺夫在纽约世界博览会上展示了美国无线电公司在电视领域取得的最新进展。不久以后，美国无线电公司的一家子公司开始每周制作 8 ~ 12 小时的电视节目，包括棒球比赛、拳击比赛、戏剧和综艺节目。当时美国无线电公司的电视机售价为 395 ~ 695 美元（按 2016 年的折算率计算为 6800 ~ 11950 美元）。

然而，沙诺夫进军电视行业有些操之过急。1939 年，美国的人均年收入不到 700 美元，很少有家庭能买得起电视机。电视产业不同于汽车产业，它是一个更为复杂、需要配套体系更新的产业。它需要定期安排播放节目、推进电视机大规模销售、统一广播和设备的行业标准，以及在家庭电视播放出现诸多问题时，需要有能用于修理和替换的设备。这些配套体系在 1939 年还未建立，也不会快速发展起来。政府监管机构因技术更新速度过快，直到 1941 年才制定出相应标准，而在同年 12 月，美国进入战争状态。1942 年 4 月，所有商业推广活动均被政府严令禁止，直至战争结束。

战争结束后，随着商业限制的解除，沙诺夫和美国无线电公司重新开始全面推进电视行业的发展。1946 年，美国无线电公司卖出了 1 万台电视机，1947 年销售量达到 20 万台（占美国国内市场的 4/5）。当时正在运营的 15 家电视台，有些属于大型电子公司，有些则是独立运营，它们的大部分摄像机和相关设备都是从美国无线电公司购买的。美国全国广播公司开始在纽约广播，并在克利夫兰、芝加哥和洛杉矶快速建立了新的电视台。消费者在屋顶安装了大型天线，起初只能接收到三四个电视台的信号。电视行业一开始的发展似乎遇到了阻碍，但不久之后便迅速兴盛起来，具体如表 7-1 所示。

表 7-1　1940—1970 年美国电视台数量与服务家庭比例

年份	美国电视台数量（个）	服务家庭比例（%）
1940	0	0
1950	100	9
1960	580	83
1970	680	95

尽管电视行业的发展曲线令人印象深刻，但它并不是电子行业收入的主要来源。第二次世界大战后，电子行业收入的增长速度是国民生产总值的两倍，冷战的白热化是该行业收入增长的主要推动力。1950 年，为军队设计和制造的电子产品在电子行业收入中所占比例不到 20%，但到 1970 年，这一比例已接近 50%。由于军用电子设备非常复杂，只有美国无线电公司、通用电气和雷神公司（Raytheon）等一流公司才能满足军方严格的合同要求。

彩色电视机是沙诺夫狂热关注的另一个领域。1950 年，联邦通信委员会将哥伦比亚广播公司开发的彩色电视机颜色设置方法作为行业标准。这种方法生硬地将电子技术与机械旋转磁盘相结合，以产生彩色图像。当美国无线电公司对联邦通信委员会的决定提起上诉时，朝鲜战争爆发了，政府再次将电子研究重点放在国防需求上，直到 1953 年才解禁对彩色电视机的研究。在那一年，美国无线电公司自己设计的全电子彩色电视机的新标准获得了联邦通信委员会的批准。

然而，与沙诺夫和华尔街的预期相反，彩色电视机并没有像火箭一样一飞冲天。与之前的收音机和黑白电视机类似，彩色电视机也是一种系统技术设备。大规模生产这些设备只是该行业必要结构中的一部分。与此同时，沙诺夫还必须相应地策划彩色电视节目、安装彩色摄像机、升级传输设备、培训大批维修人员。这个行业大概用了 15 年的时间才完成从黑白放映到彩色放映的过渡。

彩色电视机显像管是当时人类制造出来的最复杂的消费品。在工厂检验阶段，产品不合格率一度超过了 2/3。1954 年，没有一台彩色电视机售出；1955 年，仅售出 5000 台，远低于沙诺夫预测的 35 万台。电视机的价格对于观看到劣质画面的消费者而言显得过于昂贵。这些电视机的画面很难调整，而且色彩混杂在一起，这在观众收看录播节目时表现得尤为明显。现实与沙诺夫的说法截然相反，黑白电视机与彩色电视机在制作上并不兼容。

1956 年，《时代周刊》宣布彩色电视机为当年“最彻底的工业失败品”。对于天顶电子（Zenith）、西屋电气和美国无线电公司的其他竞争对手来说，战略性撤退似乎是一种明智的决策。对于沙诺夫来说，接下来发生的将是“我人生中最艰难的一场战斗”。

美国无线电公司不仅一直在亏损，还面临着法律诉讼。当市场迫使美国无线电公司将其彩色电视机的价格减半时，它又遭遇了飞歌公司（Philco）提起的反垄断诉讼，索赔金额高达 1.5 亿美元，飞歌公司的律师指控美国无线电公司试图通过“不合理的低价”垄断市场。与此同时，美国无线电公司包含 1 万项专利的专利池，再次引起了司法部对反垄断的关注。尽管面临重重困难，1956 年，美国无线电公司董事会还是决定将其与时年 65 岁的沙诺夫签署的合同延长十年。

通常情况下，一个好斗之人在面对挑战时总能表现出应战的决心，但这次沙诺夫决定避而不战。1958 年，美国无线电公司付清了飞歌公司要求赔偿的费用，并以极低或零成本的方式将其大部分专利转让给国内的竞争对手，从而解决了司法部的反垄断案件诉讼。为了弥补国内专利使用费的损失，美国无线电公司将其专利授权给了欧洲和日本的公司。20 世纪 70 年代，美国无线电公司每年从消费类电子产品专利中获得的专利实施许可收入达到了 1 亿美元（相当于 2016 年的 6.2 亿美元），其中大部分来自彩色电视机技术。而这些钱则是纯利润。

美国无线电公司在研发方面的强劲投入改善了彩色显像管的成像技术和家庭的收看效果。其子公司 NBC 也提供了帮助，播出了越来越多的彩色电视节目。20 世纪 60 年代，彩色电视机终于开始腾飞，美国国内各大制造商都争先恐后地涌入这一市场。美国无线电公司向竞争对手出售了许多显像管，也向全国各地的电视台出售了生产和传输设备。沙诺夫在 1958 年预测的 500 万台电视机销量在 1965 年得以实现。

在沙诺夫的引领下，美国无线电公司整合了收音机、电视机和音频录制领域的制造业务，建立了大量的研发实验室，以及生产用于制导导弹和其他军事硬件的电子系统。美国无线电公司经常处于研发的最前沿，但并非总是如此。

沙诺夫并没有积极地在海外市场推广消费电子产品，也没有在海外制造消费电子产品，因为其在海外的营销和制造行为将与美国无线电公司的外国专利授权商产生竞争。因此，美国无线电公司主要将其销售范围和工厂业务限定在北美地区。然而，它在美国、欧洲和日本的竞争对手却将市场拓展到海外，并在其他国家建立工厂。尽管日本官方禁止进口消费电子产品和建立外资制造工厂，但索尼、松下、日立和三菱等日本公司仍大量出口它们的产品。这些公司在其国内受到保护，免受国外竞争对手的影响，制造出了世界一流的设备。其产品在国内高价售卖，而有时则在国外以较低的价格出售。它们充分利用了美国在第二次世界大战后推行的较为自由的全球市场贸易体系。它们还进入了美国国内的分销网络，并通过西尔斯百货和其他大型零售商进行销售。此外，在施加政治压力后，日本人还在美国各地建立了制造工厂。

最终，来自太平洋彼岸的竞争摧毁了美国无线电公司的大部分收音机和电视机业务，以及几乎整个美国的消费电子行业。随着第二次世界大战后日本经济的奇迹复苏，其廉价收音机如雨后春笋般涌入美国市场，美国制造商在全国收音机市场的份额从 20 世纪 50 年代中期的 96% 下降到 1965 年的30%。到 1975 年，这个数字几乎为零。后来，这种现象又在黑白电视机和彩色电视机领域重现。

这种现象的产生主要有两个原因。

首先，日本企业在第二次世界大战后很好地吸取了教训。它们将美国的制造技术应用到了自己的工业和劳动体系中，提高了生产质量，并保护了国内市场免受竞争（就像美国在 19 世纪所做的那样）。其次，日本人是晶体管新技术的早期采用者。晶体管是 1947 年美国电话电报公司贝尔实验室发明的一种革命性设备，它的体积比真空管更小，能耗也更少，但它可以发挥同样的效能。尽管美国无线电公司曾经是真空管技术的领导者，但它的研发实验室并没有专注于晶体管。相比之下，德州仪器（Texas Instruments）、摩托罗拉（Motorola）、索尼等公司则在晶体管上投入了大量的研发资金。20 世纪50 年代中后期，晶体管已经成为行业标杆。更重要的是，晶体管将成为印刷电路和微处理器等技术长远发展的基础，这些技术使计算机和今天移动设备的广泛应用成为可能。

此后，美国无线电公司在计算机领域仍然存在管理上的失误。虽然该公司具备所需的专业技术，但在制造和营销方面却有所欠缺。1970 年，美国无线电公司退出了计算机市场，这一决策使其损失了大约 1/4 的净资产。然而，比资产损失更严重的是研发产出所遭受的挫折。一位美国无线电公司的工程师曾这样说道："我们在计算机研究和工程上浪费了整整一代人的时间，其结果却让真正的'奶牛'——彩色电视机——饿死了。"

美国无线电公司还犯了其他战略性错误。20 世纪 60 年代，它加入了企业集团的队伍，即将许多互不相关的企业合并到一个大型企业组织进行统一管理。企业集团通常由 CEO 领导，这说明其更关注短期利润。德事隆（Textron）、国际电话电报公司（ITT Corporation）、全美人寿保险公司（Transamerica）和海湾西部公司（Gulf +Western）都是著名的企业集团。

美国无线电公司首先收购了出版商兰登书屋（Random House），尽管兰登书屋不是生产电子产品的企业，但此举被视为其向通信领域的延伸。戴维·沙诺夫的继任者——他的儿子罗伯特，后续收购了赫兹租车公司（Hertz Rent-A-Car Company）、宝冠地毯（Coronet Carpets）、宴会食品（Banquet Foods，主营冷冻食品）、一家高尔夫服装公司，以及许多其他与电子产品无关的企业。

尽管在改进彩色电视机方面还有很多工作要做，但美国无线电公司的管理层依然决定将研发重心从彩色电视机转移到其他电子产品上。它的研发团队发明了影碟机（VideoDisc）。就像留声机可以播放录制好的音乐一样，每当观众想看过去的电视节目时，影碟机就可以播放录制好的电视节目。但问题是，其他公司也生产了各种各样的播放设备，而美国无线电公司的设计并不是最好的。美国无线电公司把公司的赌注押在了影碟机上，有点狂妄地认为它会成为行业标杆，但最终它却一败涂地。

其他公司，如杜邦和施乐（Xerox），也形成了类似的高研发投入的实验室科研文化，其中许多项目与未来的商业产品有些许关联。负责相关工作的科学家们往往只从事他们感兴趣的项目，但这些项目几乎没有潜在的商业价值。

在美国无线电公司内部，研究实验室演变成了公司部分人员所谓的"乡村俱乐部"。美国无线电公司的实验室有稳定的资金来源，即独立于公司运营部门的专利许可费，因此不完全受预算管理的控制。新泽西州的实验室和印第安纳波利斯的制造经理之间的关系由此变得紧张起来。自20世纪20年代以来盛行的科研文化在20世纪70年代造就了一种难以为继的局面：公司的研发部门无法为公司的利益最大化服务。

美国无线电公司管理不善的教训

戴维·沙诺夫和他的继任者未能成功遵循他30岁在哈佛商学院演讲时提出的主张：美国无线电公司的管理者们没有坚持对技术的个人理解，也没有任何关于引领技术和市场影响力的卓越见解。因此，他们未能将两者融合在一起以获得商业上的成功。对彩色电视机的忽视、企业集团的多元化、在计算机和影碟机上的高额投注等灾难性做法，都是明显长期管理不善的例子。这一切的根源可能正是美国无线电公司未能形成分权决策的管理模式。

如同20世纪20年代的福特汽车公司一样，美国无线电公司对客户的需求关注不足，并且权力过于集中。尽管戴维·沙诺夫比亨利·福特更老练，但他慢慢地也开始盲目相信自己不会犯错，过度集权决策，且长期掌权。他对企业文化的引领作用使得像影碟机、计算机这样的灾难性决策事件时有发生。

和福特汽车公司一样，美国无线电公司的盈利情况并不如预期。沙诺夫一度将利润投入研发中。可能有些人会争辩说，这种策略有利于造福整个社会，即使它是以牺牲公司为代价的。但这反过来又提出了另一个问题：企业经营的目的究竟是什么？美国无线电公司的研究推动了黑白电视机和彩色电视机的发展，如果没有它慷慨的研究投入，电视行业的发展速度不会那么快。沙诺夫将他的公司定位为推动国家电子产业发展的公用事业，其目的并非实现美国无线电公司的股东和员工的利益，而是实现国家利益和个人荣誉。在这方面，他更像技术先驱亨利·福特，而不像高明的商人阿尔弗雷德·P. 斯隆。

沙诺夫和福特有很多相似之处。他没有培养接班人，也不鼓励管理层有独立见解，更没有建立常规的组织架构；他还经常对自己知之甚少的事情妄加评论；他拒绝闲聊，也不与同事建立亲密关系；他在会议要点确定后就立即让访客和员工离开；他独断专行，以至于日程安排总是满满当当的，这令人感到不可思议。

沙诺夫对技术进步的不懈追求确实持续激励着美国无线电公司新泽西研究实验室的众多科学家和工程师。实验室从卡姆登搬到普林斯顿，并更名为戴维·沙诺夫实验室，对沙诺夫而言，这些实验室是美国无线电公司的"心脏"，而公司的其他部分是只有在"心脏"正常工作后才会发挥作用的身体器官。正如美国无线电公司工程师卡尔·德雷尔（Carl Dreher）所说，沙诺夫的方法"需要定期的技术革新，可在当时看来并没有任何突破的可能"。

1965 年，74 岁的沙诺夫退休了。1986 年，当通用电气重新收购美国无线电公司时，该公司唯一有价值的资产是全国广播公司的网络。戴维·沙诺夫实验室则被毫不犹豫地卖掉了。

高科技市场的风险

20 世纪 70 年代，美国消费电子行业的整体衰退，不能仅仅用戴维·沙诺夫和美国无线电公司的故事来解释。无人知道下一个热门产品会在哪里出现，公司所能做的只是不断做出代价极高的研发决策。但与此同时，只要现有产品不被淘汰，任何公司都不能忽视对现有产品的逐步改进。

国家产业生命周期的复杂变化也是原因之一，这一现象在三次工业革命中曾反复出现过。例如，在 18 世纪晚期的第一次工业革命期间，以机器为基础的纺织制造业在英国蓬勃兴起。19 世纪，它传播到其他工业化国家，并在 20 世纪逐渐扩展到发展中国家。第二次世界大战后，日本借鉴了美国无线电公司、通用电气、西屋电气和其他电视机制造商的经验。但在 20 世纪后期，日本也遭遇了类似的命运，当时其国内的高工资促使索尼、松下、日立和其他公司将一些制造业转移到墨西哥、马来西亚和中国，日本企业因此适应了市场的变化。尽管通用电气和西屋电气都剥离了自己的消费电子部门，但它们却没能独善其身。

地缘政治力量与国家产业的生命周期一同塑造了美国消费电子行业。美国政府在国防项目上的支出改变了许多高科技公司的内部研发性质。例如，1940 年，美国电话电报公司仅将其研发预算的 2.5% 用于军事项目；1944 年，这一比例飙升至 85%。1941 年，美国联邦科学研发办公室（The Federal

Office of Scientific Research and Development）成立，旨在协调与战争有关的研发工作，并于 1950 年更名为美国国家科学基金会（National Science Foundation，NSF）。在此后的几十年里，NSF 主导了美国研发的总体方向。有观点认为，政府对军事研发的投资对于美国赢得冷战至关重要，甚至可能是决定性因素。政府在计算机上的支出使 IBM 和其他美国公司遥遥领先于国外竞争对手，这一领先优势迅速扩展到了民用市场（波音公司在飞机制造领域也是如此）。

外部条件的变化也是一个突出的问题。在持续的国内繁荣、巨额的冷战国防开支及缺失有效国外竞争的背景下，美国无线电公司和许多其他美国公司在 1945—1965 年逐渐变得强大、盈利丰厚、自鸣得意。并非所有公司都像 IBM 和波音那样成功，如同美国无线电公司那样，这些公司未能把军用研发成果转化为民用市场产品。在 20 世纪的最后 30 年里，当许多行业的消费市场变得更加国际化、竞争更加激烈时，那些公司并没有迅速对日益激烈的竞争做出反应。那时，面对欧洲和日本战后的经济复苏，美国工业的领先地位开始动摇——这是一个可以预见的结果，但其发生的速度远超预期。

随后，国际竞争对美国的消费电子产品、机床、橡胶轮胎、钢铁和汽车行业的企业带来了致命打击。当美国消费者能够以更低的价格购买到索尼或松下提供的类似或更好的电视机时，他们便不会去购买美国无线电公司的电视机。许多美国经理人未能对本地、国内乃至国际市场保持持续的警觉，以及对消费者需求保持持续的关注与响应。他们的失败始于电视机，并延伸到录像带、影碟机、计算器、传真机、文字处理软件、个人计算机、电子游戏、手机及互联网等众多领域。

化工、制药和生物技术

20 世纪末，美国企业在诸如化工和制药等研究领域取得了蓬勃发展。这些企业更善于应对不断的变化，并在这个过程中催生了一个新兴的产业——生物技术。

化工

自 1945 年以来，可能除了信息技术以外，没有哪个行业对美国经济增长的贡献能够超过化工行业。1945—1973 年，化工行业的增长率是美国整体经济增长率的 2.5 倍。在 20 世纪 70 年代中期之后的几十年里，随着经济增长放缓，美国化工企业意识到，它们不能再将大量研发资金投入到无法带来商业成功的项目中。于是，杜邦和其他一流公司减少了对基础研究的投入和对国防合同的依赖，确定了自身的核心竞争力，而且更加关注客户需求。尽管这一策略导致它们失去了部分市场份额，但它们依然持续盈利。

美国企业并不是全球化工领域的先行者。20 世纪早期，三家德国公司——拜耳（Bayer）、赫斯特（Hoechst）和巴斯夫（BASF）成了该行业的领导者。这些公司的员工主要是德国科学家和工程师，并且他们在染料、氨基肥料和合成药物（如阿司匹林）方面取得了领先地位。第一次世界大战期间，美国政府禁止进口所有德国产品，那些使用德国专利的美国企业趁机在受保护的国内新市场中抢占了先机。

第二次世界大战和冷战期间，美国的化工企业提供了军需品，并在"婴儿潮"期间及之后提供作物肥料、杀虫剂与合成纤维，以满足人们对食物和服装日益增长的需求。在战后国际市场开放后，它们还将多种化工产品推广到海外市场。21世纪初，诸如涤纶纤维、莱卡弹力纤维和特卫强（Tyvek）建筑保护膜等品牌产品已经在世界各地随处可见了。这些产品，以及大部分在第二次世界大战后创造的其他产品，都是有机化学领域"聚合物革命"的成果。

有机化学品含有碳元素，其中大部分是从曾经存活的生物体中循环利用的。碳的分子结构使其能与多种元素形成四个对称键，从而形成无限循环的分子链。这些分子链反过来又构成从DNA到塑料的各种天然和人工化合物（聚合物）的基础结构。聚合物是一种由这些重复结构单元所组成的有机化合物或复合混合物。合成聚合物可以被设计成具有特定牢固性和灵活性的混合物，并且易于大规模生产。美国化工企业在合成聚合物领域的开发对美国国民经济具有极其重要的意义。

在20世纪30年代聚合物革命的初期，石油取代了煤成为有机化学品的主要原料，同时石油公司也参与到对聚合物的研究中。第二次世界大战期间，新泽西标准石油公司［Standard Oil，即埃克森（Exxon）］、百路驰公司（BFGoodrich，BFG）和其他公司研发了合成橡胶；其他公司，包括菲利普斯石油公司（Phillips Petroleum）和加利福尼亚标准石油公司［Standard Oil of California，即后来的雪佛龙（Chevron）］也都建立了石化部门，并大规模生产新型合成产品。

石油公司和化工巨头，如杜邦、孟山都（Monsanto）、陶氏（Dow）和3M公司，似乎有能力把石油转化为任何东西。20世纪末，它们生产出了天然纤维替代品（尼龙、腈纶、聚酯）、木材替代品（塑料镶板、玻璃纤维）、布基胶带［透明胶（Scotch）］、玻璃替代品［卢西特（Lucite®）、亚克力玻璃（Plexglass®）］，以及包括乳胶漆和清漆、绝缘体材料、黏合剂和合成建筑材料在内的许多其他产品。BFG 成了最大的聚氯乙烯（PVC）生产商，PVC 被广泛应用于管道、家具、门窗等现代产品中。

要追溯化学工业的历史，可以看一下孟山都和杜邦这两家重要公司的发展历史。在整个 20 世纪和 21 世纪初，随着这两家公司从化学领域转向生物技术领域，它们的经营策略和组织架构都相应发生了改变。

1901 年，孟山都公司在圣路易斯成立，主要生产人工甜味剂——糖精。到 1915 年，孟山都公司发展成为一家生产咖啡因和香草醛的中型企业，并最终成为阿司匹林的最大生产商。第二次世界大战期间，该公司从政府合同中获利，开始不断壮大并开展多元化经营。在战后时期，作为草坪肥料的主要生产商，它从"婴儿潮"带来的郊区住房建设红利中获得了一些好处。20 世纪 50 年代中期，孟山都公司收购了一家石油公司以确保原料供应，并成为世界农业化学领域的领导者，它生产的农达（Roundup）则成了当时最畅销的除草剂之一。

孟山都公司的产品虽然盈利颇丰，但也招致了负面报道和一系列法律诉讼。20 世纪 60 年代初，蕾切尔·卡森（Rachel Carson）在其所著的《寂静的春天》（*Silent Spring*）中提醒公众注意孟山都公司最畅销的杀虫剂之一——滴滴涕（DDT）的危害性。与陶氏化学公司一样，孟山都公司是橙剂（Agent Orange）的主要生产商。橙剂是美国军方在越南战争中使用的一种化学武器，它伤害了无数人，其中既包括越南人也包括美国士兵。其危害问题至今仍未解决。孟山都公司还必须支付罚款来清理被多氯联苯（PCBs）污染的场所，多氯联苯在 1979 年被美国国会禁止使用。

杜邦公司于 1802 年在特拉华州成立，当时是一家小型火药制造商。20 世纪 20 年代，杜邦的主营业务转向了化工产品，如油漆、清漆、玻璃纸

（源自法国）和人造丝（也是从法国公司购买的专利）。自 20 世纪初，杜邦开始致力于实验室研发，并时常与美国政府进行项目合作，这使得杜邦一直领先于竞争对手。1934 年，杜邦合成的聚合物尼龙成为其最赢利的产品。尼龙既可单独使用，也可以与其他材料混合使用，被广泛用于服装、降落伞、航海绳索和轮胎等领域。21 世纪初，尼龙为杜邦带来了超过 200 亿美元的利润。

值得注意的是，尼龙和氯丁橡胶（合成橡胶）都是在 20 世纪 30 年代被偶然发现的。这些发现促使杜邦管理层加大了对基础研究的投入。杜邦的发明——尼龙、奥纶和聚酯——几乎彻底改变了地毯、纺织和服装行业。20 世纪 80 年代，美国制造业中使用的纤维有超过 70% 是合成材料，而不是传统的棉花、羊毛、亚麻和丝绸。

纵然杜邦支持基础研究，但仍有数百个研究项目未产生商业化的成果。顾客普遍拒绝了两种最初看来很有潜力的材料：奎阿纳［（Qiana），一种人造豪华丝绸］和科芬［（Corfam），一种合成皮革］。20 世纪 70 年代，随着新型"免烫"100% 纯棉产品的推出，顾客偏好急剧转变，又开始不再青睐合成面料了。

然而，杜邦与孟山都、陶氏等其他美国化工企业一样，在多个市场上保持着领导地位。通过收购大型石油公司康龙科（Conoco），杜邦确保了其石化原料的稳定供应。20 世纪 70 年代至 80 年代，杜邦重组了产品线，剥离了低利润的商用化学品，以专注于特种化学品和高科技产品。与电子行业的美国无线电公司不同，杜邦愿意听取并回应客户的需求。它的"乡村俱乐部"实验室得到了董事会的认可，而且在产品营销方面也做得很好。

孟山都和杜邦是 20 世纪中叶化工企业的领头羊，21 世纪初，它们成功转型为生物技术企业。要想了解这一切发生的背景，我们需要观察一下制药行业的发展。

制药

制药行业与其他行业最大的不同在于，开发新药的公司需要在研发上投入巨额资金，而且无法保证回报。新合成药只有大约 1/10000 的机会能够上市。因此，几乎每一种新上市药品在投入使用之前，其研发成本都要高达数亿美元。专利法也对该行业的经济状况产生了重大影响。由于药物专利的有效期仅为 20 年，而其中一些时间要用于药物试验，所以公司被迫要在短时间内（有时仅 5 ~ 7 年）弥补严重的研发费用亏损。一旦专利到期，任何公司都可以生产和销售比原产品价格更便宜的"仿制药"。总之，高昂的研发费用和短期专利保护的相互作用，导致制药公司推向市场的许多新药的价格非常昂贵。同时，药品的更新换代也影响了这个行业。例如，在 1965 年最畅销的 30 种处方药中，到 1980 年只有 4 种仍然处于前 30 名，这一趋势一直延续到今天。考虑到不可避免的高额资本投资，少数几家雄心勃勃的制药公司已经发展成行业巨头，同时鉴于所涉及的规模经济，大多数成功的公司都试图在全球分销其药品。

自 1920 年以来，美国的制药行业取得了惊人的发展。1929 年，在美国销售的药品中，处方药仅占 32%；40 年后，这一比例增至 83%。自第二次世界大战结束以来，新药物层出不穷。在大部分地区，抗生素几乎消灭了困扰人类数千年的疾病，如天花、麻疹、疟疾和脊髓灰质炎等。自 20 世纪 50 年代开始，精神药理学的突破使百忧解（Prozac）、帕罗西汀（Paxil）、阿普唑仑（Xanax）和类似的药物改变了数百万抑郁症患者的生活。

除了抗抑郁药外，美国的制药行业还生产镇静剂、避孕药、抗组胺药和许多其他"抗"类药物，包括抗炎、抗癌、抗溃疡、抗高血压、抗高胆固醇、抗脱发和抗阳痿等药物。21 世纪初，全球消费者每年在药品上的支出总额已超过 5000 亿美元，其中 1/3 发生在美国。2015 年，美国人均药品支出费用为 1394 美元，居世界首位，加拿大与日本位居其后，分别为 761 美元和 756 美元。

20 世纪 40 年代至 50 年代，美国在制药行业一直处于领先地位，然后在 20 世纪 60 年代至 70 年代逐渐衰退。但到了 20 世纪 80 年代至 90 年代，美国的制药行业强劲复苏，并推动了生物技术领域的科学革命。21 世纪初，世界上最大的制药公司中有一半以上的总部设在美国。最注重科学的公司如辉瑞（Pfizer）、默克（Merck）、雅培（Abbott）、礼来（Eli Lilly），以及其英国和欧洲的同行［葛兰素史克（GlaxoSmithKline）、赛诺菲—安万特（Sanofi Aventis）、诺华（Novartis）］等，每年在研发上都要花费数十亿美元。这些公司大多经历了多次合并和收购。

在 20 世纪的最后 30 多年时间里，制药公司制定了新的管理战略。它们在拥有专利垄断权的短暂时间内，对"特效"药物收取较高的费用。这个被批评者称为"大型制药公司"的行业拥有整个制药产业中最大的宣传网络。各公司加紧努力以实现全球分销。从 1997 年开始，制药公司开始通过报纸、杂志和电视广告直接向美国消费者宣传新处方药。大企业的广告和宣传费用超过了它们在研发上的投入。

大多数医生和营利性医疗保健公司都反对药品直销广告，这反映了 20 世纪消费者日益增长的权利。虽然消费者可能对药理学知之甚少，但他们往往最能判定何时需要医疗护理，在那时也更倾向于尝试新的治疗方法。此外，21 世纪 20 年代，消费者可以从互联网上收集到大量的信息，包括哪些药物正在进行联合测试，从而向美国食品药品监督管理局（Food and Drug Administration）的监管者施压，要求他们加快试验。早在互联网使信息唾手可得之前，艾滋病的关爱者们就使用了这种策略。与之相反的趋势是强烈抵制匆忙上市的药物，以默克公司销售的抗炎药——伟克适（Vioxx）为例：2004 年，伟克适被发现会增加中风和心脏病发作的风险，于是默克公司迅速将其撤出市场，并在 2005 年开始在众多相关法律诉讼中为自己辩护。

虽然医药行业的商业发展既重要又饱含争议，但与特效药物给数百万人带来的不可估量的药效相比，这些就显得有些苍白无力了。如今，即使在美国，很多药物的价格对大多数个人和医疗保健机构来说依旧难以负担。如何让全世界更多的人买得起这些药物是未来的一大挑战。

生物技术

虽然生物技术公司与制药公司在科学领域是相关的，但它们在规模和其他方面迥然不同。21 世纪初，美国成立了包括基因泰克（Genentech）、百健艾迪（Biogen Idec）和健赞（Genzyme）在内的 1300 多家生物技术公司。它们大多数规模较小，专注于纯粹的研究，并致力于保持创业文化。其中一些公司由大型制药公司或风险投资家控股，或者与大学合作。它们都受益于"人类基因组计划"（1990—2003 年）这个巨大的非营利性项目，该项目由联邦政府资助。这些生物技术公司乐于和私营公司分享其惊人的人类 DNA 图谱研究成果。它们在早期很少盈利，但有望在未来的基因工程领域创造奇迹，所以人们认为这些公司具有很大的发展潜力。

在生物技术领域探索未来的除了这些典型的小企业，还有一些拥有截然不同商业文化的大企业。孟山都和杜邦就是美国最大的两家生物技术公司，尽管大多数人可能不太清楚这一点。

20 世纪末，孟山都从一家化学公司发展成一家农业生物技术公司。除草剂专利的丧失促使该公司加大了研发投入。该公司剥离了旗下的石油公司和大部分化工业务，以便专注于生物工程作物的研发。2000 年，当孟山都的农达除草剂中关键化学成分的专利到期时，它在世界除草剂的市场份额便开始萎缩。为了挽救不利局面，管理层采取了一项以减少污染和提高世界粮食供应为重点的企业战略。孟山都加倍重视水果、玉米、大豆和其他蔬菜，以及最为重要的棉花种子的抗虫和抗除草剂种子的研发，这些措施使其在 2006 年引领了美国市场。孟山都重组了研发部门，目的是通过使用转基因生物（GMOs）找到更好的种植全球农作物的方法，但负面舆论一直笼罩着这家公司。欧洲人将这类食品贴上了"科学怪物食物"（Frankenfoods）的标签，这反映了人们对转基因食品的普遍担忧。国内的环保主义者同样抨击了该策略。尽管如此，从 20 世纪末到 21 世纪初，转基因生物的使用在美国各地都有所增加，而欧洲在很大程度上禁止使用它们。2010 年后，人们开始质疑转基因作物的产量是否超过了天然作物的产量，以及转基因生物是否损害自然环境，但人们对此尚未得出明确的结论。

重组后，孟山都将其两个主要部门命名为种子部和基因部。它的另一个大部门——农业生产部继续负责生产和销售除草剂。孟山都不再把自己看作一家化工公司：2007 年，其网站宣布"我们是一家农业公司"。2016 年，该公司将自己标榜为一家致力于可持续发展的农业公司，这表明环保运动对美国企业战略和公共关系产生了巨大的影响。

杜邦也对其企业战略进行了调整，于 1998 年剥离了它的石油子公司，并从获得的收益中拿出约 200 亿美元用于农业生物技术的研发。随着公司将其大部分著名的纤维业务（尼龙、涤纶、莱卡和聚酯）出售给一家名为英威达（Invista）的新公司，大量的撤资和规模缩减随之而来。杜邦保留了凯夫拉和特卫强品牌，以及其传统的油漆和涂料处理业务，并加大了电子产品的相关技术研发。和孟山都一样，它也涉足转基因种子和其他农产品领域。2015年，杜邦超过 57% 的销售额来自国外，该公司对亚洲新兴市场抱有极为乐观的态度。

孟山都和杜邦做出的这些重大调整源于遗传学、IT 和其他领域研发工作的融合，这使处方药、综合农业企业和聚合物都享有一个共同的研发平台。这个名为"基因组学"（Genomics）的平台为新产品的工程设计提供了无限的潜力空间，这些产品涵盖了从碳氢化合物到药品，再到碳水化合物的各种有机化学物质。新形势带来了明显的挑战，但也创造了不同寻常的机遇。化学和制药行业不断灵活地调整它们的研发和商业模式，以响应消费者的需求（这恰好是戴维·沙诺夫和美国无线电公司未能成功做到的），这也正是它们在 21 世纪初能够持续取得成功的原因。

第七章精选资料

关于战后时期研发方面的著作，读者可参见 S.M. Amadae 所著的 *Rationalizing Capitalist Democracy: The Cold War Origins of Rational Choice Liberalism*（2003），该书叙述了冷战和兰德公司如何对经济学家和知识分子的思想产生影响。

关于无线电的起源和早期发展，权威的文献来源包括：Hugh G.J. Aitken 所著的 *The Continuous Wave: Technology and American Radio, 1900–1932*（1985），这本书讲述了美国无线电公司的发展史；Marc Raboy 最近出版了一本关于 Marconi 的传

记，即 *Marconi: The Man Who Networked the World*（2016）[①]。关于文化历史学家的观点，可参考 Susan Smulyan 所著的 *Selling Radio: The Commercialization of American Broadcasting*（1994）。关于技术、广告和节目内容之间的关联，可参考 Michele Hilmes 所著的 *Radio Voices: American Broadcasting, 1922–1952*（1998）。"将无线电听众描述为积极抵制营利主义的人"源自 Kathy M. Newman 所著的 *Radio Active: Advertising and Consumer Activism, 1935–1947*（2004）。Elizabeth Fones-Wolf 所著的 *Waves of Opposition: Labor and the Struggle for Democratic Radio*（2006）是一部关于 20 世纪 20 年代至 60 年代劳工有组织地争取收听广播时间的优秀著作。Stanley S. Miller 等人所著的 *Manufacturing Policy: A Casebook of Major Production Problems in Six Selected Industries*（1964）对电子工业的性质及其从 20 世纪 50 年代到 60 年代初的历史进行了精彩介绍。在这本书中，有关电视和电子工业的资料是由麦克劳在哈佛商学院的同事 Richard Rosenbloom 编写的。另一部关于研发的重要作品是 Stuart W. Leslie 所著的 *The Cold War and American Science*（1993），该书的主要研究对象是斯坦福大学和麻省理工学院。在 Patrick R. Parsons 所著的 *Blue Skies: A History of Cable Television*（2008）中可以了解有线电视的历史。Atsushi Akera 所著的 *Calculating a Natural World: Scientists, Engineers, and Computers during the Rise of U.S. Cold War Research*（2007）则聚焦于冷战初期计算机、公私关系和研发之间的关联。

关于 David Sarnoff 的职业生涯，资料来源于 Kenneth Bilby 所著的 *The General: David Sarnoff and the Rise of the Communications Industry*（1986）。Bilby 是 Sarnoff 的亲密伙伴，他本人也是一名美国无线电公司的高管。读者还可参考：David Sarnoff 所著的 *Looking Ahead: The Papers of David Sarnoff*（1968）；Carl Dreher 所著的 *Sarnoff: An American Success*（1977），该书作者是一位与 Sarnoff 和美国无线电公司有长期联系的技术专家；Eugene Lyons 所著的 *David Sarnoff: A Biography*（1966）是一部偶像化传记；Tom Lewis 所著的 *Empire of the Air: The Men Who Made Radio*（1991）讲述了 Sarnoff、Lee de Forest、Howard Armstrong 和其他行业先驱者的职业生涯。

---

① 马克·拉伯伊. 古列尔莫·马可尼传：联络世界的人［M］. 蔡留琴，殷倩，译. 长沙：湖南科学技术出版社，2022.

其他有关美国无线电公司的资料源自：Margaret B.W. Graham 所著的 *The Business of Research: RCA and the VideoDisc*（1986），书中的分析颇有见地；Robert Sobel 所著的 *RCA*（1986），其中包含一些有用的统计数据；*Fortune* 杂志从 20 世纪 30 年代到 80 年代频繁发表的关于美国无线电公司和电子工业的文章，其中以下几篇特别有用："RCA's Television"，载于 *Fortune*, September 1948；Lawrence P. Lessing 撰写的 "The Electronics Era"，载于 *Fortune*, July 1951；"C.B.S. Steals the Show"，载于 *Fortune*, July 1953；David Sarnoff 撰写的 "The Fabulous Future"，载于 *Fortune*, January 1955，这篇文章列举了一些 Sarnoff 的夸张言辞；William B. Harris 撰写的 "R.C.A. Organizes for Profit"，载于 *Fortune*, August 1957；Walter Guzzardi, Jr. 撰写的 "R.C.A.: The General Never Got Butterflies"，载于 *Fortune*, October 1962；Bro Uttal 撰写的 "How Ed Griffiths Brought RCA into Focus"，载于 *Fortune*, December 31, 1978；Peter Nulty 撰写的 "A Peacemaker Comes to RCA"，载于 *Fortune*, May 4, 1981；"The Colossus of Conglomerates Moves Away from Smokestacks by Buying RCA"，载于 *Fortune*, January 1, 1986。

有关电视机行业的文献，读者可参考 James L. Baughman 所著的 *Same Time, Same Station: Creating American Television, 1948–1961*（2007），可将其作为入门读物。读者还可参考 Hugh R. Slotten 所著的 *Radio and Television Regulation: Broadcast Technology in the United States, 1920–1960*（2000）。关于电视机对美国文化多方面影响的报道超出了本书谈及的范围，读者可参考以下作品：Erik Barnouw 所著的 *Tube of Plenty: The Evolution of American Television*（1970）；Jerry Mander 所著的 *Four Arguments for the Elimination of Television*（1978）；George Comstock 等人所著的 *Television and Human Behavior*（1978）；Carl Lowe 编著的 *Television and American Culture*（1981）；Joseph Turow 所著的 *Breaking Up America: Advertisers and the New Media World*（1997）[①]。

本章通过美国无线电公司的故事为读者展示了美国工业企业的骄傲自大和随之而来的衰落，这一主题在 20 世纪 80 年代出版的许多著作中都有阐述，如 Robert C. Hayes、Steven C. Wheelwright 和 Kim B. Clark 所著的 *Dynamic Manufacturing: Creating*

---

① 约瑟夫·塔洛. 分割美国：广告主与新媒介世界［M］. 洪兵，译. 北京：华夏出版社，2003.

the Learning Organization（1988）就是一个很好的例子。此外，还有大量关于美国在电子和其他行业面临日本挑战的著作，其中包括：Thomas K. McCraw 编著的 *America Versus Japan: A Study in Business–Government Relations*（1986）；Philip J. Curtis 所著的 *The Fall of the U.S. Consumer Electronics Industry: An American Trade Tragedy*（1994）；David Schwartzman 所著的 *The Japanese Television Cartel: A Study Based on Matsushita vs. Zenith*（1993）。读者还可参考：麻省理工学院工业生产率委员会（MIT Commission on Industrial Productivity）撰写的 "The Decline of US Consumer Electronics Manufacturing：History，Hypotheses，and Remedies"，载于 *Working Papers of the MIT Commission on Industrial Productivity*，Vol. 1（1989）；Richard Rosenbloom 和 William Abernathy 撰写的 "The Climate for Innovation in Industry：The Role of Management Attitudes and Practices in Consumer Electronics"，载于 *Research Policy*，11（1982）。索尼的联合创始人兼 CEO Akio Morita 所著的 *Made in Japan*（1986）[1] 是一本通俗易懂的关于日本消费电子产品故事的读物。如果想了解该行业历史，读者可参见 Alfred D. Chandler，Jr. 所著的 *The Epic Story of the Consumer Electronics and Computer Industries*（2001）。

关于化学工业和工业研发的形态，读者可参考 David A. Hounshell 和 John Kenly Smith 所著的 *Science and Corporate Strategy: Du Pont R&D, 1902–1980*（1988），该书分析了工业研发领域中集中化与去中心化的相关主题。有关化学品和制药的概述，读者可参见：Alfred D. Chandler，Jr. 所著的 *Shaping the Industrial Century: The Remarkable Story of the Modern Chemical and Pharmaceutical Industries*（2005）[2]；Louis Galambos、Takashi Hikino 和 Vera Zamagni 编著的 *The Global Chemical Industry in the Age of the Petrochemical Revolution*（2007），该书的相关内容还涉及了除美国以外的许多国家。

有关制药产业的著作，读者可参见 Jerry Avorn 所著的 *The Benefits, Risks, and Costs of Prescription Drugs*（2005），书中的分析具有批判性且信息极为翔实。读者还可参见：David Schwartzman 所著的 *Innovation in the Pharmaceutical Industry*（1976）；National Research Council 所著的 *The Competitive Status of the U.S. Pharmaceutical Industry: The*

---

① 盛田昭夫，下村满子. 日本制造［M］. 周征文，译. 北京：中信出版社，2016.

② 小艾尔弗雷德·钱德勒. 塑造工业时代：现代化学工业和制药工业的非凡历程［M］. 罗仲伟，译. 北京：华夏出版社，2006.

Influences of Technology in Determining International Industrial Competitive Advantage（1983）。最新的信息可从药品制造商协会的年度调查报告和该协会的年度 *Fact Book* 中获得。该行业情况也可以通过其他行业出版物进行了解，如 *Pharmacy in History*, *Drug Topics*, and *Chemist and Druggist*。此外，在维基百科中，"制药工业"（pharmaceutical industry）和"生物技术"（biotechnology）都有很长的条目，可以链接到许多子主题，其中一些是具有高度技术性的，另一些是传统的公司历史，读者可参见 Louis Galambos 和 Jane Eliot Sewell 所著的 *Networks of Innovation: Vaccine Development at Merck, Sharp & Dohme, and Mulford, 1895–1995*（1995），这是了解权威制药公司历史的最佳书籍之一。

关于监管方面的著作，读者可参见：Peter Temin 所著的 *Taking Your Medicine: Drug Regulation in the United States*（1980）；Philip J. Hilts 所著的 *Protecting America's Health: The FDA, Business, and One Hundred Years of Regulation*（2003）[1]。

近期的学术著作扩展了我们对制药和医疗保健行业如何出现的认识。Christy Ford Chapin 所著的 *Ensuring America's Health: The Public Creation of the Corporate Health Care System*（2015）聚焦于 20 世纪中期医疗保健的政治经济学。Dominique A. Tobbel 所著的 *Pills, Power, and Policy: The Struggle for Drug Reform in Cold War America and Its Consequences*（2011）表明当下制药领域的改革可以追溯到 20 世纪 50 年代。Andrea Tone 所著的 *The Age of Anxiety: A History of America's Turbulent Affair with Tranquilizers*（2009）和 David Herzberg 所著的 *Happy Pills in America: From Miltown to Prozac*（2009）揭示了镇静剂和抗抑郁药物在美国中产阶级传播过程中复杂的文化、商业和政府关系。有关新闻业对该行业的揭露，可参见：Marie-Monique Robin 所著的 *The World According to Monsanto: Pollution, Corruption, and the Control of Our Food Supply*（2009）；一篇非常有趣的文章——Puneet Kallipara 所著的 "Proof he's the Science Guy: Bill Nye is changing his mind about GMOs" 载于 *Washington Post*，March 3, 2015。

---

① 菲利普·希尔茨. 保护公众健康：美国食品药品百年监管历程［M］. 姚明威，译. 北京：中国水利水电出版社，2006.

特许经营与麦当劳

特许经营伴随着美国经济与社会生活发生深刻的变化而广泛兴起。这一变化为 20 世纪中期之后的创业机会、分权决策制定及消费者权益带来了又一次飞跃。

现代特许经营模式结合了中心化的品牌定位和分散化的运营执行。事实证明，分权决策是一种非常灵活的组织形式，可以将决策权交给最了解问题、能够提供最佳方案的部门。大企业利用自身的管理能力和财务实力，为一线加盟商在知识、个人激励和人力资本方面提供了一定的协助和支持。从这个意义上来讲，这是美国企业发展史上一个重要的里程碑，也是人们始料未及的。

这种情况在企业发展史上并不罕见。几乎没有人能预料到诸如百货公司、邮购公司、便利店、超市和购物中心等零售创新业态的突然出现。现在回过头来看，随着美国人的购买力和生活模式的改变，这些商业模式不仅满足了社会需求，还带来了一些值得商榷的价值观和做法，特许经营也是如此。

特许经营的经济和社会背景

20 世纪 70 年代，自第二次世界大战以来，美国长达 30 年的经济高速增长趋势开始放缓。增长放缓的主要原因可能是 1973 年和 1979 年石油价格的急剧上涨。按通货膨胀调整后的价格计算，"石油危机"导致 1980 年每桶石油的价格大约是 1970 年的 12 倍。这导致 1973—1983 年消费价格指数（CPI）年均上涨 8.2%，创下了美国历史上的最高纪录。（随后 CPI 从 1983—1993 年下降到 3.8%，在 20 世纪末下降到 2% 以下。）

然而，令人奇怪的是，在高通胀的同时，经济却陷入了停滞。经济学家们提出了"滞胀"这样一个新的术语，用来描述这种前所未有的现象。在此期间，许多美国工业（如钢铁、重型机械、汽车、轮胎、机床）失去了其在世界经济中的领导地位。中西部"铁锈地带"[①]的去工业化进程从宾夕法尼亚州西部延伸到俄亥俄州、印第安纳州、伊利诺伊州，随后扩展到密歇根州和威斯康星州。去工业化进程始于 20 世纪 50 年代，并逐步加快。在此期间，日本取代美国成为汽车行业的领导者，这让美国人震惊不已。

随后出现了两种赤字现象。一是贸易逆差。20 世纪 80 年代，美国的石油、消费电子产品、汽车和其他商品的进口数量超过了其出口数量，由此产生了贸易逆差飙升的问题，并一直持续至 21 世纪初。二是国家预算中出现赤字。从 1975 年到 20 世纪 90 年代，联邦政府平均每年的支出比收入多出约 2000 亿美元。美国似乎在同时追求两个相互矛盾的目标——减税以刺激经

---

① "铁锈地带"是指某些工业衰退的地区。20世纪70年代，一些发达国家曾经的老工业基地在经历了重工业化时期的繁荣后走向衰落，大量工厂倒闭，到处是闲置的厂房和被遗弃的锈迹斑斑的设备。因此，这些老工业基地，如德国鲁尔工业区、英国伦敦工业区、美国俄亥俄州被形象地统称为"铁锈地带"。在美国，"铁锈地带"最初是指美国东北部——五大湖附近的传统工业衰退地区，现可泛指所有工业衰退的地区，代表城市有匹兹堡、底特律、芝加哥。——译者注

济增长，同时在越南战争和冷战的军备上投入巨额资金，以期降服苏联。苏联最终解体，其原因可以归结为经济体制的弊端和数十年前就已经存在的一些问题。冷战结束后，美国军费开支的减少和税收的增加缩小了年度预算赤字，并在 1998 年出现了那个年代的首次财政预算盈余。尽管如此，长期的低税收和高支出留下了超过 5 万亿美元的累积国债，而 1998 年美国国民生产总值约为 8 万亿美元。

随着石油价格上涨、贸易和预算赤字的增加，在工厂和办公室里工作的美国人——广大中产阶级，他们的实际工资却根本没有增长。此种经济状况是对美国民众心理的一次沉重打击。在 20 世纪的大部分时间里，大多数美国人的实际工资以每年 2% 左右的速度稳定增长（因此，实际工资每 36 年翻一番）。然而，到了 20 世纪 90 年代中期，大多数蓝领和白领员工的收入在去除通胀因素后却比 1973 年还减少了约 10%（如果按照之前的发展趋势，他们的收入在 20 世纪 90 年代应该比 20 世纪 70 年代多出大约 70%）。此外，美国企业的管理层开始削减医疗、养老金等福利。美国中产阶级财富缩水现象一直持续到 21 世纪。

上述变化也影响到了美国人的工作时长。从 1913 年到 1990 年，美国全职员工每年的平均工作时长从 2600 小时下降到 1600 小时。然而在 20 世纪 90 年代，工作时长又增加到了约 1950 小时，这在所有工业化国家中是最高的。在美国，一人身兼两职的现象并不少见。

随着工作时长的增加，女性就业人数也逐渐增加。一些中低收入家庭由于受到工资下降和福利消失的双重打击，发现每个家庭如果只有一个人去工作已不足以维持生计。值得注意的是，已婚已育女性的劳动参与率在 20 世纪中的每一年都在提高。尤其在 1950 年之后，这一数字急剧上升。劳动力市场中的女性比例从 1950 年的 29% 激增到 2000 年的 60%，已婚女性数量在劳动力市场中的比例从 1950 年的近 23% 增加到 2000 年的 61%，已育女性在劳动力市场中所占比例从 1950 年的 12% 增加到 2000 年的 65%。

以上变化在很大程度上源于女性就业机会（和需求）的不断增加，而且所有这些经济和社会变革促进了小型服务公司的兴起和特许经营企业数量的大幅增加。这些新公司和特许经营门店提供了一系列居家就可以完成的工作，如烹饪、家政和洗衣。20 世纪 90 年代中期，全美国最大的职位来源是食品服务业，它提供了约 900 万个就业岗位。这一变化在美国历史上的任何时候都是无法想象的。现在，消费者在食品上的支出，约有一半用于堂食或外卖。

快餐特许经营门店成了美国人外出用餐的主要选择。这些餐厅的扩张速度如此之快，以至于到了 20 世纪 80 年代，它们每年要为美国民众准备数十亿份餐食。另外，在网络电视黄金时段播放广告的十大品牌中，快餐品牌占据了半壁江山。

美国的特许经营起源于 19 世纪中叶，比如，当时的麦考密克收割机公司（McCormick Reaper）和胜家缝纫机公司（Singer Sewing Machine）等企业授权并培训地方运营商销售其产品、提供融资、向买家展示如何使用产品及提供售后维修服务。汽车经销商在 20 世纪初也如法炮制。

然而，第二次世界大战后，一种全新的特许经营模式出现了。这是一种围绕服务业而不是汽车和其他高价商品的特许经营模式。这种商业模式的特许经营使诸如餐馆和干洗店等小型服务公司能够成功获得以前只有大公司才能取得的优势，这些优势包括给产品提供大幅度折扣、采取行之有效的商业经营模式，以及授以全国广泛认可的品牌。20 世纪 60 年代，便利店、汽车旅馆、干洗店，尤其是快餐店都采用了特许经营的方式。

特许经营逐渐迎合了美国社会的流动性需求。大学生、旅行者和搬到新地区的民众都可以通过这些品牌的服务获益，如麦当劳餐厅、唐恩都乐（Dunkin' Donuts）、金考快印店（Kinko's Copy Shops）和 7-11 便利店。正如假日酒店在 20 世纪 80 年代的一则电视广告中所说："最大的惊喜就是没有惊喜。"作为例证，假日酒店的门店从 1960 年的 162 家增加到 1980 年的 1700 家。

20 世纪 90 年代，美国人口普查报告显示至少有 2000 家不同的特许经营公司监管着 50 多万个零售单位。这些门店的成功率高于独立经营的企业，尽管人们对高出的比率究竟有多少仍然存在一定的争议。20 世纪 90 年代，美国众议院小企业委员会的一项研究表明，所有特许经营门店五年经营成功率为 65% ~ 75%，其中排名靠前的品牌经营成功率为 90% ~ 95%。相比之下，只有 30% ~ 40% 的非特许零售企业能够存活五年。

麦当劳是特许经营商中的翘楚，声称其经营成功率为 98%。该公司成立于 1955 年，20 世纪 80 年代，麦当劳每年至少为 95% 的美国消费者（年龄在 7 ~ 65 岁）提供过服务。麦当劳是全美国最大的牛肉采购商，并且它还消耗了全美国 8% 的土豆。在 1982 年推出麦乐鸡后，麦当劳的鸡肉采购量仅次于肯德基。麦当劳在美国食品市场所占的份额相当于排名紧随其后的三大连锁餐厅份额的总和。该公司的"小丑"——罗纳德·麦当劳（Ronald McDonald）是除了圣诞老人以外，美国儿童最熟悉的"人"。其金色拱门商标先是成了一个国家性的标志，而后又成了一个国际性的标志。1996 年,《纽约时报》专栏记者、作家托马斯·L. 弗里德曼（Thomas L. Friedman）曾经断言："任何开设了麦当劳门店的两个国家都不会彼此开战。"

这些情况在 21 世纪初仍然没有变化。到 2010 年,13 000 家麦当劳每年的总收入约为 300 亿美元,相当于每个美国公民要为其花费 100 美元。麦当劳在美国之外的 120 个国家和地区的餐厅数量超过了 18 000 家。在接下来的五年里,麦当劳的连锁店数量持续增长。到 2015 年,美国本土有 14 000 家麦当劳门店,而本土之外则有 22 000 家门店。

最初专注于提供低价汉堡的麦当劳是如何成为有史以来最伟大的特许经营餐厅和美国企业史上的一个史诗故事呢?那些敏锐而富有创造力的企业家成了这个传奇故事的主角,他们面对机遇时总是保持着开放的态度,愿意接受变革并信任他人。尽管麦当劳的早期管理人员没有任何一个毕业于商学院,但他们却缔造了一家非凡的公司。

麦当劳兄弟

在 20 世纪 30 年代末经营了几年热狗摊后,迪克(Dick)与莫里斯(Maurice)两兄弟于 1940 年在加利福尼亚州的圣贝纳迪诺创办了他们的第一家烧烤餐厅(Bar-B-Q Restaurant)。这是一家简单的汽车餐厅,餐厅的女服务员会给坐在汽车里的顾客送餐。几年后,兄弟俩打破了餐厅的传统:他们推倒了建筑的外墙,安装了平板玻璃窗,从而将厨房向公众开放。1948 年,餐厅在停业三个月后重新开业。开业后的公司位于一栋新建筑内并推出了一种全新的服务理念,莫里斯将其描述为"快捷、低价"。但是它仍然只是一家外卖公司,里面仍旧没有座位。

这家新餐厅只提供 9 种食物(之前有 25 种):汉堡(价格从 30 美分降至 15 美分)、芝士汉堡、薯片(一年后被炸薯条取代)、馅饼、牛奶、咖啡及

3 种软饮料。顾客收到的一切餐具都是一次性的，这反映出了 20 世纪中期的美国文化价值观。顾客离开后，纸杯和包装纸都被直接扔掉，也不需要清洗玻璃杯、盘子或金属餐具，因为这些东西压根就不会被使用。但那时，麦当劳还不是青少年常去的地方，而只是一种家庭餐馆。因为它一贯稳定的质量和低廉的价格，使得圣贝纳迪诺地区那些中低收入的家长们成了它的忠实客户群体，他们希望能带着全家人在这里就餐。

提供高销量、标准化的少品种菜品这一策略，迫使兄弟俩改变了厨房的运作模式。受到亨利·福特流水线的启发，迪克和莫里斯兄弟俩定义了一系列特定的工作岗位，如烧烤人员、油炸人员、柜台人员等。兄弟俩发明了快速定制设备，比如双管分酱机，它可以一次性把番茄酱（一汤匙）和芥末（一茶匙）涂抹在面包上。为了杜绝年轻人来他们的餐馆闲逛，他们关闭了所有的汽车餐厅，并不再雇用女性员工。这些变化吸引了源源不断的顾客，厨房工作人员可以事先烹饪食物，差不多在顾客点餐的同时就能立刻提供新鲜的食物。

1952 年，迪克和莫里斯兄弟俩又做了两次改变。首先，他们再次改变了餐厅的外观。他们与建筑师合作，创建了一个以"金色拱门"为中心的新店铺概念。莫里斯希望这些设计能受到人们的欢迎，并且从远处就能立刻被认出（1962 年，拱门被重新设计，以适应麦当劳的"M"形）。其次，兄弟俩开始向特许经营商授权他们的"快速服务系统"，一次性收费 1000 美元并授权其使用"麦当劳"的品牌名称。最初，他们没有向加盟商提供任何有关运营方面的指导，也没有收取特许权使用费，或者从质量层面上监督加盟店铺。不久，兄弟俩就开始寻找一家全国代理机构，以便更广泛地推广他们的加盟店战略。

雷·克罗克

1954 年某一天的上午 10 点，雷·克罗克把车停在了麦当劳兄弟的餐厅附近，并认真地观察正在发生的一切。当时，克罗克拥有可以同时制作 5 杯奶昔的复式搅拌器的全国代理权，他被麦当劳兄弟订购 10 台复式搅拌器的消息所吸引，特地从芝加哥总部来到圣贝纳迪诺。一家餐馆怎么会需要这么多的机器呢？看着在午餐开始前麦当劳餐厅门口排起的长队，克罗克惊叹不已。他回忆道："那天晚上，我在汽车旅馆的房间里，想象着麦当劳餐厅遍布全美国各地十字路口的情景。"

克罗克的父母都是捷克人，在芝加哥地区长大的他不仅是一个衣着时髦、才华横溢的音乐家，而且还是一个可爱但有时也会头脑发热的年轻人。他高中辍学，白天从事销售工作，晚上在爵士俱乐部演奏钢琴。20 世纪 20年代，他在佛罗里达州的土地热潮中大赚了一笔，然后回到了芝加哥。在之后的 30 年里，他四处游历，先是销售莉莉杯（Lily Cups）①，而后销售复式搅拌器。通过这种方式，他对全美国各地的冷饮柜台和外卖食品业务了如指掌。

在第二次访问圣贝纳迪诺时，克罗克向麦当劳兄弟俩毛遂自荐并很快赢得了兄弟二人的信任，并在 52 岁时成了他们的总代理。他们之间达成合约，克罗克签约的每个特许经营商都将支付 950 美元的加盟费用，然后是支付总销售额 1.9% 的持续特许经营权使用费。这 1.9% 中的 1.4 个百分点归属于克罗克成立的一家公司（即后来的麦当劳公司），其余 0.5 个百分点则直接落入迪克和莫里斯兄弟俩的口袋。克罗克支付所有监督和服务加盟商的费用，麦

---

① 莉莉杯是一款由 Kickstarter 公司开发的女性用品。——译者注

当劳两兄弟实际上一点开销都没有。这笔交易对克罗克来说是非常不公平的，他花了长达六年的时间才摆脱困境。

雷·克罗克颠覆了 20 世纪中期美国快餐特许经营业务的本质。DQ（Dairy Queen）和太妃冰激凌（Tastee-Freez）将地区经营权出售给特许经营商，然后特许经营商再将其转授给相关店铺的经营者。特许经营商有责任监督当地的店铺，但他们很少花费过多精力来完成这项任务。由于大多数建立新体制的人更看重一夜暴富，而不是持续经营，因此特许经营行业往往会吸引急功近利的经营者。大笔资金似乎被用在销售理念、设备和购买原料上，而不是用在经营或管理店铺上。

雷·克罗克则采取了相反的做法，他在一开始几乎没有赚到钱。但是复式搅拌器业务和他在芝加哥郊区开的一家麦当劳店能维持他的生计。这家麦当劳店为克罗克提供了一个成为未来特许经营商个人榜样的机会。他废寝忘食地长时间工作，甚至向前来咨询、有意加盟的人透露了自己店铺的数据。克罗克打算为加盟商提供充分的服务，以便帮助他们取得成功。克罗克认为加盟商的成功将保证他自己作为特许经营者的成功。他的口号是："为自己做生意，但不是靠自己做生意。"

与此同时，克罗克继续完善麦当劳兄弟制定的初始规则。他禁止在店内安装诸如自动点唱机、付费电话和自动售货机等设施，甚至还禁止安装投币式报箱和售烟机。这些设施在其他商店以很低的成本带来了额外的收入，但克罗克不想让店铺陷入杂乱无序的状态，也不想让顾客在店里长时间就餐。20 世纪 60 年代末，来麦当劳消费的顾客既可以选择堂食，也可以选择外带。克罗克通过安装硬塑料材质的座椅来减少在店内长时间就餐的顾客的数量。这种座椅只在短时间内让人感到舒适，是为增加翻台率而设计的。

克罗克为其加盟商提供的服务范围不包括直接销售供应品和设备。他指定了加盟商应该购买的食物和设备，但麦当劳本身不参与制造和销售这些东西。克罗克经常选择那些本身就是小商户的经营者作为其牛肉、奶酪、调味品、面包、杯子和餐巾纸的供应商，而唯一的例外是可口可乐。这些小型供应商最终成为麦当劳系统内部一股不可忽视的力量，其中一些供应商甚至提出了影响麦当劳政策的建议。但麦当劳与它们中的任何一家供应商都没有书面合同，克罗克可以随时终止与它们的合作。这种"握手契约"[①]和传统的伙伴关系精神在麦当劳内部一直延续至今。

克罗克早期在芝加哥向他的高尔夫球友们出售特许经营权的经历很糟糕。这些人拥有其他工作，认为自己是沉默的投资者，不愿意投入沉没成本。这次早期的失败迫使克罗克改变了他招募加盟商的方式。有一段时间，他在宣讲时经常以贝蒂（Betty）和桑迪·阿加特（Sandy Agate）的故事为典型事例——他们是被克罗克在复式搅拌器公司总部的秘书琼·马蒂诺（June Martino）招募的。阿加特从挨家挨户销售《圣经》的推销员转变为麦当劳的特许经营商，并最终成功经营了好几家门店。有一段时间，他们的收入是克罗克收入的四倍，他们帮助克罗克在全国各地建立了 200 多家门店。（不过，克罗克在 1975 年拒绝让他们续签 20 年的特许经营权，将其作为对阿加特曾试图在他们的店里用百事可乐代替可口可乐的回应。）

琼·马蒂诺后来成了克罗克在麦当劳的"协调副总裁"。凭借坚定的意志及多次对克罗克冲动的解雇决定提出不同意见，马蒂诺将最初麦当劳团队

---

① 在克罗克最早创立麦当劳的时候，他意图创立一家采用现代管理模式的公司，但和供货商的关系却采用了古老的商业契约模式，那就是不签订合同。至少在发展早期，麦当劳和全球供应商之间都没有签订商业合同。供应商与麦当劳都处于"握手即朋友"的状态，也就是麦当劳所谓的"握手契约"。基于克罗克的理念"麦当劳是和人而不是公司建立关系"，对合同的轻视、对信义的看重，似乎是麦当劳独特的文化特质。——译者注

中形形色色的人团结在了一起。除了阿加特夫妇，马蒂诺还招募了其他数十名特许经营者，并经常让他们住在她家里，以便考察当地的店铺。她还雇用了她儿子的一位朋友，这位朋友后来接替克罗克担任了麦当劳的领导者。她还说服丈夫路易斯·马蒂诺（Lou Martino）辞去了他在摩托罗拉工程部门的工作，与她合伙经营一家麦当劳店。

路易斯·马蒂诺也是麦当劳发展过程中的关键人物。在说服克罗克建立一个实验室后，路易斯利用它将麦当劳薯条的质量提高到前所未有的高度。他发现土豆从地里取出后，其化学成分便发生了变化。如果将土豆存放三周，其中很大一部分糖分就会转化为淀粉，从而防止过早褐变。与此同时，马蒂诺的团队还必须找到烹饪土豆的最佳温度。经过数月令人沮丧的工作后，他们终于有了一个重大发现：不管油的温度在放入切好的土豆后下降了多少，薯条都是在油温恰好回升 3℃ 时被炸熟。在掌握了这些知识后，马蒂诺和他的同事们发明了一种"炸薯条电子计时器"，它可以在薯条炸好时向油炸厨师发出嗡嗡的提示声。

与此同时，雷·克罗克继续招募特许经营商。更有趣的是，他还参与了门店的选址工作。他乘坐小型飞机或直升机飞越郊区，寻找有"学校、教堂尖塔和新房子"的社区。他认为住在这些社区的家庭将是麦当劳潜在的顾客。此外，郊区附近最新开发的商业用地通常比已建成的成熟社区的房子更加低廉，因此特许经营商在那里更容易租赁或购买到房产。

即便如此，克罗克的特许经营业务还是没有赚到多少钱。这意味着他不能通过借贷进行扩张。幸运的是，20 世纪 50 年代中期，他雇用了一名年轻人，此人加入公司几个月后，克罗克公司的财务状况就发生了翻天覆地的变化。

麦当劳的金融魔法师

哈里·J.索内伯恩（Harry J. Sonneborn）曾就读于威斯康星大学，并在太妃冰激凌公司工作时学习到了特许经营的相关内容。克罗克说："哈里对汉堡包和炸薯条一窍不通，也不关注。他是一个冷酷、对金钱精打细算的人，但我就需要一个这样的人。"索内伯恩先是通过租赁，后来又通过购买土地所有权使麦当劳进入了房地产行业。20世纪80年代，麦当劳已成为世界上最大的零售房地产所有者。其房地产霸主地位和无与伦比的财务成功，主要得益于索内伯恩早期实施的战略举措。

索内伯恩建议麦当劳公司通过自己涉足房地产行业，成为所谓"三明治租赁"①（这种称谓并非双关语，只是一个巧合）的中间环节。麦当劳公司将签订长期租赁合约，然后以固定的比例加价（最初为原始租赁费的20%，然后为40%）将房产转租给特许经营商。总销售额1.9%的年特许经营费不包含在租赁费之内，克罗克后来将年特许经营费提高到了3%。索内伯恩创建了一家名为"特许经营房地产公司"的子公司，其任务是寻找场地并以每年固定的利率租赁20年。之后，他又说服土地所有者将他租赁的土地作为建筑贷款的抵押品。这是一笔为麦当劳的特许经营商建设其店面提供资金的贷款。特许经营商必须偿还建筑贷款利息和本金、第三方租赁费、所有税费和财产保险费用。第三方租赁费大大增加了麦当劳公司的现金流。土地的价值随着时间的推移而增加，同时也增加了特许经营商的房产税。与此同时，特许经营房地产公司唯一一项重要的支出是固定的租赁费。

---

① 三明治租赁是指第三方租赁。第三方租赁的英语"sandwich lease"中的"sandwich"与英语单词三明治"sandwich"是同一个单词。第三方租赁是指房主将房产租给代理机构，代理机构再租给住房者的一种租赁方式。——译者注

在看到一个新的增加收入的机会后，索内伯恩便改变了相关条款，即一旦一家门店的月收入达到一定水平以后，其支付给麦当劳总部的租赁费就会从固定金额转变为该门店总销售额的 8.5%。从长远来看，占门店总销售额的 8.5% 加上 3% 的特许经营费使麦当劳获得了格外丰厚的利润。

麦当劳在 1955 年成立后不到十年的时间里，到 20 世纪 60 年代初期，拥有着可靠的收入来源，但几乎没有自己的资本。于是，索内伯恩在与新特许经营商的协议中增加了缴纳 7500 美元"保证金"的要求，这笔钱的一半金额将在 15 年后退还，另一半将在 20 年特许经营期满后退还。凭借积累的保证金收入，索内伯恩为更多的门店购买了土地。后来，当最初的 20 年租约到期时，麦当劳也经常会把现有的场地买下来。早期购买的土地大多极为廉价，因为购买行为发生在郊区地价大幅上涨之前。最终，麦当劳系统中大约 2/3 的餐厅位于公司所拥有的土地上。索内伯恩的第三方租赁计划和为店面购买土地的计划使麦当劳公司赚得盆满钵满。

此外，市场力量也起到了一定的推动作用。从 20 世纪 60 年代末到 80 年代初，全美国各地的通胀率居高不下。虽然向土地所有者支付的租赁费用依旧保持稳定，但由于整体价格上涨，麦当劳的收入激增。通货膨胀使几乎所有特许经营者支付的租金金额都超过了销售额 8.5% 的条款界限。1967 年售价 15 美分的汉堡在 20 世纪 80 年代初变为 50 美分。那时，该公司从特许经营店获得的利润约 90% 来自房地产收入。这里要强调一点：是房地产使麦当劳总部真正盈利，而不是汉堡。

占总销售额 8.5% 的转租费让各方利益趋于一致。它为麦当劳提供了强大的动力：通过开发新产品、全国广告宣传活动和执行统一标准来最大限度地提高整个系统的销售额。它略微降低了特许经营商的上行收益，但并未封顶。它还让特许经营商更有动力去遵循克罗克严格的"QSC"（质量、服务、清洁）标准。索内伯恩回忆说："我们将租约与特许经营权挂钩。任何违反特许经营权的行为都可能导致租约终止。"这一策略使得租赁法规被运用到了极致，并在法庭上经受住了法律的多次挑战。

在麦当劳发展成为真正的全国性企业之前，并不是索内伯恩制定的所有财务计划都会完全奏效。发展业务需要大量资金作保证，并且在 20 世纪 60 年代早期，投资银行和保险公司仍对特许经营持怀疑态度。克罗克没有接受高薪的请求，而是给了琼·马蒂诺 10% 的麦当劳股份，给了索内伯恩 20% 的股份。但是，麦当劳从哪里获得全国性扩张所需的资金呢？

索内伯恩做了优秀企业家经常做的事情，并开始修改公司的会计制度。他根据特许经营商可能获得的租金收入来估算公司当下的可投资规模，用金融术语来说，就是他将未来的租赁收入资本化了。"这是有史以来最伟大的会计伎俩"，索内伯恩后来表示，"银行家们对此感到既困惑又好奇，因为他们从未见过这种情况，但这确实帮助我们获得了贷款。"因为麦当劳的净资产规模看起来在大幅提升，投资者更愿意为扩张中的企业提供贷款。

索内伯恩接触了几家贷款机构，希望获得一笔巨额贷款。两家保险公司——国家互惠人寿保险（State Mutual Life）和保罗·里维尔公司（Paul Revere），各自同意贷款 75 万美元，以换取麦当劳 10% 的股权。这笔交易还包括 2.5% 的佣金。那时，克罗克对这个条件非常愤怒，但索内伯恩向他指出："拥有 78% 的股份总比什么都没有要好得多，而我们现在就是什么都没有。"财务信誉的建立标志着麦当劳全球帝国的开始。这也使克罗克能够在 1961 年贷款 270 万美元（相当于 2016 年的 2170 多万美元）买断麦当劳兄弟的股份。

1965 年，在公司成立十周年之际，麦当劳首次公开募股。开盘时的价格为每股 22.50 美元，并在几周内升至 49 美元。索内伯恩和琼·马蒂诺大发横财，克罗克持有的股票价值达 3200 万美元。1968 年，麦当劳公司在纽约证券交易所挂牌，并于 1985 年成为道琼斯工业平均指数 30 只优质股票中第一家食品服务类公司。那时，索内伯恩因与克罗克发生争执而退休，而他在美国企业史上至今仍然默默无闻。但作为麦当劳传奇的缔造者之一，他几乎与克罗克同等重要。他的融资策略，在他人未曾察觉之处创造了巨大价值，其之所以奏效，是因为它建立在健全的会计准则之上。

麦当劳是如何运作的

麦当劳之所以能够成为全球领先的特许经营企业，是因为克罗克制定了明确的运营指导方针及分权管理体制，该体制使特许经营商能够自主做出大部分决策，并在整个企业内部共享信息。

促使克罗克从追求短期加盟利润转向专注于长期利润增长的一个关键因素是前文提到的"QSC"标准。克罗克实施了一个由弗雷德·特纳（Fred Turner）开发的严格的检查系统，很快，QSC 就在整个行业中家喻户晓。

特纳于 1957 年被克罗克聘用，刚入职时，他按照克罗克的指示巡视门店并了解运营情况。他按字母等级（从 A 到 F）制作了一份质量、服务、清洁度和整体表现的评估报告。特纳最终雇用了数百名"现场服务督导"，对门店进行突击检查。他最初的 15 页备忘录概述了 QSC 标准，后来演变成了麦当劳公司的"圣经"：一本 600 页的操作手册，该手册详细指导了每磅奶酪要切成 32 片，每个汉堡配 1/4 盎司洋葱等细节。手册中的彩色照片展示了汉堡调料的具体摆放位置。直观的教学影片是对该手册的补充。

1961 年，克罗克和特纳在芝加哥附近一家麦当劳店面的地下室开办了"汉堡大学"，要求所有新的加盟商都必须参加培训。20 年后，该大学扩建，拥有 7 间教室、28 名教职员工和 154 间宿舍。美国教育委员会还批准了该课程 36 个学时的大学学分。随着公司走向国际化，非英语母语的学生可以通过耳机听到用他们的母语播放的教学内容。到 2008 年，教学课程中包含了 28 种语言。到 2014 年，"汉堡大学"每年有 5000 多人毕业，校友人数为 27.5 万。

克罗克和特纳强调标准化统一管理，同时也推行了分权管理，这与阿尔弗雷德·P. 斯隆、尼尔·麦克尔罗伊和费迪南德·埃伯施塔特在其他领域中的做法相似。这种模式加强了公司内部信息的上下流动。例如，麦当劳的许多知名产品最初是由加盟商提出的，如巨无霸、麦满分和麦香鱼［有趣的是，克罗克提出的许多产品建议并未成功，其中一个是呼啦汉堡（Hula Burger），汉堡中包括融化的奶酪和新鲜的菠萝片］。独立供应商也在简化工艺创新方面发挥了作用。克罗克并不认为这些建议是对其权威的挑战，而是把它们当作证明其特许经营优点的力证。

20 世纪 60 年代，麦当劳建立了区域网络来协调与当地门店的合作。1990 年，该公司的业务已分为 35 个领域。与传统中央集权型企业的中层管理者不同，区域运营商咨询委员会对各自的辖区进行监督。每个委员会都由麦当劳公司的管理人员和特许经营商选出的代表组成。他们提出了工资指导方针，推出了新的菜单项目，并与当地的广告企业开展合作。

20 世纪 60 年代末和 70 年代初，克罗克要求特许经营者们重视广告费用的投入。正如他所解释的，运营商国家广告基金（The Operators' National Advertising Fund，OPNAD）"是由特许经营者和直营店自愿捐助销售总额的

1% 来支持建立的……有哪个小商人会不愿意拿出总销售额的 1% 在电视上播放广告来宣传他的店铺呢？"到了 20 世纪 80 年代，OPNAD 已有 60 名成员。每个特许经营者拥有一票，每个广告经理人拥有半票。OPNAD 的季度会议负责监督麦当劳在全国的广告预算，该预算在 2013 年已超过 14 亿美元。

克罗克和特纳集中关注的另一个领域是特许经营权续签的问题。这个问题最早出现在 20 世纪 70 年代中期，当时第一批期限为 20 年的许可证到了需要重新审查续签的时间。两人决定，特许经营者如果在检查记分卡上的平均值未达到 C 级，就会自动丧失续约资格。这些审查措施成了防止加盟商懈怠和提升运营系统性能的有力保障。大约 7% 的许可证被终止，这一比例比任何其他特许经营公司都要高得多，随后也引发了许多法律诉讼。但是由于麦当劳几乎赢得了所有诉讼，所以其特许经营条款成了行业标准。

21 世纪初，每年有超过 20 000 人提出申请要加盟麦当劳。其中每 14 人中就有 1 人能够接受面试，而接受面试的这些人中每 14 人就有 1 人获得了特许经营权。但是，获得特许经营权的人不得不还要等待两年多的时间才能开始运营。

与普遍分权管理交织在一起的另一个集中化因素是"总加盟商"的出现，在其他国家和国际特许经营公司中也经常采用这种模式。单一运营商可以将一家每年总收入 200 万美元的特许经营店转变为一个拥有 5 家门店、收入 1000 万美元的中型企业，或者一个拥有 200 家门店、收入超过 4 亿美元的大型企业。这种多单位特许经营模式为成功的特许经营者提供了重要的创业机会，并使企业监督更加有效。将 5 个特许经营权分别授予 20 名经验丰富的经理人，往往要比将赌注押在 100 名未经考验的申请人身上更实际。克罗克和特纳预留了许多新门店名额，并将它们交给有出色业绩的特许经营商来管理。

国际化

20 世纪 80 年代，麦当劳和其他快餐连锁公司在美国都面临着市场日益萎缩的问题。在这十年中，约有 400 家美国公司在海外建立了近 40 000 家门店，国际快餐连锁店的数量增加了 70% 以上。到 2005 年，麦当劳系统中超过一半的餐厅都是在美国境外运营的。

借鉴 IBM 和其他先驱跨国公司建立的模式，麦当劳试图根据当地文化调整其业务。在日本，它推出了照烧汉堡；在印度，它提供了素肉饼；在德国，顾客可以品尝到加了啤酒的麦香排骨；在挪威，顾客可以品尝到三文鱼汉堡；在乌拉圭，顾客可以买到鸡蛋汉堡——汉堡上放置水煮蛋。

麦当劳同时也在试图淡化其在海外的美国血统。其加拿大业务始于 1968 年，由一名加拿大人经营。在日本的运营最初是由麦当劳（股份 50%）、年轻企业家藤田登（Den Fujita）和第一屋烘焙株式会社（Daiichiya Baking Company，股份 50%）组建的合资企业负责。藤田登很快就收购了第一屋烘焙株式会社的股份，独立经营日本的麦当劳，藤田登在日本几乎和克罗克在美国一样出名。1983 年，日本麦当劳的总销售额超过了当时日本最大的本土快餐连锁店——Sushi Company，后者经营着 2000 多家门店。

麦当劳在世界各地变得如此普遍，以至于《经济学人》（Economist）杂志通过比较不同国家巨无霸的价格来衡量其相对生活成本。例如，2007 年，巨无霸在美国的平均价格为 3.41 美元，在瑞士为 5.20 美元（最高），而在中国为 1.43 美元（最低）。《经济学人》通过这些数据分析了各国货币相对于美元汇率是否被高估或低估。事实证明，该杂志的年度"巨无霸指数"（Big Mac Index）在论证相对生活成本和货币价值方面非常可靠。

因此，基于麦当劳做出的努力，该公司目前仍然是美国消费文化的头号象征。

市场营销、劳工、营养和环境：特许经营的利与弊

尽管麦当劳的表现在过去几十年来一直很成功，但其系统的各个方面及整个快餐业仍受到了严格的审查。然而，要分析该公司对儿童、劳动力、营养和环境等方面造成的影响并不那么容易，积极因素和消极因素并存。

市场营销与儿童

1948年，一个9岁的女孩第一次在迪克和莫里斯经营的圣贝纳迪诺新装修的门店消费。"孩子们喜欢来柜台买东西"，最初的柜台服务员亚特·本德尔（Art Bender）说道——他后来成为克罗克的第一位特许经营商，"他们的拳头里攥着25美分，来到柜台前点了一个汉堡和一杯可乐。他们仍然可以看到车里的妈妈，但他们也可以感到自己的独立性。很快，人们就意识到儿童对生意很有益处，值得重点关注。"

从一开始，麦当劳的大部分电视广告就不出所料地聚焦于儿童群体。许多城市的麦当劳特许经营商利用周六上午比较低廉的广告费率（约为黄金时段的1/4）赞助儿童类节目。华盛顿特区的麦当劳门店制作了一个以小丑为主角的节目，这个小丑很快就让人联想到麦当劳。小丑罗纳德·麦当劳出现在世界各地的电视节目上，由此成了一个著名的广告现象。在中国，他被称为"麦当劳叔叔"（Uncle McDonald）；在日本，他被称作"唐纳德·马卡·多

纳尔多"（Donald Maka-donaldo）。

麦当劳的广告展现了一种简洁的对称美。克罗克对卫生的极致追求，店里赠送的迪士尼角色玩具，以及为儿童制作的"快乐儿童餐"电视广告，都在传达一个信息：麦当劳提供的都是健康和有品质保证的食品。显而易见，麦当劳自始至终都把注意力放在儿童群体上面。无论是店外还是后来在店内设置的游乐场，以及不断推出的快乐儿童餐的赠品（通常与最近上映的迪士尼电影有关），都凸显了麦当劳对儿童的吸引力。20世纪80年代，麦当劳已经占据了7岁以下儿童群体40%的市场份额，比其总体市场份额整整高出10个百分点。正如克罗克所指出的那样，"一个喜欢我们电视广告的孩子如果能带着祖父母去麦当劳，则相当于给我们带来了两个新的顾客"。当克罗克变得富有后，他最喜欢的慈善事业是设立位于医院附近的"麦当劳叔叔之家"连锁机构，该机构为重病儿童的亲属提供了一个舒适且经济的住宿场所。这个设想是在克罗克的倡议下，由费城的一家广告代理公司策划的。这不仅给公司带来了良好的口碑，也加强了公司对儿童问题的关注。

一些人指责麦当劳在赋予了儿童权益的同时也在利用他们。麦当劳的运作方式是鼓励孩子们选择菜单上他们想吃的食物，并许诺他们很快就能吃到。虽然儿童群体并不是顾客中最有利可图的人群，但麦当劳仍希望他们对公司的忠诚度能持续到其成年。

艾里克·施洛瑟（Eric Schlosser）的畅销书《快餐国家：发迹史，黑幕和暴富之路》（*Fast Food Nation: The Dark Side of the All-American Meal*）可能是自厄普顿·辛克莱于1906年所著的著名小说《丛林》（*The Jungle*）以来对食品行业最有力的抨击。施洛瑟在书中写道："我最担心它对全美国儿童产生各种影响。快餐不仅主要面向儿童销售，而且由年龄不比儿童大多少的人配制。这是一个既养育年轻人又依赖他们的行业。"施洛瑟在书中不仅对麦当劳和迪士尼公司进行了深入剖析，还提供了大量其他快餐公司的信息。

员工

麦当劳的雇用模式同样引发了关于赋权与剥削的讨论。一项学术研究发现，整个快餐行业员工的平均年龄仅为 20 岁出头，平均受教育年限略低于 12 年，兼职比例高达 64%。每家麦当劳门店平均雇用 40 名员工。其中，64% 为女性，52% 为学生，13% 为非洲裔美国人。

20 世纪 80 年代，每家麦当劳餐厅平均雇用了大约 65 名员工和 5 名领薪经理。在麦当劳找到第一份工作的美国劳动力人数已经超过了其他任何雇用单位（包括军队）。该公司称，截至 2008 年，已有近 1000 万美国人曾在麦当劳工作过。与其他快餐连锁店一样，每年的麦当劳员工流失率都很高，有时甚至达到 200%。许多员工要么是兼职的青少年或老年人，要么是外来移民，要么是刚踏入职场的高中毕业生。

在 1966 年以前，公司一直沿用麦当劳兄弟不雇用女性的政策，但作为一个为少数族裔提供经营管理机会的公司，麦当劳努力提升自身在该方面的声誉。20 世纪 80 年代，麦当劳的女性员工比例已达 57%。21 世纪初，包括单独经营者和夫妻合作经营者在内，女性特许经营者约占 40%。截至 2015 年，麦当劳公司副总裁及以上职位中，女性占 1/4。除了拥有女性运营商网络外，麦当劳还拥有一个管理世界各地运营的女性领导者群体，这是麦当劳系统内众多附属组织中的两个。

从 20 世纪 60 年代末开始，为了不遗余力地帮助非洲裔美国人成为特许经营商，麦当劳常常通过降低初始投资门槛来支持他们起步。到 2008 年，在美国约有 14% 的特许经营商是非洲裔美国人。他们中的许多人是主要加盟商，320 名非洲裔美国人经营着大约 1200 家门店。同年，该公司约 20% 的美国员工和 17% 的公司管理人员是非洲裔美国人。在《财富》杂志年度 50 家少数族裔最佳公司排行榜中，麦当劳一直位居榜首或非常接近榜首的位置。

麦当劳同样支持了其他员工群体。从 2013 年开始，公司开始有意识地招募美国退伍军人作为员工。截至 2015 年年初，已有超过 10 万名退伍军人曾在该公司担任过职务。该公司还专注于雇用现役军人的配偶。另外，麦当劳推出了多项教育支持计划，包括将英语作为第二语言课程，旨在帮助员工在麦当劳内部及其他地方获得提升。这些计划不仅在美国国内实施，也在中国、巴西和加拿大等国家推行。

营养

当克罗克在 1955 年创建麦当劳系统时，大多数消费者对营养学知识知之甚少。美国小学生被教导"自然界最完美的三种食物"是鸡蛋、牛奶和肝脏——所有这些食物现在都被认为富含大量的饱和脂肪。然而，20 世纪中期，肥胖并不是美国人的主要问题。消费者可以去麦当劳吃一顿相对健康、总热量约为 500 卡路里的餐食，包括一个汉堡、一份薯条和一杯可乐。加一片奶酪会增加大约 100 卡路里的热量。当时餐食的正常分量相当于今天的儿童分量，在某些情况下甚至会更少。例如，当时一杯可乐的正常分量是 200 毫升，而今天的儿童分量是 350 毫升。

　　然而，市场力量改变了这种局面。随着越来越多的竞争对手进入快餐行业，单人份餐食的分量急剧上升。汉堡王（Burger King）在 20 世纪 60 年代中期推出的"皇堡"（Whopper）含有 680 卡路里热量，加上一片奶酪后共含有 780 卡路里热量。7-11 便利店提供 1.9 升的"大口可乐杯"（Big Gulp），几乎是可口可乐公司长期标准 190 毫升瓶的 10 倍大。一瓶 1.9 升不加冰块的可乐总计含有 776 卡路里热量。很快，麦当劳和汉堡王都开始销售 950 毫升的软饮料。

　　尽管麦当劳和其他餐饮品牌连锁店开始在托盘内和门店墙壁上张贴有关营养数据的海报，但顾客还是购买了大分量的食物。虽然顾客也可以点小份餐食，但大多数人并不倾向于这样做。一顿看似合理的餐食可能包括一个巨无霸（590 卡路里）或一份 0.25 磅的奶酪（530 卡路里）、一份中等分量的薯条（450 卡路里，大份 540 卡路里，超大份 610 卡路里），以及一杯中杯的可乐或其他含糖的软饮料（194 卡路里；小杯 133 卡路里，大杯 255 卡路里，特大杯 388 卡路里）。因此，一个巨无霸、一份中等分量的薯条和一杯中杯可乐总共含有 1234 卡路里热量。但许多顾客吃得更多，他们经常又增加一份甜点并免费续一到两杯可乐。人们在离开麦当劳、汉堡王或其他快餐店时摄入的热量可达 2000 ~ 2500 卡路里，这对于一个普通身材的人来说大约是身体一整天所需的热量，这种情况并不罕见，而且这些热量大部分来自脂肪或精制糖。

　　随着时间的推移，克罗克的继任者面临着一个艰难的选择：一方面追求食物的营养价值最大化，另一方面则追求在竞争中的成功最大化。在大多数情况下，他们还是选择了守住财务底线。然而，2013 年，麦当劳试图改变现状。正如一篇来自快餐网的文章报道所说："麦当劳正试图摒弃快餐标签，转而成为'优质快餐'……（该公司）推出了新的菜单选项，包括新鲜水果、蛋白麦满分和……黄瓜（该连锁店历史上第一次将其作为配料）。"克罗克在20世纪50年代倡导的食品质量正在以不同的形式回归。尽管如此，"快餐"中的"快"仍然是一个与营养品质相冲突的因素。

正如施洛瑟在《快餐国家》一书中总结的那样，快餐的成功是大众选择的结果：成年人被它的省时方便、价格低廉所吸引，儿童则被它的广告、快速配送和精心设计的美味所诱惑。此外，父母也扮演了重要角色：他们有权决定孩子在什么地方吃什么食物。

环境

麦当劳的庞大规模使其很容易成为环保人士的抨击目标。几十年来，该公司的管理层已经对此做出了多次回应。绿色和平组织（Greenpeace）揭露了麦当劳对牛肉的需求使巴西雨林遭到破坏。1989年，麦当劳开始避免购买在曾经是雨林的土地上产出的牛肉。同时，通过与环境保护基金会（Environmental Defense Fund）合作，麦当劳在20世纪90年代的十年间将包装垃圾的数量减少了30%。21世纪的第二个十年，麦当劳实施了一系列利用节能机器和替代能源的计划，其管理人员希望这些努力有朝一日能使"金色拱门"达到符合绿色标准的能源消耗水平。

过去和将来

随着麦当劳的迅速扩张，公司越来越难以统一管理其所有特许经营商。系统规模越大，就越难实行雷·克罗克和弗雷德·特纳所创建的QSC标准。尽管如此，麦当劳依然创下了该行业迄今为止最高的单店销售额纪录，这有力地体现了克罗克最初的商业构想的强大生命力：他的公司在成立后历经两代，仍是快餐业的领头羊。

克罗克的特许经营模式是美国管理者在应对外部环境变化时不断努力平衡集权与分权的又一里程碑。事实证明，麦当劳的特许经营模式显示出其强大的灵活性，它能够在获得最佳信息的地方做出决策，以解决特定问题。麦当劳的供应商网络也提供了大量有用的信息，核心企业赞助了这些供应商，但又始终保持独立。

同样值得称道的是克罗克、琼·马蒂诺和哈里·索内伯恩的独特贡献，他们巧妙地将不同的方法结合起来，以确保每个参与者的利益，从而使麦当劳内部各组成部分对整个体系的贡献达到"1+1>2"的效果。他们共同打造了一个组织模式，该模式被 100 多个国家和地区的成千上万家麦当劳特许经销商成功应用。尽管在市场营销、劳资关系和营养问题上仍然存在一些问题，但放眼其他任何行业，很少有公司能取得这样伟大的成就。

第八章精选资料

特许经营与麦当劳

关于收入和财富分配的概略性讨论，读者可参考：James T. Patterson 撰写的 "Wealth and Poverty"，载于 Stanley I. Kutler 编著的 *Encyclopedia of the United States in the Twentieth Century*，III；Edward Wolff 撰写的 "Trends in Household Wealth in the United States, 1962-83 and 1983-89"，载于 *Review of Income and Wealth,* 40，No. 2（1994）；"How the Pie is Sliced" 载于 *The American Prospect*，Summer 1995；Steven Sass 撰写的 "Passing the Buck: The Inter-generational Transfer of Wealth"，载于 *Federal Reserve*

Bank of Boston, Regional Review（Summer 1995）；Lee Soltow 撰写的 "Distribution of Income and Wealth"，载于 Glenn Porter 编著的 *Encyclopedia of American Economic History*。读者还可参考 Andrew Hacker 所著的 *Money: Who Has How Much and Why*（1997）；James K. Galbraith 所著的 *Created Unequal: The Crisis in American Pay*（1998）；John McNeil 撰写的 "Changes in Median Household Income: 1969 to 1996"，载于 *US Bureau of the Census，Special Studies P 23/196*，July 1998；Edward N. Wolff 所著的 *Top Heavy: The Increasing Inequality of Wealth in America and What Can Be Done About It*（1996）；Robert H. Frank 和 Philip J. Cook 所著的 *The Winner-Take-All Society: Why the Few at the Top Get So Much More Than the Rest of Us*（1996）[①]；"Money on the Mind"，载于 *The New York Times Magazine,* June 7，1998，其中提到的许多统计数据都是由肯·库尔森汇编的。关于公司高管薪酬的相关内容，可参见：Jennifer Carpenter and David Yermack 编著的 *Executive Compensation and Shareholder Value - Theory and Evidence*（1998）；Michael M. Weinstein 撰写的 "Why They Deserve It"，载于 *New York Times Magazine,* November 19，1995，这篇文章引用了格雷夫·克里斯托的一项研究成果。*Business Week* 每年都发布高管薪酬年度统计调查，读者可参考 "Is Greed Good？"，载于 *Business Week,* April 19，1999。上述收入不平等的资料来源主要限于本章所涵盖的时期。关于 21 世纪收入持续不平等的其他信息，可参见第十章和结语部分的资料来源。

　　关于特许经营的权威著作包括 Thomas S. Dicke 所著的 *Franchising in America: The Development of a Business Method, 1840—1980*（1992）。此外，读者还可参考持有悲观态度的 Peter M. Birkeland 所著的 *Franchising Dreams: The Lure of Entrepreneurship in America*（2002）[②]。为我们列出大量相关文章主要来源的是 B. Elango 和 Vance H. Fried 撰写的 "Franchising Research：A Literature Review and Synthesis"，载于 *Journal of Small Business Management,* 35（July 1997）。读者还可参考以下年度出版物：*Franchising in the Economy*；*The Franchise Annual*；*The Franchise Opportunities Handbook*；*Bond's Franchise Guide*；*Proceedings of the Society of Franchising, International Franchise*

---

① 罗伯特·法兰克，菲利普·库克. 赢家通吃的社会［M］. 席玉萍，译. 海口：海南出版社，1998.
② 彼得·M. 伯克兰. 特许经营之梦［M］. 李维华，陆颖男，译. 北京：机械工业出版社，2005.

Association, and The Source Book of Franchise Opportunities。自 20 世纪 80 年代初以来，*Entrepreneur* 杂志每年都会对特许经营进行一次调查，其中包含出自 *Entrepreneur* 杂志的 "Franchise 500" 的相关信息。读者还可参考 *Nation's Restaurant News, Franchising World*，*Restaurant Business*，*American Journal of Small Business*，*Women in Franchising, and Pizza Today* 中的相关信息。Bill Carlino 撰写的 "75 Years：The Odyssey of Eating Out"，载于 *Nation's Restaurant News, 1994*。这篇文章包含了很多关于特许经营和餐饮行业的相关轶事和信息。此外，读者还可参见 Patrick J. Kaufmann 和 Rajiv P Dant 编著的 *Franchising: Contemporary Issues and Research*（1995）。

有关本章主题严谨的经济学分析，读者可参考：Richard E. Caves 和 William F. Murphy II 撰写的 "Franchising：Firms，Markets，and Intangible Assets"，载于 *Southern Economic Journal, 42*（April 1976）；Paul H. Rubin 撰写的 "The Theory of the Firm and the Structure of the Franchise Contract"，载于 *Journal of Law and Economics*，21（April 1978）；Benjamin Klein 和 Lester F. Saft 撰写的 "The Law and Economics of Franchise Tying Contracts"，载于 *Journal of Law and Economics*，28（May 1985）；Alan Krueger 撰写的 "Ownership，Agency，and Wages：An Examination of Franchising in the Fast-Food Industry"，载于 *Quarterly Journal of Economics*（February 1991）；Paul Steinberg 和 Gerald Lescatre 撰写的 "Beguiling Heresy：Regulating the Franchise Relationship"，载于 *Penn State Law Review*，109（Summer 2004）；Roger D. Clair [1] 和 Francine Lafontaine 所著的 *The Economics of Franchising*（2005）。

关于餐饮行业的相关内容，可参见：Robert Emerson 所著的 *Fast Food: The Endless Shakeout*（1982）；Robert Emerson 所著的 *The New Economics of Fast Food*（1990）；Eric Schlosser 所著的 *Fast Food Nation*（2002）[2]。

John Love 所著的 *McDonald's: Behind the Arches*（1986，revised ed. 1995）[3] 是迄

---

[1] 原文中作者名字 Roger D. Clair 有误，应为 Roger D. Blair。

[2] 艾里克·施洛瑟. 快餐国家：发迹史、黑幕和暴富之路［M］. 戴燕，译. 北京：社会科学文献出版社，2002.

[3] 约翰·洛弗. 麦当劳：探索金色拱门的奇迹［M］. 韩定国，译. 北京：中国建材工业出版社，1997.

今关于麦当劳公司历史信息最为丰富的来源，我们对此深表感激。Robin Leidner 所著的 *Fast Food, Fast Talk: Service Work and the Routinization of Everyday Life*（1993）[1] 是一名社会学家对工作条件进行研究的第一手资料，值得注意的是，它唤起了人们对麦当劳餐厅生活的强烈回忆。在 James L. Watson 编著的 *Golden Arches East: McDonald's in East Asia*（1997）这本书中，人类学家深入分析了麦当劳在北京、香港、台北、首尔和东京的发展历程。Ray Kroc 和 Robert Anderson 所著的 *Grinding It Out: The Making of McDonald's*（1977）是一本简短、坦诚的自传。Lisa Bertagnoli 撰写的 "McDonald's: Company of the Century"，载于 *Restaurants and Institutions*, 99（July 10，1989），以及她撰写的另一篇文章 "Inside McDonald's"，载于 *Restaurants and Institutions*，99（August 21，1989），都是十分优秀的作品，其中包含了关于女性和少数族裔就业等方面的实用信息。"A Turnaround at McDonald's"，载于 *The Economist,* October 14，2004，这篇文章讲述了麦当劳在 21 世纪初面临的困境及其随后进行的内部改革。

读者还可参见：Stan Luxenberg 所著的 *Roadside Empires: How the Chains Franchised America*（1985）；Timothy Bates 撰写的 "Analysis of Survival Rates among Franchise and Independent Small Business Startups"，载于 *Journal of Small Business Management*，33（April 1995）；关于汽车旅馆和特许经营的相关内容，读者可参考 John A. Jakle、Keith A. Sculle 和 Jefferson S. Rogers 所著的 *The Motel in America*（1996 年）中的第 6 章和第 7 章。

---

① 罗宾·莱达. 麦当劳精神［M］. 张笃群，译. 北京：中国计划出版社，1997.

第九章

信息技术革命与硅谷：持续的变革

从 20 世纪 80 年代至今，信息技术（IT）有力地重塑了美国经济。纵观历史，虽然有些行业（如电报和电话）曾与 IT 一样重要，甚至有一个或两个行业（如汽车制造业和货运业）也发展得非常迅猛，但没有哪个行业能像 IT 一样如此迅速地变得至关重要，并且持续不断地进行变革。IT 行业在推动企业家和消费者赋权、实现分权决策方面发挥了独特作用。

如果没有现代 IT 产业的支持，本书所分析的企业及世界上其他成千上万家企业都很难在市场中保持竞争力。IT 产业不但能够使企业持续地监管并协调销售和生产流程，而且还能向管理者们提供瞬息万变的信息。例如，原材料价格、产品或服务的季节性需求、商业周期预测和几乎实时的天气变化情况。目前大多数大公司都拥有首席技术官、信息系统副总裁或首席信息官等职位，担任这些职务的人员都直接向 CEO 报告。

在 21 世纪的第二个十年里，美国公司在 IT 领域独领风骚。80% 的 IT 产业收入来自工作站、个人计算机（PC）、软件和服务等方面的 B2B 销售，剩下的 20% 则来自 PC、软件和电子游戏的 B2C 销售。美国的人均 PC 购买量是欧洲和日本的两倍多。2015 年，包括电信在内的全球 IT 产业支出总额已经达到了 3.5 万亿美元。

在 IT 领域取得成功的美国公司开创了新的工作和管理模式。与传统企业相比，它们的等级制度较为扁平化，强调协作而非个人英雄主义，并赋予员工更多的探索个人创造性的自由。IT 员工更加频繁地从一家公司跳槽到另一家公司，有时他们甚至会加入朋友的新创公司。IT 公司通常会为其员工提供更多的福利选择和股票期权，但给予的薪酬相对较低。

早期发展

计算机一直是 IT 革命的核心。根据至少可以追溯到 19 世纪的数学和算法原理，现代计算机的产生可以归结为以下三点因素：（1）商业需求，用于分析大量信息，例如，跟踪成千上万个小规模零售销售交易并记录工人的就业和薪酬信息；（2）第二次世界大战期间的研究和开发，以破解纳粹恩尼格玛机（Nazi Enigma Machine，最初用于商业通信设备），并在其他军事工作中创建商用计算机；（3）晶体管、计算机芯片、互联网和万维网的发明。

美国的第一台计算机埃尼亚克（ENIAC，电子数字积分器和计算机）于 1945 年 11 月面世。它由 17 468 根真空管构成，重达近 30 吨，长 30 米，高 2.5 米，是美国陆军与宾夕法尼亚大学合作的产物。它具有现代计算机的大部分特征，即全电子化、可编程和多用途。

但 ENIAC 缺少一个支撑这场革命的关键要素：晶体管。这种革命性的器件于 1947 年在美国电话电报公司的贝尔实验室问世，并在德州仪器、摩托罗拉和索尼等公司得到了进一步的发展。晶体管不仅使公司能够更容易满足小型电子设备的军事需求，还催生了一种新的消费品，即便携式晶体管收音机。正如沃尔特·艾萨克森（Walter Isaacson）所指出的，"晶体管收音机与摇滚乐同时问世，改变了人们尤其是年轻人对电子技术的看法。它将不再只是大公司和军队的领地，还可以被赋予个性、自由、创造力，甚至一点叛逆精神"。许多这类消费电子产品成为 IT 发展的标志（如 iPod 音乐播放器、智能手机、Alex 语音助手、Echo 智能音箱）。

20 世纪 50 年代末和 60 年代初，发明家不再使用电线来连接电路板上不同的笨重的晶体管和组件，而是创造了拇指指甲大小的集成电子电路。仙童半导体公司（Fairchild Semiconductor）的罗伯特·诺伊斯（Robert Noyce）等人，以及德州仪器公司的杰克·基尔比（Jack Kilby）将这些集成电路放置在通常由硅制成的半导体芯片上。微芯片上的集成电路对第三次工业革命的影响，就像蒸汽机对第一次工业革命，以及电力和内燃机对第二次工业革命的影响一样重要。

1960 年，晶体管的单价约为 1 美元。但是到了 20 世纪末，1000 万个晶体管的生产成本还不到 1 美元，每月生产的晶体管数量达到了 1000 万亿个。很快，这个数字就增长到几乎难以估算。诺伊斯的同事戈登·摩尔（Gordon Moore）在其提出的"摩尔定律"中指出，每个微芯片上可以安装的晶体管数量每年都会翻一番（1975 年，他将这个时间周期延长至 18 个月；2016 年，这一时间周期被延长至 30 个月）。摩尔定律一直持续到 21 世纪，它反映了最高效率的持续增长速度，为 IT 领域的持续变革奠定了基调。

从实际意义上讲，摩尔定律意味着微芯片执行任何任务的成本都在快速下降，以至于出现了许多并不符合早期经济学理论的应用。例如，如今装有数十个芯片的汽车可以拥有从监测发动机操作、扫描无线电频率到打开和关闭挡风玻璃雨刮片，以及警告潜在碰撞等功能。如果在 20 世纪 50 年代想要计算机执行这些操作，那么一辆装有必需设备的汽车就会像一栋普通大小的房子那样大。

IBM

IBM 是 20 世纪末使 IT 成为最具活力的行业的领军企业。自 19 世纪 80 年代成立以来，经过一系列合并和更名，最终成为 IBM 的这家公司引领了供企业用于分类和归档信息的机器的发展。1924 年，尽管其业务尚未完全国际化，CEO 托马斯·J. 沃森仍将公司更名为国际商业机器公司（International Business Machines）。20 世纪 30 年代，IBM 通过与美国社会保障管理局签订合同获得发展契机，该管理局的任务是评估美国工薪阶层对社保体系所做出的贡献并给退休人员发放退休金。第二次世界大战期间的国防合同则促使公司实现了进一步的扩张。

但 IBM 并没有只将注意力放在政府合同上面。20 世纪 50 年代，尽管有时技术落后，但它仍利用其在市场营销和维持客户关系方面的高超技能在商业电子计算机领域取得了主导地位。然而，联邦反垄断机构在 1956 年迫使 IBM 允许其他公司生产的配件与 IBM 计算机"兼容"，结果使 IBM 不得不向业界公开其"计算机架构"。同时，IBM 巨大的研发支出也间接支持竞争对手开发和销售与 IBM 产品相互兼容的机器和外围设备（如打印机）。

20 世纪 60 年代，IBM 推出了 System/360 系列，这是历史上最大规模的私人研发投资的成果。新计算机将被全方位地应用于科学、国防、商业等领域。它们在市场上的巨大成功使 IBM 变得异常强大，以至于此后 30 年来，该公司的名字几乎是全球 IT 行业的代名词。

IBM 在 20 世纪最后 30 年的 IT 行业领导地位始终不容小觑。该公司为所有计算机（无论其大小或用途）设计了一套操作系统，这为计算机之间可以相互通信迈出了关键的一步。

IBM 的这一举措激发了众多硬件和软件公司的创造力。在早期，主要的公司包括：生产外围设备和超级计算机的控制数据公司；专注于生产核心存储器和磁盘驱动器的阿姆达尔公司（Amdahl）；磁带和磁盘驱动器制造商美莫雷克斯公司（Memorex）；以及电子数据系统公司（Electronic Data Systems），这家服务型公司的成功使其创始人、前 IBM 推销员 H. 罗斯·佩罗（H. Ross Perot）成了一名亿万富翁。虽然这些公司如今都不再家喻户晓，却象征着 IT 产业领域前所未有的活力。

IBM 最初在两种新的计算机产品"迷你计算机"和 PC 的开发上落后于其他竞争对手。20 世纪 60 年代和 70 年代，数字设备公司（Digital Equipment）和其他公司研发出了迷你计算机（约重 90 千克）。1974 年，第一台 PC Altair 问世，它是由新墨西哥州阿尔伯克基的一家小型计算器公司制造的。由于没有键盘和显示器，它主要吸引了电子发烧友的兴趣。当时年仅 19 岁的哈佛大学本科生比尔·盖茨（Bill Gates）和他的朋友保罗·艾伦（Paul Allen）用现有的 BASIC 编程语言为 Altair 计算机编写了一个程序版本，并在阿尔布开克基成立了他们自己的软件公司。尽管 Altair 计算机没有产生重大的商业影响，但盖茨和艾伦则抓住了被 IBM 所忽视的 PC 软件领域的巨大机遇。盖茨和艾伦把他们的软件公司微软（Micro-soft，它是英语单词 microcomputer 和 software 的结合体，两个词之间的连字符后来被去掉了）搬到了他们的家乡西雅图。

两年后，加利福尼亚州的一家小公司推出了苹果 II 型 PC。其创始人史蒂夫·乔布斯（Steve Jobs）和史蒂夫·沃兹尼亚克（Steve Wozniak）（他们都曾参与过 Altair 的研发）制造了一款现代化、易于操作但价格相对昂贵的机器——它配有键盘和外部磁盘驱动器，而且可以方便地连接显示器和其他外围设备。1981 年，苹果 II 型计算机已售出超过 12 万台，其中大多数客户是早期使用电子表格软件的商业公司。1984 年，苹果公司推出了麦金塔（Macintosh）PC。从长远来看，该公司可以成为 PC 领域的主导者，但乔布斯和沃兹尼亚克对计算机办公市场领域显得不屑一顾。他们拒绝将自己的操作系统授权给其他公司使用，从而无法使他们的机器和软件与其他公司生产的外围设备兼容。

IBM 在 1981 年推出自己的 PC 后，其销量很快就引领了整个行业——1981 年，其销量达到 80 万台，次年达到 250 万台，1985 年则超过 600 万台。其中大多数机器都卖给了企业用户，他们被 IBM 品牌的实力、无与伦比的客户服务声誉，以及可以兼容其他公司软件产品的"开放式架构"所吸引。IBM 生产的 PC 并没有明显优于其他公司的产品，当然也明显不如更为昂贵的麦金塔 PC。但它依旧卖得很好，因为 IBM 长期以来一直是一家享有盛誉的公司，它同时服务于企业用户市场和个人消费者市场。

IBM 决心在 PC 的热潮中迅速获利，于是做出了两个重大决定，这为其最终从该行业无可争议的领导者地位上衰落埋下了伏笔。它选择将 PC 的磁盘操作系统软件和关键微处理器外包出去，而微处理器则是构成所有 PC 主要"大脑"的复杂芯片。IBM 的外包合同为两家年轻公司带来了丰厚的利润，这两家公司很快就跻身于企业史上最成功的公司之列——微软和英特尔（Intel，由罗伯特·诺伊斯和戈登·摩尔于 1968 年创立）。这两家公司不仅向 IBM 提供产品，也向制造 IBM PC 的"克隆机"的竞争对手提供产品，这些"克隆机"大多比 IBM 自己的产品运行速度更快、更便宜。比尔·盖茨由此成为当时世界上最富有的人，微软公司也通过对操作系统标准的垄断而变得异常强大，以至于就像 IBM 早些时候遇到的情况一样，它开始受到反垄断机构的强烈质疑。英特尔公司 CEO 安迪·格鲁夫（Andrew Grove）在 1997 年被《时代周刊》评选为"年度人物"，这显示了英特尔公司在微处理器市场的主导地位。

除了错误地将软件和微处理器外包之外，IBM 的管理层还被过重的官僚作风拖累。IBM 的"白衬衫黑领带"制服反映了该公司普遍存在的问题：管理人员较为死板，产品交付时间比竞争对手慢，而且价格太高。此外，IBM 也没有意识到软件相对于硬件的潜在重要性。尽管到 20 世纪 80 年代末，IBM 的领导层开始将公司转变为一家专注于咨询和电子商务的服务型公司，但是它也改变了公司与员工之间的关系：IBM 在 20 世纪 90 年代初大幅裁员，不再采用终身雇用制。到 1994 年，公司的员工数仅为 1990 年的 59%。尽管 IBM 未能重新夺回其在 IT 行业的领导地位，但它仍然是一家重要的国际公司。2015 年，IBM 在《福布斯》的多项排名中依旧名列前茅：世界品牌价值排名第 5 名，市值排名第 40 名，销售额排名第 74 名，利润排名第 28 名。

在第二次世界大战之后的很长一段时期里，计算机的历史主要由美国公司书写。没有一家欧洲公司对美国公司在计算机工业或消费市场的统治地位构成过重大威胁。然而，20 世纪 80 年代，日本成了主要的挑战者。有一段时间，诸如富士通（Fujitsu）、日本电气股份有限公司（NEC）、日立（Hitachi）和东芝（Toshiba）等强大的公司可能会像索尼和松下曾经对美国无线电公司和美国消费电子行业所做的那样，挑战美国 IT 公司的地位。但这种威胁在 20 世纪 90 年代初消失了，因为美国 IT 公司开始在一个叫作硅谷的地方取得长足的进步。当时，有 6000 多家高科技公司在该地区运营。

硅谷和新商业文化

20 世纪 30 年代，威廉·休利特（William Hewlett）和戴维·帕卡德

（David Packard）成为斯坦福大学工程学教授弗雷德里克·特曼（Frederick Terman，1900—1982）的学生。1938 年，特曼借给他们 538 美元（相当于 2016 年的 9190 美元），帮助他们在位于帕洛阿图（Palo Alto）的一处车库里成立了一家名为"休利特—帕卡德"（Hewlett-Packard）的企业，该企业简称为惠普（HP，H 和 P 的排列顺序由二人掷硬币决定）。惠普在 20 世纪 60 年代进入计算机行业后稳步发展，并在全国崭露头角。惠普先后成功地成为手持式计算器、电子医疗仪器、喷墨打印机和激光打印机领域的领导者。"惠普之路"倡导系统性创新，更重要的是，它坚持公司不仅要对股东还要对员工、客户和社区负责的理念。惠普的企业文化被其他硅谷公司广泛效仿，超过 30 名惠普的前员工成立了自己的公司，其中包括苹果公司的联合创始人史蒂夫·沃兹尼亚克。

20 世纪 50 年代初期，被誉为"硅谷之父"的特曼成功说服斯坦福大学在其校园附近划出 1000 英亩的土地并邀请高科技公司入驻。在接下来的 30 年里，超过 1000 家公司从斯坦福大学衍生出来，其中数十家位于斯坦福工业园（后来更名为斯坦福研究园）。以晶体管的共同发明人身份获得诺贝尔奖的威廉·肖克利（William Shockley）于 1955 年将肖克利半导体实验室迁至该园区。两年后，肖克利公司的八名员工离职，成立了他们自己的公司——仙童半导体公司。除了集成电路的发明者之一罗伯特·诺伊斯外，"仙童八杰"还包括戈登·摩尔（摩尔定律的发明人）和尤金·克莱纳（Eugene Kleiner），后者后来成了风险投资公司凯鹏华盈（Kleiner Perkins）的联合创始人［另一位创始人是曾经在惠普公司工作过的托马斯·帕金斯（Thomas Perkins）］。跳槽并创建企业很快便被视为硅谷的一种常规商业做法。事实上，微芯片制造商英特尔就是从仙童半导体公司的内部剥离出来的。

欧洲和日本并没有仿效美国，因为它们的法律和习俗更重视商业稳定而非创新。在日本，管理者和员工都认为自己是与所属公司终身签约的。几个欧洲国家的法律规定，重要人物离开一家老牌公司需要提前六个月通知该公司。美国企业合同中有"竞业限制"条款，通常有效期长达两年，但各州对这些条款的执行情况却千差万别。硅谷之所以能吸引如此多的高科技公司，主要是因为加利福尼亚州对"竞业限制"条款持宽松态度。

硅谷代表着一个产业集群，这一现象引发了一些有趣的对比。当纽约证券交易所刚刚起步时，许多投资银行和经纪公司如雨后春笋般涌现在华尔街周围的写字楼里。其他通过产业集群方式发展起来的行业还包括底特律的汽车业、曼哈顿的广告代理业、南加州的电影业和佛罗里达州中部的主题公园。随着这些产业集群的出现，它们使企业之间能够更容易地分享创意、达成交易，并加快企业内部的进步。虽然硅谷是最著名的产业集群之一，但还有两个地方值得一提：波士顿和得克萨斯州的奥斯汀。由于国家的支持和附近大学（尤其是麻省理工学院）的集中，波士顿 128 号公路成了高科技公司的中心。摩托罗拉、德州仪器和戴尔电脑（现为戴尔科技公司）在奥斯汀及其周边地区落户，部分原因是那里的工资和生活成本相对较低，并拥有微芯片生产所需的上游资源。同时，得克萨斯大学奥斯汀分校也吸引了许多才华横溢的科学家和学生。

1997 年，《经济学人》发表了关于硅谷的系列文章，指出了以硅谷为办公地点的高科技公司集群的许多重要方面，并发现了一个奇怪的现象，即大多数公司都关注组织结构，而不是技术。硅谷公司至关重要的组成要素包括持续的变革、高风险的承担、对暂时失败的耐心、对跳槽的容忍、严格的精英管理、跨公司的合作及灵活的组织结构。

一个影响硅谷保持其持续主导地位的内部威胁可能是一些创业企业家更

倾向于创建新公司，其主要目的是将其出售给硅谷内外的如思科（Cisco）和微软等这种大公司。由于团队可以由来自世界各地的个人组成，因此互联网的发展使得物理集群变得并不那么必要。正如《经济学人》中一篇文章的作者所观察到的那样："硅谷的书呆子们"对政府监管、社会更广泛的需求和不断变化的文化规范（如性别平等）并不敏感。"硅谷的居民"对金钱和下一个"绝妙创意"以外的主题缺乏关注，这代表了来自内部的其他威胁。尽管如此，在千禧年之后的头十几年里，硅谷仍然保持其在 IT 领域的领导者地位。

互联网和万维网

虽然晶体管、微芯片和计算机使 IT 革命成为可能，但让这场变革持续加速的却是互联网和万维网。

与计算机硬件和软件行业一样，互联网也是冷战时期的产物。约瑟夫·利克利德（J. C. R. Licklider）是一位富有远见的科学家，他受雇于美国国防部高级研究计划局（The Defense Department's Advanced Research Project Agency，ARPA）。他于 1962 年写下了一系列备忘录，为今天大众熟知的互联网的诞生埋下了伏笔。美国国防部的阿帕网项目（ARPANET）旨在将大学中的科学家与全美国各地的政府机构联系起来，进行合作研发。规划者通过卫星通信、电话线路和其他链接的备份路线，让互联网实现了去中心化。

该系统的主机数量从 20 世纪 60 年代末的 4 台扩展到 20 世纪 80 年代中期的 2000 台，从而使它变得更加复杂。在这十几年里，使用该系统最多的用户仍然是那些从事高级研发项目的科学家和工程师。但在机缘巧合之下，这些用户开始交换想法，并组织建立了"公告栏"。

20 世纪 80 年代，美国国家科学基金会接管了互联网的管理工作，该基金会是直接监管各类研发资金的政府机构。一开始，美国国家科学基金会禁止该系统有任何商业用途，将长期以来模糊的政策尺度清晰化。但互联网的商业潜力对多数用户来说变得非常有吸引力，以至于该禁令只维持了短短几年。1990 年，互联网已经私有化。美国国家科学基金会在 1995 年正式撤销了对私营"核心网"的禁令。此时，相互连接的互联网络的数量已从 20 世纪 80 年代初的 25 个激增至 4.4 万个。

人们对互联网（也称为网络空间）的使用呈指数级增长。1993 年，约有 9 万名美国人可以定期访问互联网；七年后，这个数字达到了 9000 万。2000 年，在全球范围内互联网的用户数量为 3.27 亿；2009 年，互联网用户数量为 15 亿；截至 2015 年年底，互联网用户数量已超过 32 亿（全球总人口数量为 73 亿）。

20 世纪 80 年代末和 90 年代初，万维网的发明加速了互联网的使用。万维网由英国物理学家蒂姆·博纳斯－李（Tim Berners-Lee）命名，他是万维网的开发者之一。互联网和万维网并不是一回事。万维网是超文本技术和信息发现技术的综合，而互联网是让用户能够访问这些内容的"网络中的网络"。Web 服务器负责存储信息，Web 浏览器使用户能够找到这些信息。事实证明，在研究网站上 Web 的基础版本立即流行起来。在伊利诺伊大学的一个联邦资助中心，一个包括本科生马克·安德森（Marc Andreessen）在内的团队开发了浏览器"马赛克"（Mosaic）[①]。1993 年年底，美国联邦政府通过互联网向公众免费发布了"马赛克"浏览器。第二年，安德森和他的团队离开

---

① 这是一种增强型网络浏览器，不仅可以在大多数个人计算机上运行，还可以支持彩色图像和文本。——译者注

伊利诺伊州，创办了一家私人企业，他们很快发布了改进版"马赛克"浏览器，被称为"网景导航器"（Netscape Navigator）。他们的网景公司（Netscape Company）很快成为美国商界最热门的公司之一，并在1999年与当时领先的互联网服务供应商美国在线公司（American Online）合并。

其他网络浏览器也加入了"马赛克"和网景浏览器的行列，例如，IE浏览器（微软公司，1995年）、Safari浏览器（苹果公司，2003年）、火狐浏览器（Mozilla公司，2004年）等。世界各地的普通人不仅从网络上获取信息，还通过个人博客、商业网站和其他企业（如2001年创建的非营利大百科全书——维基百科）为网络贡献了新的数据。

成千上万名创业者看到了在线商务的各种形式的无限可能。1998年，一家仅拥有637名员工的网络公司雅虎，其市值与航空航天巨头波音公司相当，后者当时雇用了23万名员工。其他"dot.com"公司的股票价格也在不断飞涨，尽管这些公司从未盈利，且处在年复一年的亏损之中。

互联网相关企业的大量涌现是千禧年间美国企业最显著的发展特征。在21世纪这个回报最大的市场中，成千上万名创业者纷纷涌入，希望占有一席之地。投资泡沫疯狂膨胀，直到2000年，一场短期的衰退扼杀了许多初创企业。但2000—2002年的股市崩盘——被称为"网络泡沫破灭"——其结果只是暂时中断了互联网企业的发展。互联网和万维网对文化的影响与前几代的产品如汽车和电视机一样强大，它们共同代表了世界历史上最显著的信息大迸发和信息获取的分散化。

公司与人物：亚马逊、eBay 和谷歌

IT 行业吸引了来自美国各地和海外的工程师、企业家来到硅谷及其他产业中心。移民创办了许多公司，其中两个最著名的公司是印度的沙比尔·巴提亚（Sabeer Bhatia）创办的微软邮箱公司（Hotmail）和中国台湾地区的杨致远（Jerry Yan）创办的雅虎公司。下文提及的其他三家公司的历史则恰当地说明了不同背景的人在 IT 领域释放创业精神的过程。

亚马逊网站

1994 年，30 岁的金融分析师杰夫·贝索斯在研究互联网相关投资时，突然想到电子商务的最佳产品选择可能是书籍。当时，图书出版业正处于亟须变革的边缘，每年约有 8 万种新书问世，由于销量难以预测，零售经销商几乎不得不对所有图书收取高额加成以弥补销量不佳造成的损失。大多数新书的销量只有几百本，大部分不超过几千本，有些新书的销量可以达到数万本，而极少数可以达到几百万本。只有像丹妮尔·斯蒂尔（Danielle Steele）和汤姆·克兰西（Tom Clancy）这样著名作者的书才能持续畅销。书商的库存管理模式已经过时。杰夫·贝索斯并不是一个爱读书的人，但他是一位计算机奇才和金融分析师，他从中看到了潜在的机会。

贝索斯出生于阿尔伯克基，在休斯敦和迈阿密长大。五岁时，他改成了其母亲的第二任丈夫米格尔·贝索斯（Miguel Bezos）的姓氏，他继父是古巴移民，同时也是埃克森美孚公司的一名工程师。年轻的杰夫·贝索斯有修修补补的嗜好，这反映出了他内心具有托马斯·爱迪生和亨利·福特的思维模式。他在小时候曾试图用螺丝刀将婴儿床拆开；他还在房间里安装了一个电子报警器——只要有人进来，警报就会响起。贝索斯毕业于普林斯顿大

学，主修专业为计算机科学和电子工程学。

当对冲基金经理拒绝资助其创办的在线书店时，贝索斯辞去了高薪工作，并搬到了西雅图。他发现自己公司的原名卡达布拉（Cadabra）听起来太像"尸体"（Cadaver），于是放弃了这个名字。而亚马逊是世界上最著名的河流之一，用它来命名更能体现贝索斯的宏伟愿景。

亚马逊网站于 1995 年开始销售图书，该网站提供了大幅折扣、无与伦比的便捷订购模式（"购物车"和"一键式"系统），并在每本书的旁边设置客户评价板块。1997 年，亚马逊首次公开募股，并且股价一路飙升。两年后，杰夫·贝索斯的净资产超过 100 亿美元，在世界富豪排行榜上排名第 19 位。《时代周刊》还将他评为当年的"年度人物"。

贝索斯之所以能预料到图书销售行业的洗牌，部分原因是他的金融背景。亚马逊在成立后的七年多时间里一直处于亏损状态。然后在 2000 年，互联网泡沫破灭了。在此之后，亚马逊的长期融资举措变得至关重要。亚马逊最初从风险投资家那里获得了 800 万美元的投资。之后，它于 1997 年通过首次公开募股获得了 6200 万美元的资金，并在 1998 年通过发行高收益公司债券筹集了 3.26 亿美元。1999 年，亚马逊通过发行可转换债券获得了 12.5 亿美元的资金，而后又在 2000 年增发了 6.81 亿美元的可转换债券。尽管贝索斯的个人财富在互联网泡沫破灭后减少了 86 亿美元，但他仍坚持不懈地经营着亚马逊。亚马逊以收购小型互联网公司实现业务增长而闻名，并愿意剥离所有不符合其发展战略的部门。

以下是有关亚马逊的一些收购案例，其中大多数是用亚马逊股票和最低价现金购买的。

互联网电影资料库（Internet Movie Database，1998 年）；Alexa Internet、Exchange 网站，以及 Accept 网站（1999 年）；CD Now（2003 年）；卓越网，一家中国电子商务门户网站（2004 年）；BookSurge（按需打印，2005 年），Mobipocket 网站（电子书服务，2005 年）和 CreateSpace（点播 DVD，2005 年）；Brilliance Audio（美国最大的有声读物独立出版商，2007 年）；Zappos（2009 年）；Kiva Systems（仓库机器人技术，2012 年）；以及一家书评服务公司——Goodreads（2013 年）。

所有这些收购都是为了通过扩展产品线、简化客户的在线购物流程来推动业务增长。

最终，亚马逊与众多零售商和制造商建立了合作关系，如塔吉特（Target）、西尔斯（Sears）、玛莎百货（Marks & Spencer）、盖璞（The Gap）、兰德斯（Lands End）、诺德斯特龙（Nordstrom）、拉科斯特（Lacoste）、天美时（Timex）等。亚马逊提供的产品种类繁多，包括书籍、DVD、MP3 音乐下载、体育用品、玩具、手表、工具、汽车零部件、珠宝等几乎任何可以轻松运送给客户的产品。21 世纪初，亚马逊在北美、欧洲和亚洲每月可以完成 5000 多万笔订单。2007 年，亚马逊的收入达到了 150 亿美元，利润接近 4.8 亿美元。随着亚马逊的股价不断上涨，杰夫·贝索斯的个人财富也继而上涨。截至 2014 年年底，亚马逊已经雇用了超过 15 万名员工。

据说，这些员工中的许多人会在办公桌前哭泣，因为亚马逊的工作压力一直都是巨大的。亚马逊员工的高流动率通常是雇主选择的结果。许多人无法承受这种高压环境。但即使这样，其中一些人仍然认为这种经历是值得的，并能帮助他们取得成功。亚马逊前高管约翰·罗斯曼（John Rossman）

报告称："在那里工作的很多人都有这种紧张感，这是我最讨厌的工作场所。"

亚马逊因其反对缴纳州税和地方税、使用卡车送货和过度使用对环境造成影响的包装材料，以及使用无人机送货的计划而饱受批评。但是消费者并没有停止使用亚马逊服务的迹象。亚马逊于 2016 年进入《财富》500 强最有价值的公司前十名。

eBay

这个著名的在线拍卖网站提供了一个近乎完美的市场营销分权决策的最佳范例。出生于法国的伊朗裔美国人皮埃尔·奥米迪亚（Pierre Omidyar）于 1988 年在塔夫茨大学（Tufts University）获得了计算机科学专业学士学位，并进入苹果电脑公司的一家子公司工作。之后，他开始创建自己的公司：1991 年，他创建了第一家在线公司；四年后，28 岁的他建立了一个拍卖网站，人们可以在这个网站上免费出售各种物品；1995 年，他创立了 eBay，公司的口号是"建立陌生人之间的信任"。

目前，eBay 已经成为一个大型的网上销售平台，同时也是一个全球二手商品的跳蚤市场。截至 2008 年，eBay 在全球已有 2.2 亿客户和 30 万个固定卖家。大约 20% 的卖家占到了其销售额的 80%，eBay 平台则是他们的店面。与 Facebook 和博客等其他网络企业一样，eBay 的高明之处在于将大量原本无法进行便捷联系的人成功地聚集在了一起。

eBay 的融资方式与亚马逊大致相同：首先是通过风险投资（1997 年和 1998 年获得了约 600 万美元）获得资金，然后是通过首次公开募股继续融资（1998 年获得 7250 万美元，1999 年又发行了价值高达 13 亿美元的股票）。公司的收入来自卖家向该公司支付的相关费用：2008 年，根据卖家提供商品的价值，eBay 从每个商品中收取 20 美分到 80 美元不等的挂牌费用，金额最高可达到最终售价的 5.25%。但并非所有的销售都是通过拍卖完成的——"一口价"选项可以让买家立即获得他们想购买的东西。虽然 eBay 经历了剧烈的高层人事变动，但它的业务增长势能依然强劲：1996 年，奥米迪亚仍然担任董事长，但却将日常运营事务先是交给了杰夫·斯科尔（Jeffrey Skoll），然后又在 1998 年交给了梅格·惠特曼。惠特曼在 eBay 工作了十年，在此期间，她成了亿万富翁（奥米迪亚和斯科尔也是如此），同时也是美国商界最杰出的女性之一。

eBay 的几十亿美元销售额大部分来自日常商品或收藏品的交易。然而，eBay 偶尔也会发生一些奇怪的交易。1995 年，第一笔交易的产品是一支破损的激光笔（这笔交易由一个收藏家完成）；2004 年，坐落在洛杉矶市郊山坡上原有的好莱坞标志牌以 45.04 万美元被卖出；一年后，一位英国唱片节目主持人的妻子在广播中听到丈夫与一位著名模特调情后，通过"一口价"的方式以 50 便士出售他的莲花跑车，并在不到 5 分钟的时间内完成了交易。

由于 eBay 上的买家和卖家要冒着损失金钱的风险与素未谋面的合作伙伴进行线上交易，因此交易过程中的欺诈行为往往在所难免。伪造商品和虚假描述、"自抬竞价"以抬高价格和抢拍（或尾拍，指通过专门设计的软件在最后一秒输入报价的做法）等行为一直困扰着该公司。支付方式也在很多方面被破坏。eBay 不得不通过一系列的纠正措施来增强陌生人之间的信任。

事实证明，梅格·惠特曼是完成这项任务的理想的 CEO 人选。惠特曼本科毕业于普林斯顿大学经济学专业，之后又获得哈佛商学院 MBA 学位，她的职业生涯始于宝洁公司，并在贝恩公司、迪士尼公司、鲜花速递公司

（Florists Transworld Delivery）和玩具制造巨头孩之宝公司（Hasbro）任职，这些经历对于扩展其营销方面的能力带来了很大的帮助。当她去 eBay 面试时，该公司只有 19 名员工，年收入约为 400 万美元。十年后，当惠特曼卸任 CEO 时，eBay 已经雇用了 1.4 万名员工，营收为 77 亿美元。她在 2004 年和 2005 年入选了《时代周刊》全球 100 位最重要的人物名单，而《财富》杂志在 2005 年将她评为美国商界最有影响力的女性。但最令人印象深刻的也许是《商业周刊》从 2000 年到 2007 年都将她列为全美国 25 位最有权势的高管之一。

惠特曼在 2007 年回顾自己在 eBay 的经历时指出：

> 皮埃尔·奥米迪亚教会了我有关网络社区方面的知识。但是，我知道公司如果想要继续发展，我们需要做些什么。我的工作是发现哪些地方做得好。我认为，有时当一位高管进入公司时，本能的做法是找出问题并加以解决。然而，这实际上并不奏效。人们总是对自己的创造感到非常自豪，如果你一直在质疑他们，便会招来对方的反感。相反，更成功的方法是首先找到公司做得好的方面，并在此基础上加以培养和强化。在这个过程中，你就会自然地发现哪里出了问题，并有针对性地去解决它。

1998 年，eBay 出现了很多问题。惠特曼推动了对买家和卖家相互评分的反馈系统的调整，这大大减少了欺诈行为。同时，为了应对涉及虚假信用卡号、未送达索赔、支票拒付等支付欺诈行为，惠特曼开始与 PayPal 进行合作。PayPal 是一家成立于 1998 年的在线支付公司。2000 年 2 月，PayPal 每天平均处理 20 万次 eBay 的拍卖交易；到了 4 月，这个数字变成了 100 万次。两年后，惠特曼让 eBay 以 15 亿美元收购了 PayPal。截至 2008 年，PayPal

在全球管理着约 1.65 亿个账户。

与亚马逊类似，在惠特曼的领导下，通过收购，eBay 实现了快速增长。从 1999 年对德国的阿兰多公司（Alando）的收购开始，许多国家的在线拍卖公司都被 eBay 收购了。2004 年，eBay 收购了在线分类广告公司 Craigslist 25% 的股份；第二年，它收购了欧洲公司 Skype——这家公司可以使用户通过互联网打长途电话（这一收购令一些分析师感到困惑），以及在英国、法国和美国地区提供对商品进行比较服务的购物公司 Shopping 网站；它还收购了几家类似 Craigslist 的欧洲分类广告公司，并于 2007 年斥资 3.07 亿美元收购了 StubHub 公司——这是一个业务快速增长的在线销售戏剧、音乐会和体育赛事门票的销售商。

然而，一个令人并不感到意外的现象出现了：eBay 的业务增长并没有持续下去。一些人指责是惠特曼的领导能力不足导致了这场衰退。在惠特曼 2008 年年初离开 eBay 之前的两年时间里，亚马逊的股票价格大幅跑赢 eBay。虽然对 Skype 的收购行为增加了 eBay 电话服务用户的数量，但同时它也转移了 eBay 对其核心业务的关注。2015 年，eBay 的收入为 86 亿美元（远远低于其 2013 年的最高点 160 亿美元）。但该公司仍拥有 8 亿条买卖信息、2500 万个卖家和 1.57 亿个买家。尽管数据与前几年相比有所下降，但这些数字仍然十分庞大。公司的业务也发生了根本性的变化——在 eBay 平台上提供的商品中有 75% 是全新的，80% 的商品则以固定价格出售。

总的来说，eBay 为任何能够上网的人提供了成为企业家的机会。许多人，甚至是重度残疾人，都可以上网销售他们的商品——这在历史上是前所未有的。除了赚钱，这种授权给网民的做法所产生的心理效益是无法被估量的。

谷歌

尽管 1995 年在斯坦福大学读研究生时的首次见面并没有给他们彼此留下深刻印象，但谢尔盖·布林和拉里·佩奇消除了最初的误解，一同创建了美国企业史上最令人关注的公司之一——谷歌。

当时两人都是 22 岁，且父母都是学者。布林的父母毕业于莫斯科大学（Moscow State University）并获得了数学学位。为了追求更好的生活，他们带着 6 岁的儿子移民到了西方国家。作为一名数学神童，布林在 20 岁生日前（1993 年）便取得了马里兰大学理学学士学位，获得了美国国家科学基金会的研究生奖学金，并前往斯坦福大学学习。佩奇的父亲则是密歇根州立大学（Michigan State）的一名计算机科学教授，他的母亲也在该校教授编程课程。佩奇于 1995 年从密歇根大学获得计算机科学学士学位，并在布林入学一年后来到斯坦福大学。

布林和佩奇被互联网带来的无限可能所吸引。他们两人都想让网络变得简单易用，并相信网站链接将成为让网络实现多种用途的关键因素，例如，引用学术论文、文章和书籍。但起初，他们俩都没有想过如何将自己的想法商业化。

链接项目的关键在于，在面对众多链接时，如何判断哪个链接更重要，或者更准确地说，如何从数千个网站中找出最重要的那个，并以此区分出数百万个网站中哪些网站更为重要。这类似于观察占地 10 万平方米的玻璃、水钻、锆石和钻石的混合碎片，并试图从中只挑选出钻石，然后根据大小、颜色和其他特征对每颗钻石进行排名，最后将最好的钻石彼此连接起来，制成一条有价值的项链。

制作珠宝是一个物理过程，并不需要数学分析。虽然对网站的计数、分类和排名也会遇到一些困难，但是却可以通过数学方法来完成。布林和佩奇需要开发一系列算法，这些算法将按顺序包含下面几个步骤：首先，通过浏览收集网站；然后，将每个站点划分为一个或多个类别；最后，找出哪些网站比其他网站更重要。突破出现在最后一步，他们将其命名为佩奇排名算法（The PageRank Algorithm），以表彰佩奇的杰出贡献。

事实证明，他们的搜索引擎远远优于 20 世纪 90 年代互联网热潮期间出现的任何其他引擎。谷歌在这样一个竞争激烈的领域取得的成功类似于福特汽车公司在汽车领域的早期成功。可扩展性是这两家公司成功的关键。如果他们的搜索引擎排序数百万个网站，可以像排序成百上千个网站那么有效，并且给予足够的计算机资源，那么他们就可能无限制地创造成就。其中涉及的庞大数字启发了他们的灵感，他们将这个搜索引擎取名为"谷歌"（Google），这是对数学术语"googol"的模仿，"googol"意思是 10 的 100 次方（或数字 1 后面跟着 100 个零）。

斯坦福大学在谷歌的发展历程中扮演了关键角色，因为它将校园内大约一半的可用带宽给了布林和佩奇使用。1996 年秋天，他们的搜索引擎经常导致斯坦福大学的互联网崩塌。考虑到潜在的商业机会，布林和佩奇决定暂停攻读博士学位。他们从 SUN Microsystems 公司 [1] 的联合创始人安迪·贝克托森（Andy Bechtolsheim）那里得到了 10 万美元的投资，该金额远大于斯坦福大学的出资。1999 年，当谷歌作为一家私营公司成立时，风险投资公司凯鹏华盈（Kleiner Perkins）和红杉资本（Sequoia Capital）共投资 4020 万美元。由于他们没有商业经验，所以寻找了一位经验丰富的经理来管理公司，一家

---

[1] 该公司又称SUN公司，"SUN"是斯坦福大学校园网（Stanford University Network）的英文首字母缩写；SUN Microsystems是最早进入中国市场并直接与中国政府开展技术合作的计算机公司，于 2009年被甲骨文公司收购。——译者注

猎头公司为他们介绍了埃里克·E. 施密特（Eric E. Schmidt）。

2001 年时，施密特 46 岁，他拥有电气工程学士学位（普林斯顿大学）、电气工程和计算机科学硕士及博士学位（加州大学伯克利分校），对 IT 行业的技术和商业相关领域都很了解。他曾在贝尔实验室等其他研究中心、SUN Microsystems 公司工作过，还担任过 Novell 公司的 CEO。佩奇和布林各持有谷歌公司约 30% 的股份，施密特持有 5% 的股份。随着 2004 年的首次公开募股，三人都成了亿万富翁。

谷歌主要靠广告赚钱。谷歌搜索引擎将广告商引导到他们可能获得最佳回报的网站和网页上。在数以百万计的广告中，大多数广告不仅向客户推销广告商的产品，而且还提供了返回广告商自己门户网站的链接。谷歌的系统依赖简短的文本广告，而不像其主要竞争对手雅虎那样使用图片和图形广告。谷歌还拒绝做任何形式的弹窗广告。该公司以每次浏览或每次点击的成本为基础向其广告投放客户收取费用，虽然每次浏览或点击的费用都不高，但累计的总数却非常可观。

早在 2004 年，谷歌就宣布了"谷歌发现的十件将会成真的事情"。前四件事是："以用户为中心，其他一切水到渠成""专注于做一件事，并做到极致""快总比慢好""网络的民主力量"。虽然这类企业信条司空见惯，但谷歌似乎与众不同。因为与其他大多数公司相比，它的领导者和员工能更好地了解这些目标并遵循原则。

尽管谷歌与早期的"惠普模式"有些相似之处，但谷歌从一开始就拥有一种社会责任感，这使得它与大多数其他企业不尽相同。它最初的座右铭"不作恶"（Don't be evil）至今仍渗透在它的企业文化中。2015 年夏天，该公司的座右铭变成了"做正确的事"（Do the right thing）。

这并不是一句容易遵循的座右铭，谷歌因以下问题而饱受批评：其数据库中存储着大量的个人信息；谷歌地图中的街景问题；对所有已出版书籍进行数字化的提议；该公司庞大计算机网络的巨大电量消耗，以及如此庞大的电量消耗所导致的全球变暖的问题。但谷歌一直在《财富》年度最佳工作场所排行榜上名列前茅。位于加利福尼亚州山景城的谷歌总部为员工提供了令人惊叹的便利设施，包括免费食物、健身空间和游泳池、园区自行车和保龄球道等。施密特还制定了"70—20—10"规则，即员工应将 70% 的时间用于公司的核心业务，20% 的时间用于相关项目，10% 的时间用于跟工作无关的培养解决问题的能力。

施密特强调："我们的业务是让世界的信息都变得可以访问和使用。"2003 年，谷歌从博客（Blogger）的创始人那里收购了这家企业，对其业务进行了改进，并免费提供服务以鼓励个人创建自己的博客；2004 年，谷歌收购的 Picasa 网络相册允许用户保存和整理照片；2006 年，谷歌收购了YouTube，该网站迅速成为最受欢迎的网站之一；2012 年，谷歌开始在几个选定的城市开发光纤，这是一种宽带服务，其速度是当下（2016 年）宽带服务速度的 100 倍。

截至 2014 年，谷歌占据了搜索引擎市场近 68% 的份额，收入达到 660亿美元，同比增长了 19%。根据《福布斯》提供的数据，布林和佩奇在2007 年并列成为美国第五富有的人（各拥有 170 亿美元）（施密特为第 129名，拥有 68 亿美元）。自 2004 年谷歌首次公开募股以来，三人的年薪均为1 美元。2011 年，佩奇接替施密特出任 CEO，而施密特则继续留在谷歌担任顾问。

2015 年 10 月，布林和佩奇将谷歌重组为一家名为"Alphabet"的跨国企业集团。谷歌与谷歌光纤、生物制药公司 Calico、GV 管理公司（前谷歌风险投资公司）、谷歌资本和 X 开发有限责任公司（之前叫谷歌 X）一起组成该企业集团。在 2015 年 8 月的一篇博客中，佩奇在介绍这家新公司时着重强调：

> Alphabet 是一家集团公司，其中最大的公司当然是谷歌。这个新的谷歌被精简化了，取而代之的是与我们主要的互联网产品相去甚远的公司……从根本上来说，我们相信这让我们有了更大的管理规模，因为我们可以独立地管理不太相关的事情……总的来说，我们的模式是由一位强有力的 CEO 来管理每一项业务，谢尔盖和我根据需要为他们服务。我们将认真处理资本分配问题，并努力确保每项业务都执行良好……这一新结构将使我们能够高度关注谷歌内部的重大机遇。

如果斯隆泉下有知，他一定会认可新的 Alphabet 公司，因为佩奇和布林重新创建了一个高科技版本的多元化、多部门结构来管理他们的 IT 创新活动。虽然新的 Alphabet 是一家企业集团，但它更具有斯隆多部门管理模式的特点，而不是像 20 世纪中期由并无关联的公司组成的企业集团那样结构松散。它的出现旨在适应第三次工业革命所带来的持续变革。

互联网的扩展：云计算、共享经济和物联网

IT 革命所带来的持续变革的另一个例子是云计算，这项服务使个人和公司能够在不占用本地硬盘空间的情况下存储、访问和使用大量信息，他们需

要做的只是与互联网相连接。

亚马逊为 Kindle（图书）和奈飞（Netflix，主营线上电影和电视节目）提供云服务；苹果公司提供照片和音乐云服务，并支持日历、电子邮件和联系人的同步运行；微软在其"云"上提供软件及存储空间；谷歌驾驶（Google Drive）、谷歌文档（Google Docs）、谷歌邮箱（Gmail）和 Picasa 网络相册都是谷歌使用"云"的例子。谷歌的 Chromebook 是一款基于云计算的计算机，其硬盘上没有存储空间。IBM、戴尔科技公司和其他公司也都开发了一些功能，以帮助各类企业找到适合其目标的云服务。初创企业和小公司通过按需访问提供服务，只需为其使用过的服务付费。一些公司开发私有云，目的是确保其所有权得到保护。2012 年，云服务是一项价值 1000 亿美元的业务；2020 年，云服务价值高达 2700 亿美元。

但"云"的前景因一些问题没有得到解决而变得暗淡。首先，信息安全是一个令人担忧的问题，有时云服务器会崩溃，导致用户无法及时访问存储在"云"中的相关信息。其次，所有权问题也尚未得到解决，比如，云用户或其他 Facebook 用户可能会拥有你储存在 Facebook 页面上的照片。

"云"是所谓"共享经济"或"协同消费"的一个方面。Facebook 可能是应用云共享的代表性案例，当然还有很多其他的例子。例如，在 Kickstarter 网络平台上，个人可以请求他人资助企业、进行文艺创作或为社会事业提供资金，如帮助需要高昂治疗费的患者。其他共享经济的例子包括宠物短期寄养平台 Dogvacy、按小时或按天收费的租车平台 RelayRides、跑腿网站 TaskRabbit、国际艺术家和工匠基金平台 Kiva，以及共享办公空间和用品平台 Coworking 等。

其中两类共享经济的例子表现尤为突出。第一类是"叫车应用程序"，需要搭车的客户可以通过手机应用程序找到附近的司机，并与他签订行程合同。车费，包括小费（如果需要），是通过储蓄卡或信用卡以电子方式支付的，其价格和方便性通常优于本地的出租车公司。优步（Uber）和来福车（Lyft）是美国和世界各地领先的叫车应用程序。第二类是"共享公寓服务"，总部位于旧金山的爱彼迎（Airbnb）将想要寻找不同于酒店房间（通常更便宜）的人与有兴趣通过出租房屋赚取外快的人联系在一起。租房者和房东都将在入住结束时填写调查问卷，未来的租房者和房东可以在签订合同之前互相检查对方的信用。叫车应用程序和爱彼迎代表着对长期形成的固有的商业模式的直接冲击，并丰富了创业者和消费者的选择。这使它们取得了令人兴奋的进展，至少在一开始是这样的。

使用这些应用程序的用户称赞"共享"对社会来说是一件好事——将以前互不认识的人们聚集在一起，他们也可以通过交换受益。来福车尤其推动了这一社会化进程（一部分车费会被"捐赠"）。然而，哈佛大学的两位教授认为，这无非就是提供"访问平台的服务"而已。事实上，他们的研究表明，相对于那些提供平台和更低价格的公司（如优步），只强调共享的企业（如来福车）将失去其市场份额。

21世纪第2个十年中期，共享经济的发展并非一帆风顺。因陌生人的大量涌入，爱彼迎的租房者惹恼了自己的邻居；酒店则质疑房客是否遵守了州和地方法律；如果出现问题，人们也会质疑爱彼迎是否承担了相应的责任。爱彼迎违背了其保持尽可能低成本的商业计划的初衷，不得不额外增加了100万美元的赔偿保险金来应对可能出现的风险。一位巴黎人曾对本书的一位作者开玩笑说，"玛莱区已经不再拥有法国永久居民了，只拥有爱彼迎的租房者"。当地市议会一直在努力解决爱彼迎和叫车应用程序带来的问题。2016年春天，优步和来福车花费了1000多万美元，试图通过公投来反对得克萨斯州奥斯汀市议会提出的录入司机指纹的要求，但最终失败了。

也许共享经济应用程序公司面临的最大问题是员工的不满情绪。为了避免时间和人员上的花费，共享经济中的企业将劳动力视为合同工。这意味着司机需要购买并维护他们的汽车，自行承担保险费，还要支付人工补偿金和个人所得税。一些城市的司机正在进行反击，但优步的回应非常强硬。目前，劳动者与共享经济平台的关系仍在界定中。但总的来说，共享经济吸引了企业家和精明的消费者，不仅包括年轻的千禧一代，也包括"婴儿潮"一代——将一辆老式汽车或一间闲置的卧室出租，就可以为退休的老年人带来额外的现金收入。

最终，IT 的不断变革创造了物联网（Internet of Things，IoT）。2008—2009 年的某个时候，通过计算机和智能手机连接到互联网的物品数量首次超过了全球总人口数量。据估计，2015 年连接到互联网上的物品已达 250 亿件。电信和互联网的结合使消费者不仅可以远程查询其银行卡余额和兑现支票，还可以调控家里的温度，并设置警报系统。其他通过传感器连接到互联网的物品包括汽车、奶牛、电表和水表，以及一些特殊人群，比如，一些医生将监测仪置于患者体内，然后使用无线系统将其生命体征发送到医生办公室进行分析。新近推出的 Fitbit 手表可能会使用更加先进的微创技术做同样的事情。一些经济分析师称赞物联网是人类大步向前迈进的重要技术。

IT 产业的不断变革已成为 20 世纪后几十年和 21 世纪初美国经济增长的驱动力。本章所举出的例子清楚地反映了熊彼特所描述的资本主义——创造性破坏的永恒风暴。硅谷和其他科技中心在其公司文化和运营中体现出了颠覆和创新。事实上，Facebook 在 2012 年首次公开募股前就曾宣扬"快速行动，打破陈规"的座右铭。仅两年后，其 CEO 马克·扎克伯格（Mark Zuckerburg）又宣布了新的座右铭："用稳定的基础设施快速行动。"消费者对漏洞百出的运营感到沮丧，这迫使新的科技公司迅速改变了工作重点。

与此同时，那些敏锐地利用计算机和通信网络的高管们发现，在管理层中减少控制的层级已经成为可能。尽管对任何有序开展业务的公司来说，最低限度的官僚程序仍然是至关重要的，但权力层级的数量确实在开始减少。许多公司的管理层级不再是八级或九级，而是逐步减少到三级或四级。与此同时，每一位经理的监督范围（控制范围）则开始扩大。由于经理掌握的数据量大大增加，所以他可以跟踪越来越多部门正在发生的事情。

以上变化可能导致集中化程度的提高或降低，具体取决于环境和最高管理层的目标。

作为一种二阶效应，IT 产业的进步开始导致中层管理人员的减少——自现代企业兴起以来，这种情况还是第一次大规模出现。控制范围的扩大和等级结构的扁平化使许多公司对其员工进行"重新安排"或"精简"。在执行层面上，这意味着重新分配或解雇那些不再需要担任原来职务的中层管理人员。丧失一个离职人员所拥有的组织经验是否影响生产力的提高，这种问题会长期困扰着一些 CEO。

第九章精选资料

由于 IT 产业的变化过于迅捷，所以本章列出的书目几乎没有一本是最新的。随着以亚马逊、eBay 和谷歌为代表的相关公司的销售额与雇员人数的持续快速增长，并没有人能够预测到它们的未来走向。

如果想阅读更加优秀的入门著作，可参考：Usselman 撰写的 "Computer and Communications Technology"，载于 Stanley I. Kutler 编著的 *Encyclopedia of the United States in the Twentieth Century*, II；Alfred D. Chandler, Jr. 所著的 *Inventing the Electronic Century: The Epic Story of the Consumer Electronics and Computer Industries*（2001）。Walter Isaacson 所著的 *The Innovators: How a Group of Hackers, Geniuses, and Geeks Created the Digital Revolution*（2015）[①] 是一部文笔出众、通俗易懂的计算机行业史。

其他权威著作包括：JoAnne Yates 所著的 *Control Through Communication: The Rise of System in American Management*（1989；*Structuring the Information Age: Life Insurance and Technology in the Twentieth Century*（2005）；James W. Cortada 所著的 *Before the Computer: IBM, NCR, Burroughs, and Remington Rand and the Industry They Created, 1865—1956*（1993）；Michael Sean Mahoney 所著的 *Histories of Computing*（2011），该书提供了一种宏观的方法来理解计算、技术和商业之间的关联；James R. Beniger 所著的 *The Control Revolution: Technical and Economic Origins of the Information Society*（1986）；Ernest Braun 和 Stuart Macdonald 所著的 *Revolution in Miniature: The History and Impact of Semiconductor Electronics*（1978）；Arthur L. Norberg 所著的 *Computers and Commerce: A Study of Technology and Management at Eckert-Mauchly Computer Company, Engineering Research Associates, and Remington Rand, 1946—1957*（2005）；Ross Knox Bassett 所著的 *To the Digital Age: Research Labs, Start-Up Companies, and the Rise of MOS Technology*（2002）；Kenneth Flamm 所著的 *Targeting the Computer: Government Support and International Competition*（1987）和 *Creating the Computer: Government, Industry, and High Technology*（1988）；James W. Cortada 所著的 *The Digital Hand*, 3 vols.（2003，2005，2007）详细介绍了计算机对众多行业和公共部门的影响。读者还可参考 Martin Campbell Kelly 和 Daniel D. Garcia-Swartz 所著的 *From Mainframes to Smartphones: A History of the International Computer Industry*（2015）。关于 IBM 的相关内容，读者可参见：Emerson W. Pugh 所著的 *Building IBM: Shaping an*

---

① 沃尔特·艾萨克森. 创新者：一群技术狂人和鬼才程序员如何改变世界［M］. 关嘉伟，牛小婧，译. 北京：中信出版社，2017.

Industry and Its Technology（1995）[①]；IBM 第二任 CEO Thomas J. Watson，Jr. 与 *Peter Petre* 合著的自传 *Father, Son and Co.: My Life at IBM and Beyond*（1990）[②]。

如想获取其他第一手资料，可参见：David Packard 所著的 *The H-P Way: How Bill Hewlett and I Built Our Company*（1995）[③]，这是一本触及灵魂的著作；英特尔的 Andrew S. Grove 所著的 *Only the Paranoid Survive: How to Exploit the Crisis Points that Challenge Every Company and Career*（1996）[④]；Bill Gates、Nathan Myhrvold 和 Peter Rinearson 所著的 *The Road Ahead*（1996）[⑤]。

在众多描述这家处于领先地位的软件公司的书籍中，读者可参见：Randall E. Stross 所著的 *The Microsoft Way: The Real Story of How the Company Outsmarts its Competition*（1996）[⑥]；Michael A. Cusumano 和 Richard W. Selby 所著的 *Microsoft Secrets: How the World's Most Powerful Software Company Creates Technology, Shapes Markets, and Manages People*（1995）[⑦]；William H. Page 和 John E. Lopatka 所著的 *The Microsoft Case: Antitrust, High Technology, and Consumer Welfare*（2007）。Chris Butts 撰写的 "The Microsoft Case 10 Years Later: Antitrust and New Leading 'New Economy' Firms"，载于 *Northwestern Journal of Technology and Intellectual Property*（Spring 2010），这篇文章对微软反垄断案进行了精准的概述和分析。

---

① 爱默生・W. 皮尤. 构建IBM帝国：塑造一个产业及其技术［M］. 屠凌，叶蕾，刘佳颖，译. 北京：机械工业出版社，2006.
② 小托马斯・约翰・沃森，彼得・彼得. IBM帝国制造者：小沃森自传［M］. 杨蓓，译. 北京：北京联合出版公司，2015.
③ 戴维・帕卡德. 惠普之道：比尔・休利特和我是如何创建公司的［M］. 贾宗谊，译. 北京：新华出版社，1995.
　戴维・帕卡德. 惠普之道：美国合伙人的创业思维［M］. 周钱，刘勇军，译. 重庆：重庆出版社，2016.
④ 安迪・格鲁夫. 只有偏执狂才能生存：特种经理人培训手册［M］. 安然，张万伟，译. 北京：中信出版社，2014.
⑤ 比尔・盖茨. 未来之路［M］. 辜正坤，译. 北京：北京大学出版社，1996.
⑥ 兰德尔・E. 施特劳斯. 微软之路［M］. 叶建云，等译. 海口：海南出版社，1998.
⑦ 迈克尔・A. 科索马罗，理查德・W. 塞尔比. 微软的秘密［M］. 章显洲，贾菡，杨文俊，译. 北京：电子工业出版社，2010.

John Micklethwait 在一份长达 20 页的特别调查中对硅谷进行了简要介绍，即 "Silicon Valley: The Valley of Money's Delight"，载于 *The Economist,* March 19, 1997。Carolyn Caddes 所著的 *Portraits of Success: Impressions of Silicon Valley Pioneers*（1986）是一本关于硅谷公司创建过程中众多参与者的图片和文字报道，其中内容不仅涉及工程师，还包括风险投资家、律师和其他相关人员。关于硅谷的相关信息，可参见以下权威著作：Christopher Lecuyer 所著的 *Making Silicon Valley: Innovation and the Growth of High Tech, 1930—1970*（2006）；Leslie Berlin 所著的 *The Man Behind the Microchip: Robert Noyce and the Invention of Silicon Valley*（2005），这本书介绍了仙童半导体公司、英特尔公司及诺伊斯本人的一些相关内容；AnnaLee Saxenian 所著的 *Regional Advantage: Culture and Competition in Silicon Valley and Route 128*（1994）[①] 是一项十分富有洞察力的分析研究，也是有助于研究产业集群的理论文献。Stuart W. Leslie 和 Robert H. Kargon 撰写的 "Selling Silicon Valley: Frederick Terman's Model for Regional Advantage"，载于 *Business History Review,* 70（Winter 1996），作者在这篇文章中研究了这一现象与硅谷的关系。

有关计算机化和生产力之间关系的相关内容，可参见：Shoshanna Zuboff, *In the Age of the Smart Machine*（1988）；Daniel E. Sichel 所著的 *The Computer Revolution: An Economic Perspective*（1997）；Martin Campbell-Kelly 所著的 *From Airline Reservations to Sonic the Hedgehog: A History of the Software Industry*（2003）。IT 产业相关内容可以通过 *Wired*、*Internet World*、*Datamation* 等最新和过往期刊进行了解，这些读物提供了关于计算机行业不断更新的统计概况。

有关互联网的相关内容，可参见：Janet Abbate 所著的 *Inventing the Internet*（1999）；Robert H. Reid 所著的 *Architects of the Web: 1,000 Days that Built the Future of Business*（1997）；Paul Ceruzzi 所著的 *Internet Alley: High Technology in Tysons Corner, 1945—2005*（2008）；William Aspray 和 Paul E. Ceruzzi 编著的 *The Internet and American Business*（2008）；

---

① 安纳利·萨克森宁. 地区优势：硅谷和128公路地区的文化与竞争［M］. 曹蓬，杨宇光，等译. 上海：上海远东出版社，2000.
　安纳李·萨克森尼安. 区域优势：硅谷与128号公路的文化和竞争［M］. 温建平，李波，译. 上海：上海科学技术出版社，2020.

Andrew L. Russell 所著的 *Open Standards and the Internet Age: History, Ideology, and Networks*（2014）。

有关风险投资的分析，可参见：Paul A. Gompers 和 Joshua Lerner 所著的 *Venture Capital: The Money of Invention*（2001）[①]；Andrew Metrick 所著的 *Venture Capital and the Finance of Innovation*（2006）[②]；风险投资行业先驱 Andrew Metrick 所著的自传 *Valley Boy: The Education of Tom Perkins*（2007）。

关于本章分析的三家公司，对于它们的报道收录于 *Hoover's Reports* 的完整版本中。关于亚马逊的最新补充材料，可参见：Brad Stone 所著的 *The Everything Store: Jeff Bezos and the Age of Amazon*（2014）[③]；John Rossman 所著的 *The Amazon Way: 14 Leadership Principles Behind the World's Most Disruptive Company*（2014）；Jodi Kantor 和 David Streitfeld 撰写的 "Inside Amazon：Wrestling Big Ideas in a Bruising Workplace"，载于 *New York Times*，August 15，2015。

如果要了解 eBay 的相关内容，最好的入门书是 Adam Cohen 所著的 *The Perfect Store: Inside eBay*（2002）。Ken Hills、Michael Petit 和 Nathan Epley 所著的 *Everyday eBay: Culture, Collecting and Desire*（2006）也是一本十分有用的书，该书由 19 篇文章组成，这些文章共同构成了关于 eBay 公司的第一本学术书籍。读者还可参考 Daniel Nissanoff 所著的 *FutureShop: How the New Auction Culture Will Revolutionize the Way We Buy, Sell and Get the Things We Really Want*（2006）[④]，该书使用社会理论来预测其标题的论断。Christopher Cihlar 所著的 *The Grilled Cheese Madonna and 99 Other of the Weirdest, Wackiest, Most Famous eBay Auctions Ever*（2006）兼具娱乐性和洞察力。还有几本书警告人们，eBay 的交易中存在各种欺诈行为，其中一部代表作是 Michael

---

① 保罗·A. 冈珀斯，乔西·勒纳. 风险投资周期［M］. 宋晓东，刘烨，张剑，译. 北京：经济科学出版社，2002.

② 安德鲁·梅特里克. 创业资本与创新金融［M］. 贾宁，等译. 北京：机械工业出版社，2011.

③ 布拉德·斯通. 一网打尽：贝佐斯与亚马逊时代［M］. 李晶，李静，译. 北京：中信出版社，2014.

④ 丹尼尔·尼萨诺夫. 未来商店：新的拍卖文化如何革命性地改变我们的消费行为［M］. 张岩，等译. 北京：中信出版社，2007.

Ford 所著的 *Scams and Scoundrels: Protect Yourself from the Dark Side of eBay*（2007）。

关于谷歌的相关内容，可参见：David Vise 和 Mark Malseed 所著的 *The Google Story*（2005）[①]；John Battelle 所著的 *The Search: How Google and Its Rivals Rewrote the Rules of Business and Transformed Our Culture*（2005）[②]，该书不仅涉及谷歌，还涉及互联网公司及其文化的几乎所有层面的内容。读者还可参考：Eric Schmidt 和 Jared Cohen 所著的 *The New Digital Age: Transforming Nations, Businesses, and Our Lives*（2014）；Eric Schmidt、Jonathan Rosenberg 和 Alan Eagle 所著的 *How Google Works*（2014）[③] 从内部人员的视角向读者展现了公司是如何管理高智商员工的。

有关博客与商业的关系的书籍，可参见：Jeremy Wright 所著的 *Blog Marketing*（2005）[④]；Robert Scoble 和 Shel Israel 所著的 *Naked Conversations: How Blogs Are Changing the Businesses Talk with Customers*（2006）[⑤]；Debbie Weil 所著的 *The Corporate Blogging Book: Absolutely Everything You Need to Know to Get It Right*（2006）。

---

① 戴维·怀斯，马克·马西德. 撬动地球的Google［M］. 张岩，译. 北京：中信出版社，2006.

② 约翰·巴特利. 搜［M］. 张岩，魏平，译. 北京：中信出版社，2006.

③ 埃里克·施密特，乔纳森·罗森伯格，艾伦·伊格尔. 重新定义公司：谷歌是如何运营的［M］. 靳婷婷，译. 北京：中信出版社，2019.

④ 杰里米·莱特. 博客营销［M］. 洪慧芳，译. 北京：中国财政经济出版社，2007.

⑤ 罗伯特·斯考伯，谢尔·以色列. 财富博客：新媒体时代的商业对话策略［M］. 李宛蓉，译. 重庆：重庆出版社，2008.

第十章

20世纪80年代至21世纪初的资本主义金融化

自 1920 年以来，美国商业最重要的趋势之一是金融系统处理的资金数额大幅增加。投资和收益都成倍增长，在储蓄者和资金使用者之间来回输送资金的系统也变得更加高效。证券业民主化在 20 世纪初得到进一步推动，并通过罗斯福新政改革得以延续，且在第二次世界大战结束后仍在继续。虽然越来越多的美国人选择投资股票和债券，但更多的人选择投资养老金计划和 401K 计划（401Ks）[①]。

在 20 世纪最后的 25 年里，美国各金融部门的变革相互促进，并加速了商业环境的变化。这些变化包括：对许多行业管制的放松、全球化浪潮、提高金融工具回报率的新承诺，以及出现了注重"以钱生钱"而不是投资新产品和服务的战略。市场分析师和股东急切地要求在更短的时间内获得更多的财务进展。公司被拆分后会变得更有价值，因为出售单个部门比出售整个公司可以带来更多的利润。

这种国内外资本主义金融化现象成为 20 世纪 80 年代储贷危机、90 年代

---

① 401K计划始于20世纪80年代初，是一种由雇员、雇主共同缴费建立起来的完全基金式的养老保险制度。401K计划是指美国1978年《国内税收法》（Internal Revenue Code）新增的第401条K项条款的规定。该计划于1979年得到法律认可，1981年又追加了实施规则，20世纪90年代迅速发展，逐渐取代了传统的社会保障体系，成为美国诸多雇主首选的社会保障计划，该计划适用于私人营利性公司。——译者注

末亚洲金融危机，以及 2000 年和 2007—2009 年美国股市崩盘的部分背景原因。与大萧条相比，前三次金融危机并没有中止历史学家所称的"大缓和"时期。这种现象发生在 1986—2007 年，一些行业未受到经济危机或政府政策的严重影响而导致价格上涨（特别是房地产行业），随着 2007 年次贷危机的爆发，这一趋势戛然而止。次贷危机引发了股市抛售并最终导致了 2007—2009 年的大衰退。尽管美国政府中的改革派巧妙地应对了先前的危机，但他们发现，在最近的这次危机中自己正被银行和华尔街运作方式的快速变化牵着鼻子走。

尽管从"大缓和"一词中可以推断出，在过去 35 年中，正如我们引用熊彼特的那句话"创造性破坏的永恒风暴"一样，美国企业暴露出了其资本主义的倾向。本章概述了其中发挥作用的主要因素。这些因素包括：长期以来从工业、农业和采矿业转移到金融业、房地产业和服务业的工作岗位（被误称为"去工业化"）；放松市场监管并将政府服务私有化的"新自由主义"政府政策；市场全球化的浪潮及企业行为的金融化。这些因素结合在一起，导致了竞争加剧和财务盈亏等异常复杂局面的出现。它们不仅改变了衡量企业成功与否的方法，而且改变了管理层、股东和工人之间的关系，同时还导致了财富分配的失衡，而这些现象在很多方面与 20 世纪 20 年代中后期的情况类似。

美国企业在这一时期取得了很多成就，但它们的国际竞争对手们也是如此。决策权力的下放、消费者权利的增强，以及创业机会的增加创造了很多新的财富，但美国和世界其他地区的许多工人并没有享受到财富增长所带来的好处。21 世纪第 2 个十年，金融化威胁着美国经济制度的核心价值观。

去工业化

当学者和专家们讨论"去工业化"这一问题时，他们通常指的是制造业、农业及采矿业工作岗位在数量上的减少。这种情况始于 20 世纪 50 年代，并在 70 年代和 80 年代加剧。尽管有些出入，但这些数字是惊人的：1947 年，制造业岗位占美国国内全部工作岗位的 25.8%；而到了 2009 年，这一比例一路下降到了 11%。在此期间，批发和零售业的工作岗位也在减少，占比从 15.9% 下降到了 11.5%。同时，以下领域的工作岗位数量也有所下降：能源和采矿业（从 3.8% 下降至 3.5%）；运输业（从 5.8% 下降至 2.8%）；农业（从 8.2% 下降至 1%）。

相比之下，金融业、保险业和房地产业的工作岗位占比从 1947 年的 10.5% 增加到了 2009 年的 21.4%，而专业岗位与商业服务岗位占比则从 3.3% 增加到了 12.1%；教育、医疗和社会服务业从 1.9% 增加到了 8.3%；信息产业从 2.8% 增加到了 4.4%；建筑业从 3.8% 增加到了 4.1%；酒店和食品服务行业的状况则相对比较稳定（2.8% ~ 2.9%）。与传统观念相悖的是，政府工作岗位占比的增长量略高于一个百分点（从 12.5% 增加到了 13.6%）。

自第二次世界大战以来，工作岗位从制造业向服务业的转移可以用各种变化来解释。许多美国跨国公司在海外设立了工厂和分销处，以降低成本并更好地与其他国际公司竞争。新兴市场国家通过税收优惠来鼓励工作岗位的转移。同时，制造业也变得更加高效（通过使用机器人和其他精密机器），减少了对工厂工人的需求。

第二次世界大战后，欧洲和日本工业的迅速复苏加剧了这种转变。20 世纪 70 年代和 80 年代，美国管理层未能在汽车、消费品和钢铁制造业与欧洲及日本企业进行有效竞争。特别是日本企业，它们认为油耗更少的小型汽车更有未来，并且比美国企业更快地建立了更有效的消费电子产品制造体系。在这两个领域，它们都将美国的生产技术应用到了自己的文化中。一些批评者将汽车和消费品市场份额的下降归咎于美国工会组织追求更高的工资和福利，但事实表明，问题源自最高管理层。美国企业的高管们不仅没能成功预见到海外竞争，也没有在一开始就选择与工会合作以适应这些变化。这些高管未能预见到环保运动的到来，他们选择反对环保运动，而不是与改革者合作。同时，他们变得更加热衷于金融化，而不是创造新的产品和服务。

在此，人们需要了解的是在美国发生的事情也开始在其他地方发生。随着 20 世纪的结束，总部设在美国、欧洲和日本的跨国公司倾向于在生产或销售成本最低的地方建厂。对于生产而言，这通常意味着有足够熟练劳动力的地方成本最低；对于市场而言，则通常意味着该地区拥有更容易被瓦解的内部贸易壁垒和大量潜在客户。这一过程促进了发展中国家和新兴市场的经济增长。尽管事实证明，去工业化对发达国家的工人来说是不利的，但它给消费者带来了价格更低廉的产品，并且它与其他因素相结合改变了商业公司的运作方式。

新自由主义和经济学家时间的延长

"新自由主义"由来已久，但学者们最近才开始了解到它是如何导致 20 世纪末和 21 世纪初世界发生诸多变化的。

自由（liberal）一词至少可以追溯到 18 世纪和启蒙运动（The Enlightenment）时期，美国和法国的革命推动了宣传自由和个性的自由主义思想的发展。苏格兰哲学家、经济学家亚当·斯密（Adam Smith）赞扬了个人在不受政府干预的"自由"市场中进行竞争的优点。斯密希望消除重商主义，因为在这一体系中，政府税收和相关法规在影响经济发展方面发挥着比市场竞争更大的作用。

19 世纪末和 20 世纪初，殖民主义在欧洲已经取代了重商主义。尤其是英国的商界和政界领袖，开始强调"自由贸易"的理念，即商品和服务将受制于市场力量，而非政府命令，并且每个殖民地的内部交易都尽量减少关税和税收干扰。当然，尽管打着"自由贸易"的旗号，西欧的工业化国家仍在继续对非洲、南亚及东南亚的殖民地市场施加政治和经济压力。

第一次世界大战、大萧条和第二次世界大战粉碎了殖民主义的历史基础，从而加快了全球的去殖民化和民族解放运动的进程。美国领导人口头上支持去殖民化、民族解放和民主思想，并在世界上不受苏联影响的地区促进自由主义和自由贸易的发展。美国对国际货币基金组织、世界银行和马歇尔计划的支持，凸显了其促进自由市场经济的冷战外交政策。美国人鼓励西欧人建立一个共同市场，在这个市场中，每个国家都能从低关税和减少国际贸易监管中受益。这种观点认为，商业的自由流动将阻止苏联和共产主义的扩张，防止民族主义经济竞争的卷土重来，并为所有人创造繁荣。

同时，"凯恩斯革命"从大萧条和第二次世界大战的经验中产生。政府对各个行业，尤其是对科学研究与试验发展行业的促进和监管，使美国混合制经济的生产力水平能够维持在历史的最高位。

一些经济学家认为，凯恩斯主义破坏了自由市场资本主义的天然优势。通过从过去的自由主义思想获得理论源泉，一批芝加哥大学的学者和公共知识分子在 20 世纪 60 年代开始不遗余力地抨击凯恩斯主义，倡导自由市场主义。"芝加哥学派"鼓吹，更多依赖市场的力量而不是政府监管将会带来更多的经济增长及财富创造。而从本质上讲，这些新自由主义者建议美国政治家将工业企业私有化，缩减社会福利计划，削弱工会力量（这种紧缩措施将会降低通货膨胀），同时降低关税并鼓励出口。

20 世纪 70 年代和 80 年代，在白宫的支持下，美国国会放松了对航空、铁路、货车运输、电信、电力和天然气公用事业等基础设施行业及银行业的管制。美国放松管制的相关运动既有显著的成效，也有毁誉参半的负面影响。随着一些监管约束的取消，许多老牌公司和初创公司展开了竞争。航空公司为越来越多的顾客提供了经济实惠的航空旅行；铁路公司利用政府监管减少的机会，淘汰了不盈利的线路，升级改造了剩余的铁轨，并通过使用计算机信号系统提高了交通管制效率；由于减少了大萧条时期为增加就业而规定的空驶[①]里程，卡车运输费率下降，生产率提高；电信业在放松管制的情况下蓬勃发展，无处不在的手机或许是其最重要的产物之一；天然气行业在 20 世纪 70 年代末放松管制后也得到了发展。然而，对电力设施放松管制所取得的进展则较为缓慢，并不是每个州都采取了这种措施，即使在放松管制的地区，这种措施的效果也不如经济学理论预测的那样成功。正如我们所看到的，放松对银行业和证券业的管制带来了近乎灾难性的结果。

放松管制运动在 20 世纪 70 年代和 80 年代达到了高潮，而且其影响力已经不单单局限在美国。作为里根总统的同盟者，英国首相玛格丽特·撒切尔（Margaret Thatcher）也放松了对公共事业、教育和交通系统的管制并将其私有化。20 世纪 90 年代，比尔·克林顿（Bill Clinton）政府继续在国内外尤其是国外推行新自由主义政策。"华盛顿共识"在苏联和拉美国家中产生的影

---

① 空驶即空车行驶，不运载乘客或货物。——译者注

响最为突出。芝加哥学派在拉美国家中有着巨大的影响力，并培养了众多回到本国后支持新自由主义政策的拉美经济学家。

本书的一位作者将 20 世纪 70 年代和 80 年代美国放松管制的 20 年称为"经济学家时间"，它在政治上持续的时间之长远远超出了我们的想象。

20 世纪晚期，美国企业史出现了一个奇特的令人讽刺的现象：即使崇尚新自由主义的政治家取消了许多行业的政府管制法规，但政府的其他举措却催生了更多的法规，以促进少数族裔的发展和环境保护（参见第五章）。更具讽刺意味的是，新自由主义还对一些支持"限额与交易"计划以减少污染的环保主义者产生了影响。实际上，这些环保主义者为污染者建立了一个市场。他们设定了污染物的总限额（根据计划，这一限额将随着时间的推移而降低）。每家公司都被分配到一定的配额，如果超过了这个限额，它就必须向政府支付罚款。因此，这是一种经济上鼓励创新和减少排放的机制。事实上，那些排放量少于配额的公司可以向其他排放量多于限额的公司出售"配额"。20 世纪 90 年代，这种"限额与交易"计划有效降低了美国中西部地区的酸雨量。

新自由主义政策和社会及环境法规对企业管理者提出了挑战，要求他们了解其周围不断发生的变化，并制定行之有效的管理对策，以提高公司的利润和价值。此外，消费者的权利也得到了增强，在某些情况下，他们要在更多种类的低成本商品和服务中做出决定，因此负担更重。

全球化浪潮

尽管在 20 世纪 40 年代美国就是世界上最强大的经济体，但由于其他国家对世界贸易同样有着不可忽视的贡献，美国并没能长期保持其主导地位。1953 年，美国的商品出口量占世界的 29%，达到了 20 世纪的最高点。而到了 1963 年，这一比例下降到 17%，并在 20 世纪 70 年代进一步下降到 13%，这一比例一直维持到 21 世纪初，而在这之后，这一比例则继续下降至 10% 以下。

不过，这些比较都是相对的。需要注意的是，第二次世界大战后，美国对更自由的贸易的推动有助于其国内的经济增长。美国进出口总额占国民生产总值的比例从 1960 年的不到 9% 上升到 2009 年的 30% 以上，这是一个巨大的变化。而在 21 世纪第 2 个十年中期，这一比例仍然接近 30%。

近期和当代的评论家及学者往往忽视了早期的全球化，而把注意力集中在 20 世纪 80 年代及以后的全球化发展。他们认为，只有在殖民主义和冷战结束后，一个真正的全球化经济才能够出现。科技，特别是通信和机器人技术，使 20 世纪 90 年代和 21 世纪初有别于早期的全球化。世界各地的许多股票市场——纽约、伦敦、巴黎、东京、孟买和莫斯科——都受到 1987 年由电子信息化问题所带来的股灾的影响。

最近的全球化浪潮有许多推动因素。参加第二次世界大战的美国士兵除了将可口可乐和口香糖传播到了其他国家，也接触到了新的食物和文化。在意大利的美国士兵发现了比萨饼（战前已在纽约市站稳脚跟），对它产生了浓厚的兴趣，并将其推广到全美国各地。美国士兵演奏的音乐在 20 世纪 40 年代和 50 年代的日本平民中流行起来。20 世纪 90 年代，从美国到西欧，再到巴西、智利、南非、印度、泰国、韩国、日本、中国和波斯湾，不同地区的富人空前增多，而这些富人购买的商品则来自世界各地。航空旅行的增长也起到了促进作用，富人和不太富裕的人都大量前往世界各地，有时是为了接受教育，有时是为了商务或旅游。移民也推动了这一增长趋势。例如，20世纪 80 年代和 90 年代，来自埃及、菲律宾、巴基斯坦和苏丹的人们热衷于去日本赚更多的钱。随着欧盟变得更加稳固，移民也刺激了商业的发展。

不过，在 20 世纪 90 年代以后，我们看到的受全球化影响最大的是在通信和大众传媒领域。无论过去还是现在，每天数十亿美元的转账速度都是相当惊人的。电子化交易和货币兑换比以往任何时候都要快得多。孟买贫民窟的居民可以收看到有线电视节目；中国大多数家庭都拥有电视机。在全球化浪潮的早期，网吧变得十分流行。当然，今天越来越多的人已经拥有了自己的手机和 PC，并将它们与全球经济联系起来。2013 年，联合国报告称，地球上 70 亿人中有 60 亿人可以使用手机，与此相比，只有 45 亿人可以用上抽水马桶。2015 年，全球有 42.4% 的人能够上网（自 2000 年以来增长了750%）。在撒哈拉以南的非洲地区，30% 的手机用户使用移动支付，这无疑是企业家和消费者权利日益增强的标志。

新自由主义和全球化的负面效应

诚然，新自由主义政策的实施和最近的全球化浪潮给世界带来了积极的变化。但现在，我们也要注意到一些负面影响。

在苏联解体之后，"华盛顿共识"的政策未能在俄罗斯发展出一个可行的经济体系：国有资产私有化发生过快，成本也太低，而且大部分都落入了政府的亲信手中；法治和正规化的银行业务发展缓慢；俄罗斯政府无法征税；石油工业仍然深陷衰退之中。"官僚资本主义"并没有带来广泛的经济增长和财富。在阿根廷强制实施的新自由主义政策也将这个国家引向了错误的方向：对贷款的依赖限制了其经济的健康增长，因为国际货币基金组织和世界银行坚持要求在提供新贷款之前，相关国家必须偿还之前的所有贷款；削减政府雇员是强加给阿根廷人的"华盛顿共识"政策的一部分，这一政策导致了大量失业和政局不稳。

类似的新自由主义政策还困扰着世界其他地区，尤其是南欧。到 21 世纪第 2 个十年中期，西班牙似乎正在摆脱长期的低迷状态，而希腊的情况仍动荡不稳，深陷长期债务的泥潭。可以说，2016 年，英国支持"脱欧"的投票，以及法国和德国极右翼政党的崛起等其他问题，反映了人们对几十年来新自由主义紧缩政策的结果不再抱有幻想。

一般来说，即使国际和地方银行、跨国公司及富人已经做得很好，"华盛顿共识"的批评者仍旧谴责其政策对穷人不公平。那么，到底错在哪里呢？新自由主义政策没有考虑到一些国家不够发达，无法在一夜之间成为欧美式的资本主义经济体。它们缺乏基础设施、完善的银行体系、教育和投资。同时，它们还需要政府对经济进行强有力的监督和投资。日本、韩国甚至越南都没有遵循"华盛顿共识"——尽管它们鼓励创业精神，但它们的政府仍在塑造自己的经济体系——而且它们在全球经济中表现得相对更好。

农业全球化则遇到了许多国家的抵制，它们不想把比较优势拱手让给美国，因此用高关税或其他限制措施来保护自己的农民。美国、欧洲和其他国家推动环境保护的尝试也受到了新兴国家的抵制。因为这些环境保护措施提高了生产成本，使新兴国家在竞争中处于不利地位。最后，全球化带来了新的商业标准，破坏了许多国家的文化、语言和身份认同，但这种转变并不受相关国家的公民认可。

随着时间跨入 21 世纪初，这些问题变得越来越尖锐，并将国家按照不同的地区和阶级进行了划分。

虽然美国公司在全球化的世界中面临着更多的商业机会，但它们也必须着手解决持续的变革及更多的复杂性和不确定性，这使得管理者越来越难以确定下一步该做什么，以及何时去做。

金融化

在新自由主义和 20 世纪末全球化浪潮的背景下，美国企业也在应对金融体系的惊人变化。越来越多的银行、证券、保险和抵押贷款行业的管理者专注于利用金融工具获利，这些金融工具并没有创造新想法或新产品，但确实为投资者和高管们带来了利益。这在一定程度上是对提升"股东价值"运动的回应。1981 年，通用电气公司的 CEO 杰克·韦尔奇（Jack Welch）发表了题为《在缓慢增长的经济中实现快速增长》的演讲。他在演讲中指出，提高股东价值应该是公司管理层的首要目标。这种想法与美国企业的其他商业发展一起，共同促成了企业管理的转变，然而这种转变在为公司创造利润和提高高管工资的同时，也对美国经济体制造成了一些严重的负面影响。

海量数据

公司内部管理人员和外部投资者所能获得的信息量在稳步增长，从而导致了整个 20 世纪金融体系效率的提高。在公司内部，比率分析和其他金融工具的发展为公司带来了新的数据；在公司外部，监管机构坚持采用标准化的会计程序，并公开披露迄今为止不为人知的内部信息；第三股力量则是 IT 的快速发展——从笔和纸质账本，到计算机和电子表格，最终演变为大量个人和机构 "日内交易者" 在线进行交易，并试图战胜市场。这些新数据使所有层面都能实现更高程度的精细化和高级化。

纵观整个 20 世纪，来自公共部门和私营部门的参与者开发了新的金融工具，并使其标准化。在 20 世纪前 75 年里，美国联邦贸易委员会、美国联邦储备系统、美国证券交易委员会和其他公共机构与各种各样的私营部门协同行动，这些机构包括美国注册会计师协会、美国财务会计准则委员会、纽约证券交易所和美国全国证券交易商协会。经过公共部门和私营部门的努力协调，它们建立了有效的基础设施，使美国资本市场在 20 世纪中期成为世界上最大、最先进的资本市场。

就像滚雪球一样，更多可用的信息吸引了更多的投资者，企业可用的资金池也在逐年扩大。尽管经济增长被大萧条打断，但政府为应对大萧条而制定的新法规也在很大程度上促进了经济增长。这种增长明显得益于混合制经济，而非不受约束的自由经济。

与此同时，资本市场的深度和广度也在稳步提升。第一个里程碑是，从 20 世纪 20 年代开始，越来越多的公众购买普通股股票，并将其视作合理的投资，这一行为在 20 世纪 80 年代取得了巨大的飞跃；第二个里程碑是，从 20 世纪 30 年代开始，随着第二次世界大战、冷战和福利政策的到来，政府因长期高额支出而导致资金需求不断增长。正是因为在 20 世纪 90 年代中期民主党与共和党曾一度平衡了预算，所以在 21 世纪初，美国人才能在不加税的情况下参加了两场战争并扩大了医疗保险规模。

1974 年，具有里程碑意义的《雇员退休收入保障法案》（Employee Retirement Income Security Act，ERISA）的通过，对证券市场产生了强大的长期影响。ERISA 并没有强制要求所有公司建立养老金计划，该法案也不适用于地方和州政府的养老金计划，但它确实迫使所有执行养老金退休计划的公司在一个独立于公司资产的信托基金中留出资金，用于支付当前和未来退休人员的退休金。随着时间的推移，这一新的立法还促进了巨额资本的增长，而法律规定这些资本必须以富有成效和谨慎的方式进行投资。股市成了大多数此类基金的首选目标，因为它往往可以带来最高的投资回报。

最大的养老基金——加州公务员退休基金，对股票进行了巨额投资（2014 年总资产超过 3000 亿美元）。最终，它开始以大股东的身份行使权利，对其大量持股的公司所发布的政策施加影响。从 20 世纪 80 年代开始，加州公务员退休基金和其他机构投资者的实力日益增强，这标志着决策权的再次转移。在这种情况下，决策权从管理者向股东转移。起初，这种改变并不激进。它迫使许多美国公司实行更严格的财务纪律，但它也倾向于让管理者关注短期（季度）业绩。2009 年，杰克·韦尔奇声称，他在 1981 年的演讲中吹捧股东价值，并不是为了关注短期业绩，"这是最愚蠢的想法"。

从 20 世纪 60 年代开始，共同基金（Mutual Fund）迅速发展，到 90 年代，此种模式进一步深化并拓宽了资本市场。许多退休计划为个人参与者提供了选择一种或多种共同基金的机会，以便他们可以将退休储蓄用于投资这些基金；有些退休计划则允许个人参与者直接购买股票。收入不高的人现在可以更好地为退休做准备。

21 世纪，仅是坐在家里的计算机或平板电脑前，我们就能比 1920 年甚至 1980 年的投资者和交易员获得更多的信息和工具。就像快餐店的分量控制一样，这种新的自由给我们套上了个人主义绳索，逼着我们悬梁自尽、血本无归。但这也是创业机会不断增加和决策权力下放的又一表现。整个体系在很大程度上依赖于 20 世纪 30 年代法律规定的金融透明度。不幸的是，在 20 世纪的最后几年里，这种透明度变得模糊不清。与往常一样，政府不得不直面问题，因为创新和频发的丑闻已经远远超出了现有法律对欺诈行为的限制。

金融的重要性不断上升

20 世纪 80 年代，新资金池的规模不断扩大，开始成为一个重要的资金来源，共同基金和其他机构可以通过新资金池投资各种企业。在传统意义上，投行企业如高盛集团、雷曼兄弟和摩根士丹利，它们对公司债务工具的承销仅限于安全、成熟的公司发行的"投资级"债券。这些债券的购买者通常是富人、保险公司和其他金融机构。由于债券对买方来说风险很小，因此利率也相对较低。

可用资本的总和（老式债券加上新的资金池）开始超过在低风险和低回报的旧模式下可以投资的总金额。在这种新的背景下，有创新精神的金融家开始突破旧有模式，并设想出一种完全不同的模式：不仅广泛发行低风险的投资级债券，而且广泛发行高风险和高收益的债券。由于风险较高，这些新的债券往往被称为"垃圾债券"。

投资银行德崇证券公司（Drexel Burnham Lambert）的迈克尔·米尔肯（Michael Milken）率先发行了垃圾债券，并将其出售给共同基金和其他机构投资者，如保险公司和储蓄贷款协会（Savings and Loans Associations）。20 世纪 80 年代，米尔肯为特纳广播公司（Turner Broadcasting）的特德·特纳

（Ted Turner）和美国微波通信公司（MCI Communications）的威廉·麦高恩（William McGowan）等勇敢的企业家安排了高收益融资，美国微波通信公司在当时是美国电话电报公司垄断长途电话业务的第一个强有力的挑战者。在许多情况下，这些交易使各方都有利可图。

垃圾债券的出现也使 20 世纪 80 年代广泛存在的恶意收购运动成为可能。像雷诺兹 – 纳贝斯克（RJR Nabisco）这类大公司的控制权可以在一夜之间通过垃圾债券融资的"杠杆收购"模式易手。这里的"杠杆"是指一种新的做法，即将被收购公司的资产作为垃圾债券的部分抵押品，并出售这些债券以筹集购买控股权所需的资金。与风险投资一样，这是私募股权的另一种形式，但通常目光短浅——与其说是促进创新产业，不如说是为"企业掠夺者"提供丰厚的利润来源。企业掠夺者经常援引"股东价值"一说作为其行动的理由。

就像使用新的金融方法经常发生的情况一样，先驱者们发现自己正身处法律的灰色地带，有时他们越过了界限，做出了明显的非法行为。根据证券法，一些金融家被起诉，并被判处监禁。米尔肯被指控犯有包括逃税在内的多项勒索和诈骗罪名，他在认罪协议中承认了其中的六项指控，并服刑 22 个月。1990 年，米尔肯的公司——德崇证券最终破产倒闭。

新的资金池和高收益债券的出现让更多的美国企业可以获得大量资金。一些美国金融作家认为，这些发展使曾经只属于少数特权阶层的机会和回报实现了"民主化"。其他人则断言，"民主化"一词并不恰当。他们的论点是，通过金融操纵获得的巨额利润中有很大一部分流向了少数金融家，从而加速了全美财富和收入更加不平等的趋势。

证券交易的另一项创新是"对冲基金"的兴起。对冲基金的名称有些名不副实，它并没有像其名称所暗示的那样，起到避免损失的作用。这些组织的活动通常是高度保密的，主要从事衍生品交易，包括期货、期权、掉期、远期合约和其他从传统证券或大宗商品衍生出来的工具。许多对冲基金通过基于复杂数学模型的大规模交易赚取了巨额利润。这些模型旨在不断地重新平衡基金面临的风险，而这些风险则源于世界经济的变化。

对冲基金开始用于管理大量的资金，它们对共同基金、养老基金和寻求高额回报的富有的投资者极具吸引力。它们不接受净资产很少的散户的投资。对冲基金发展迅速，其中许多对冲基金吸引了美国一些大学教授和诺贝尔奖得主等聪明绝顶之人去担任经理。但有时对冲基金也会遭受失败。1998年，美国巨头公司——长期资本管理公司（Long Term Capital Management）的崩溃严重到需要政府救助，而这次救助是由美联储组织的。即便如此，对冲基金的数量仍然迅速增长，因为它们通常能获得高额回报。

然而，无论人们如何解释 20 世纪 60 年代到 20 世纪末这些金融化发展的意义，都会发现四个明显的事实。第一，数以千万计的人以投资者的身份参与到金融体系中，这一比例远高于美国历史上任何其他时期。第二，可用资金池的规模比其他任何行业都要大得多，来源也更加多样化。第三，该体系的监管越来越少，透明度也大大降低，这与自 20 世纪 30 年代以来支撑资本市场完整性的透明度产生了鲜明对比。第四，数千名投机者和投资银行家已经变得非常富有。

1950 年，美国经济中的金融部门的利润占国内生产总值的 3%；2014 年，这一比例是 6.5%（2006 年达到 7.5% 的最高点）。更能说明问题的是，1950年，金融部门的利润占美国所有企业利润的 8%；1990 年，占比 20%；2003年，占比 34%，考虑到美国的经济规模，这个数字几乎高得令人难以置信。

尽管 2007—2009 年的金融危机和随后的大衰退影响了金融部门，但在 2012 年，它的利润仍然占美国企业总利润的 24%。

金融部门的新增利润从何而来？主要是来自企业、政府、消费者、房主和大学生的贷款。1981—2007 年，美国消费债务占可支配收入的比例增长了 27%，住房抵押贷款债务增长了 44%。2009 年，美国信用卡债务总额约为 1 万亿美元（1981 年为 500 亿美元，相当于 2016 年的 1325 亿美元）。2009 年，抵押贷款债务约为 11 万亿美元。这两者是相关的，因为许多人都通过信用卡债务来偿还房屋贷款。大约有一半的信用卡持卡人只支付了最低月供，从而使他们的债务无限期地延续下去。

银行业的金融化也影响了信用卡领域。除了不谨慎的消费支出外，信用卡持卡人还面临着银行为提高利润而设计的一系列陷阱，其中包括使用信用卡的年费、极高的利率、逾期还款或不还款的高额违约费用，以及所有这些陷阱中最可耻的"普遍违约"的做法。通过这一机制，哪怕信用卡持有者只是逾期一天还款，逾期信用卡的适用利率也会提高（往往是大幅提高），并且其名下所有其他银行卡的适用利率也将会随之提高。

总而言之，这些骗局，加上银行持续地向公众推出越来越多的信用卡，诱使数百万人陷入了一个几乎没有机会逃脱的债务陷阱。许多消费者几乎不知道他们是如何陷入这种境地的。信用卡合同往往是布满陷阱的，即使是专业人士也难以幸免。发卡银行很谨慎，从不在每月发票上标明一些基本信息，比如，持卡人按最低额度还款需要多久才能付清全部欠款，或者在不同的还款计划下利息支付总额是多少。整个系统从金融意义上来看，类似于 19 世纪地主与佃户之间的分成制。

类似的情况也发生在数百万房主身上。在 20 世纪 80 年代的储贷危机之前，"储蓄与贷款协会"一直是许多社区的支柱，也是住房抵押贷款融资的主要来源。虽然当地的储蓄与贷款机构仔细评估了申请人支付房屋贷款的能力，但抵押贷款经纪人却向那些在短时间内几乎没有持续月供能力的买家提供带有欺骗性的贷款。因此，当时的 3000 家储蓄与贷款机构中有 1000 多家很快就倒闭了。

在 20 世纪的最后几十年里，私募股权基金（这是 20 世纪 80 年代恶意收购公司者首次使用的一种委婉的说法）开始在美国金融业发挥显著的作用。与恶意收购公司者不同的是，风险资本家领导的私募股权基金通过提供现金来换取生物技术、计算机软件和其他众多高科技行业公司的部分股票（或股票期权）。这些公司中有许多是初创公司，而且大多是需要资金进行产品开发的年轻公司，如微软、联邦快递、苹果电脑公司、思科和基因泰克。如果一家公司足够成功，它的首次公开募股可能会为风险投资家和该公司的创办者带来数百万美元的收益。首次公开募股也为华尔街的金融公司赚了很多钱，这些公司的主要业务就是为企业家提供咨询并在股市出售股票。

华尔街和股票市场

投资股票和债券可以带来巨大的回报，但操纵市场也可能像赌博一样充满不确定性。大量的内部人员腐败现象导致亨利·福特和许多人对华尔街越来越不信任。然而，罗斯福新政期间实施的改革使证券行业得以发展，更多的投资者从中获得了回报。

从 1920 年到 21 世纪初，股票投资者从股息和股价升值中获得的实际回报率（之所以说"实际"，是因为考虑了通胀因素）每年平均为 7%。与这 7% 相比，一直被视为更安全投资的政府债券和高评级商业债券的年回报率平均只有 2%。因此，从长远来看，市场给大多数股票投资者带来了良好的回报。

（短期波动很大——从 20 世纪 20 年代的年均近 15%，锐减到 30 年代的年均 -0.63%，到 50 年代的年均 19%，再到 80 年代和 90 年代的年均 18%，最终达到 21 世纪初的年均 1%。）

在第一次世界大战之前，人们设想的投资者民主，由于 1929 年的经济崩溃而受阻，但却随着 20 世纪剩余时间的发展而得以实现。20 世纪初，只有大约 50 万美国人拥有股票。1929 年，在经历了迄今为止历史上最大的牛市之后，这个数字增加了 20 倍，股票持有者的数量达到约 1000 万人。21 世纪初，在经历了比 20 世纪 90 年代更大的牛市之后，超过 1 亿美国人拥有股票，他们主要投资于共同基金和退休金计划。1990 年，美国共有将近 2400 只共同基金；而到了 2014 年，其数量超过了 7900 只（管理资产价值为 15.85 万亿美元）。然而，随着基金数量的增加，投资失败的情况也越来越多。21 世纪头十年的投资失败率为 7%，而 20 世纪 60 年代的失败率还不到 1%。

在 20 世纪 60 年代之前，纽约证券交易所的日均交易量不到 300 万股；但到 1990 年，日均交易量飙升至近 1.6 亿股；到了 2007 年，日均交易量达到 16 亿股。与此同时，巨额资金争先恐后地从低风险的储蓄账户、定期存单和债券转移到上市公司的股票中。21 世纪初，超过 1/4 的美国家庭投资股票市场，而在 20 世纪 80 年代，这一比例只有 1/10。

证券业的另一个变化与大量风险资本的涌现有关，这些资本在 20 世纪 90 年代推动了高科技行业的快速增长。由于税收环境有利、破产法宽松和创业文化浓厚，美国初创企业可获得的资金要比其他地方多得多。20 世纪 90 年代中期，马萨诸塞州的风险投资几乎和英国持平；企业在加利福尼亚州获得的风险投资甚至比整个欧洲大陆的都多。此外，20 世纪 90 年代末，美国约 37% 的风险投资流向了初创公司，而在欧洲这一比例只有 12%。在随后的几年里，尽管风险资本总额开始下降，但美国仍然是风险资本的沃土。欧洲开始成为私募股权投资的热点，其中不仅包括创业投资，还包括对现有公司的恶意收购。

高科技公司股票的投资模式极大地改变了股票市场的性质。在 20 世纪的大部分时间里，一家在销售额和就业方面排名靠前的公司通常会相应地拥有较高的市值（其股票的总价值）。这似乎将股市及其纸面资产与固定资产的实体经济，以及钢铁、汽车和其他有形商品的制造联系起来。这些产品是第二次工业革命的象征，而第二次工业革命的基础正是机器大生产，以及廉价快速的运输和通信系统。

在以信息为基础的第三次工业革命中，一些高科技公司的市值与其销售额、固定资产或员工数量的关联度大大降低。例如，20 世纪末，美国产值最大的两家公司——通用汽车公司和福特汽车公司的年销售额合计为 3060 亿美元，雇员人数为 94 万人，市值为 1340 亿美元。相比之下，当时领先的两家软件公司——微软和甲骨文合起来的总销售额仅为 220 亿美元，雇用员工 6.3 万名（约为两家汽车巨头的 1/14），但总市值却高达 4620 亿美元，几乎是汽车公司的 3.5 倍。其中，仅微软一家公司的市值就高达 4180 亿美元，这反映出该公司在计算机操作系统标准上的主导地位，以及其从互联网中获利的潜力。

包括美联储主席艾伦·格林斯潘（Alan Greenspan）在内的一些政府官员警告称，高科技公司的股价已经被过分地高估了。1996 年 12 月，格林斯潘谈到了投资者造成的"非理性繁荣"，如果要说还有什么问题的话，那就是他严重低估了事实——许多科技公司还没有实现盈利。2000 年，互联网泡沫破裂，这不仅导致了巨大的个人财富损失和全美国的经济衰退，而且让更危险的住房、房地产和信贷方面的泡沫也开始在美联储的眼皮子底下悄然生成。

20 世纪末，证券业的变革标志着与过去彻底决裂，这使证券分析师、股票投资者和监管者摸不着头脑。事实证明，新的行业结构与华尔街文化的变革相结合，最终导致证券业爆出了大量的丑闻。

华尔街的变化与前文所说的全球化浪潮相互作用。20 世纪 90 年代，华尔街的动态开始对世界各地产生巨大影响，这在很大程度上是因为商业已经变得全球化。资金和其他形式的资本开始迅速地在不同国家间流动，这是因为高回报的机会不断涌现，而且永远在变化之中。

美国的咨询公司继续为美国式资本主义的发展做出贡献，这种转变正逐渐成为以金融为导向的模式。20 世纪 80 年代和 90 年代，以麦肯锡为典型代表的企业咨询公司，设计并推广了"企业文化"的概念。它们促使股东诉讼案件增多，这些诉讼案件挑战了管理层的决策制定并使企业活动变得缺乏透明度。在新自由主义的影响下，采用麦肯锡文化的投资公司塑造了华尔街的新文化，该文化坚定地致力于改变美国商业公司的运营方式。

正如人类学家何柔宛（Karen Ho）指出的那样，20 世纪 90 年代，投资银行几乎只从常春藤大学招聘员工。招聘人员寻找的是有远大抱负、工作努力的人，或者用上一代人的话来说，是最优秀和最聪明的人。这些公司一开始会告诉新雇员它们有多特别，让他们努力工作几年，然后却会突然解雇他们。投资公司经常与咨询公司合作分析潜在的并购交易。这种文化不仅强调赚取并购交易的咨询费用，还强调通过拆分公司并出售其组成部分（或不同的业务）来赚取高于整体出售的收入。与研发投资相比，并购会给投资公司带来更多的收益。交易越多，华尔街的金融家们获得的收益就越多。

这种倾向明显不同于 20 世纪中叶的美国企业经营策略，其带来的后果大多是负面的。

20 世纪 80 年代，美国金融行业与实体经济之间的分离日益加剧，这个时期被称为"贪婪的十年"。美国历史上首次出现了像迈克尔·米尔肯这样的金融创新者，他可以从一家不属于自己的公司中获得 5.5 亿美元（相当于 2016 年的 12.3 亿美元）的"年收入"。米尔肯的雇主——投资银行德崇证券发起了一场被其公司交易员称为"年度猎食盛宴"的活动。在这次活动中，人们对财富的炫耀让经济学家托尔斯坦·凡勃伦（Thorstein Veblen，在 19 世纪末提出了"炫耀性消费"的概念）都感到惊讶。1987 年上映的电影《华尔街》（*Wall Street*），描述了贪婪的金融家在获得一次性收益后愉快地解散了公司的场景。汤姆·沃尔夫（Tom Wolfe）的畅销小说《虚荣的篝火》（*The Bonfire of the Vanities*）则描绘了一个被毫无意义的贪婪所扰乱的金融界的故事。

在现实生活中，一些投机者被起诉并被判入狱。除了上面提到的迈克尔·米尔肯（本科毕业于加州大学伯克利分校，硕士毕业于宾夕法尼亚大学沃顿金融学院），伊万·博斯基（Ivan Boesky，毕业于底特律法学院——即现在的密歇根州立大学法学院）在非法操纵股票赚取了数亿美元后也锒铛入狱；2005 年，泰科国际（Tyco International）的丹尼斯·科兹洛夫斯基（Dennis Kozlowski，毕业于美国西顿霍尔大学）被判处 24 年监禁；一年后，电信巨头世界通信公司（WorldCom）的伯尼·埃伯斯（Bernie Ebbers，毕业于密西西比学院）被判处 25 年有期徒刑。

另一个丑闻则冲击了一座大城市，并由此产生了一部关于美国经济体制的重要纪录片。20 世纪 90 年代，休斯敦能源交易巨头安然公司（Enron）被认为是所有美国公司中最具创新性和盈利能力的公司之一，同时它自己的公共关系部门也在吹捧这一说法。现在回想起来，安然公司的案例明显说明了高管们是如何利用新自由主义的概念和华尔街的价值观在他们的公司内部推广这样一种企业文化的，即庆祝旧事物的毁灭，以迎接新事物的诞生。

安然公司鼓励年轻的业务员利用加州公用事业部门放松管制的法规，从交易中获取更多利润。他们既不生产产品，也不提供服务，但他们利用"去监管化"创造了一个虚拟市场。这家曾经广受尊敬的能源公司扩大了其天然气资源和分销网络，成为一家能源贸易公司，并在根本就不存在的虚拟市场上进行交易。安然公司的 CEO 肯尼思·莱（Kenneth Lay）通过吹嘘公司的成功，为当地的艺术和慈善机构进行捐赠，并宣扬正是因为安然公司才让休斯敦成为一个能够为每个人创造财富的新型国际城市，从而使自己及其公司得到了休斯敦人的青睐。事实上，安然公司的高管和业务员彻底伪造了公司的账目，以至于在丑闻暴发、调查人员介入后，即使是公司自己的律师和会计师也无法解释到底发生了什么。

2001 年，安然公司的股价暴跌，从 90 多美元跌至几美分。经过美国联邦调查局和美国证券交易委员会的调查，该公司总裁杰弗里·斯基林（Jeffrey Skilling，毕业于哈佛商学院）和首席财务官安德鲁·法斯托（Andrew Fastow，毕业于西北大学凯洛格管理学院）被判处长期监禁。CEO肯尼思·莱（休斯敦大学经济学博士）与斯基林同时被起诉，但在被定罪和判刑期间的 2006 年，他因心脏病发作去世。安然的审计公司——大型国际会计师事务所安达信会计师事务所（Arthur Andersen）也因此事而破产，然后彻底销声匿迹。安然公司的 2 万名员工不仅失去了工作，还失去了与公司股价相关的可观的养老金。与此同时，加州面临着能源价格危机，这在一定程度上导致州长格雷·戴维斯（Gray Davis）被罢免，并促使其他州放缓了推行放松管制计划的步伐。

2005 年的纪录片《安然：房间里最聪明的人》（*Enron: The Smartest Guys in the Room*）揭示了安然丑闻背后的真相。影评人罗杰·艾伯特（Roger Ebert）给了这部纪录片三星半（满分为四星）的评价："这不是一部政治纪录片，而是一部犯罪故事片。无论你的政治立场如何，《安然：房间里最聪明的人》都会让你感到愤怒。它讲述了安然如何通过庞氏骗局（Ponzi Scheme）成为美国第七大公司，并在其最后的日子里通过掠夺员工的退休基金以争取更多时间的故事。"

受"安然 – 安达信事件"和其他丑闻的影响，美国政府曾经试图迎头而上、大力加以整治，但其行动与新政改革的目标相去甚远。最重大的改革发生在 2002 年，当时美国国会通过了《萨班斯 – 奥克斯利法案》（Sarbanes-Oxley Act），将审计与咨询业务分开，并鼓励企业聘请外部顾问，以确保内部管理运营不会跨越法律的红线。

薪酬过高的高管和基金经理

出乎许多人的预料，对伊万·博斯基（Ivan Boesky）、迈克尔·米尔肯和其他安然高管的起诉并没有在改变企业高管的行为，尤其是在其薪酬过高方面产生广泛的影响。同样，关于股东治理方面的众多改革也没有降低基金经理的薪酬。1965 年，CEO 与工人的薪酬比例为 20∶1；1989 年的薪酬比例为 59∶1；1995 年的薪酬比例为 123∶1；2000 年的薪酬比例为 383∶1；2007 年金融危机爆发时，这一比例为 351.3∶1；到了 2013 年，这一比例降至 296∶1。这些数字远远高于欧洲和日本，高管们过高的薪酬减少了可用于提高工人工资的资金，从而限制了经济增长和工人提高收入的能力。

这种新的差距打破了美国商界在 20 世纪大部分时间里一直被尊崇的惯例。在大萧条时期，宝洁公司的 CEO 雷德·德普利因为宝洁公司员工和客户的财务困境，削减了自己的工资并停发了年度奖金。其他 CEO 包括 IBM 的托马斯·J. 沃森也自愿大幅降薪。即使在第二次世界大战和 20 世纪 60 年代经济繁荣时期，大多数高管也会有意识地对自己的薪酬进行管控。然而，到了 20 世纪末，美国企业的高管们就像职业运动员那样开始痴迷于过高的薪酬待遇，不同之处在于，大多数运动员的薪酬是根据其表现而定的。

高管薪酬的急剧上升，很大程度上在于其可以通过股票期权进行套现，这些期权则是董事会慷慨授予的。薪酬的上升还与一些看似合理的新理论有关。这些理论认为，公司要奖励取得卓越成就的高管们。但在大多数情况下，不管公司的业绩如何，高管薪酬都会上升。《纽约时报》的一项研究发现，1993—1997 年，383 家在这几年由同一位 CEO 任职的大公司中，公司股票的平均价格翻了一番，但 CEO 的薪酬却翻了两番——从每年不到 280 万美元增长到 1000 多万美元（相当于 2016 年的 1500 万美元）。薪酬顾问就像运动员或演艺圈名人的经纪人一样，他们起草了股票期权和其他激励计划，确保无论公司发生什么事，高管们都能维持高薪。通常情况下，甚至连本公司的律师和会计师都很难计算出高管的总薪酬。最糟糕的是，股票期权数量的大幅上涨（通常情况下，行权价格可能会随着形势变化而下降，这是无法避免的）刺激着高管们对他们的公司采取风险更高的策略，进而也对国家经济采取风险更高的策略。这种不良行为已经渗透到私营企业的各个层面。

这种危险的局面在 2007 年达到了某种程度的顶峰，当华尔街的五大公司在次贷危机和其他愚蠢的投资中损失了 740 亿美元之后，仍继续向其员工支付了 380 亿美元的奖金。其中，这笔巨额奖金的大部分都支付给了高层管理人员。这五家公司分别是雷曼兄弟、摩根士丹利、高盛（相对于其他公司，高盛那年业绩不错）、美林证券（由于负面宣传减少了部分奖金）和贝尔斯登公司（取消了部分奖金）。与此同时，为了弥补损失，其中几家银行向中东盛产石油的国家或公司出售了价值数十亿美元的公司股权。实际上，高管们正在出售他们公司的部分资产，这样他们就可以给自己支付价值数十亿美元的奖金。

对冲基金也发生了类似的事件。大约在 2004 年，个别对冲基金经理就已经开始获得超过 10 亿美元的年度薪酬包。在 2007 年，一位经理赚了 37 亿美元，另外两位则赚了近 30 亿美元。这些钱很大一部分来自对冲基金总价值的增长（美国对冲基金管理的资产规模从 1990 年的 389 亿美元增加到 2015 年的近 3 万亿美元），但是这些经理却很少会冒险把大量资金投入自己的基金中。由于美国《国内税收法》更青睐资本利得，而不是"普通收入"，因此对这些巨额资金只征收 15% 的税，而不是通常高收入者支付的 35% 的税。因此，一个因经营对冲基金而获得 30 亿美元报酬的人，每年可以节省 6 亿美元税款。类似的薪酬方案也发生在共同基金上，其管理的资产规模从 1992 年的 1.6 万亿美元增长到 2015 年的近 16 万亿美元。

美国媒体广泛报道了高管、基金经理与其他员工薪酬之间的差距，这反过来又加剧了 21 世纪初美国政治中本已紧张的思想分歧，从而限制了美国政客在改革高管薪酬和确定新的薪酬标准方面的步伐与速度。

不透明问题

无论在历史上的哪个时代，大多数公司都希望尽可能少地披露其内部事务。这并不是因为公司本质上是邪恶的，而是出于其他考虑，如商业机密、竞争压力及家族所有制的旧传统。在这种情况下，对公司状况的披露等同于对家族财务状况不体面的展示。由于这些原因，只要监管系统规定的透明度可以被避免展示，那么它就会被人为避免（具有讽刺意味的是，这种对不透明的偏好破坏了"自由市场"理论中的一个关键要素，即每个竞争者都拥有与其他人相同的信息访问权）。

近几十年来引人注目的金融创新加剧了商业这一固有特性。如果你是一名管理对冲基金和从事衍生品交易的金融高管，那么你就会希望你所操纵的世界尽可能保持不透明，永远不会披露类似上市公司例行提交给美国证券交易委员会的那些数据。如果你将一家公司私有化（购买其所有普通股），你就不必像那些仍在交易股票的公司那样向美国证券交易委员会提交报告。"私有化"可能还有一个更有成效的方面：它使管理层能够进行长期规划，而不是在股市分析师和媒体评论员的压力下，只在意每个季度都要增加的利润。这也是迈克尔·戴尔（Michael Dell）在 2013 年 10 月将戴尔公司私有化并创建戴尔科技公司的主要原因之一。股权私有化，无论收购是内部的还是外部的、友好的还是敌意的，都是不透明的，这也恰恰是它最吸引人的地方。

以下几种情况也都是暗箱操作。

第一，重申早些时候被夸大的公司收益，以提升公司股价。

第二，将成千上万的房屋抵押贷款（其中许多是次级抵押贷款）打包成投资产品，并以最低限度的披露方式出售。

第三，推销大量没有多少购买者能够理解的不受监管的证券（如结构性投资工具、债务抵押债券、信用违约掉期）。

第四，让贷款机构轻易地为学生提供贷款。

第五，签订令人费解的信用卡合同，然后通过"普遍违约"来征收高额费用并提高利率。

第六，倒填股票期权日期或不在公司损益表中计入该项费用，这简直就是彻头彻尾的盗窃。

所有这些手段都极大地提高了金融行业的盈利能力。60 年来金融行业系统性地规避了资本市场监管机构所提出的关于透明度的要求，这导致了一个新的、基本上不受监管的"影子银行体系"的产生。而且，由于几乎所有的企业都倾向于不透明，因此大量资金不可避免地从受监管的系统转移到不受监管的系统。如果不去修订和加强监管政策，资本市场的透明度将继续降低。没有透明度，就没有信誉，最终信贷也会消失。毕竟，"信誉"和"信贷"都源自拉丁语"credo"，意思是"我相信"。在 2007 年美国房地产泡沫破裂后，紧接着 2008 年其金融体系几乎崩溃。美国要想控制住局势，需要付出的努力不亚于应对美国历史上的任何一次危机。

第十章精选资料

要了解这一时期的详细情况，可参见 James T. Patterson 所著的 *Restless Giant: The United States from Watergate to Bush v. Gore*（2005），以及 Daniel T. Rodgers 所著的 *Age of Fracture*（2011）。有关去工业化问题的讨论，可参见 Guian A. McKee 所著的 *The Problem of Jobs: Liberalism, Race, and Deindustrialization in Philadelphia*（2008），

以及 Gregory S. Wilson 所著的 *Communities Left Behind: The Area Redevelopment Administration,1945–1965*（2009）。有关全球化问题的讨论，可参见：William I. Robinson 所著的 *Latin America and Global Capitalism: A Critical Globalization Perspective*（2008）；Matthew Hilton 所著的 *Prosperity for All: Consumer Activism in an Era of Globalization*（2009）；Marc Levinson 所著的 *The Box: How the Shipping Container Made the World Smaller and the World Economy Bigger*（2006）[①]。

在众多与全球化和反全球化相关的研究中，Thomas L. Friedman 所著的 *The Lexus and the Olive Tree: Understanding Globalization*（2000）[②]是一本通俗易懂的书。我们可以在 Joseph E. Stiglitz 所著的 *Globalization and Its Discontents*（2003）[③]和 Jagdish Bhagwati 所著的 *In Defense of Globalization*（2004）[④]一书中，找到更多研究全球化的学术方法。

有关"新自由主义"历史的充分论述和一些有借鉴意义的参考资料，可参见在线百科全书——维基百科。最新的新自由主义著作，可参见 Daniel Stedman Jones 所著的 *Masters of the Universe: Hayek, Friedman, and the Birth of Neoliberal Politics*（2012）[⑤]，以及 Angus Burgi 所著的 Angus Burgin, *The Great Persuasion: Reinventing Free Markets Since the Depression*（2012）[⑥]。关于新自由主义和"华盛顿共识"的著作，可参见：俄罗斯学者 Steven Solnick 所著的 *Stealing the State: Control and Collapse in Soviet Institutions*（1998）；Stephen Kotkin 所著的 *Armageddon Averted: The Soviet Collapse, 1970–2000*（2008）；Karen Dawisha 所著的 *Putin's Kleptocracy: Who Own Russia?*（2014）；南美学者 Paul Blustein 所著的 *And the Money Kept Rolling In (and Out) Wall Street, the IMF,*

---

① 马克·莱文森. 集装箱改变世界［M］. 姜文波，译. 北京：机械工业出版社，2022.

② 托马斯·弗里德曼. 直面全球化："凌志汽车"与"橄榄树"［M］. 赵绍棣，黄其祥，译. 北京：国际文化出版公司，2003.

③ 约瑟夫·E. 斯蒂格利茨. 全球化及其不满［M］. 夏业良，译. 北京：机械工业出版社，2004.

④ 贾格迪什·巴格沃蒂. 捍卫全球化［M］. 海闻，杨湘玉，于扬杰，译. 北京：中国人民大学出版社，2008.

⑤ 丹尼尔·斯特德曼·琼斯. 宇宙的主宰：哈耶克、弗里德曼与新自由主义的诞生［M］. 贾拥民，译. 北京：华夏出版社，2017.

⑥ 安格斯·伯金. 伟大的说服：哈耶克、弗里德曼与重塑大萧条之后的自由市场［M］. 傅瑞蓉，译. 北京：华夏出版社，2014.

and the Bankrupting of Argentina（2006）；John D. French 和 Matthew Lymburner 撰写的 "Neoliberalism"，载于 *Oxford Bibliographies*，该书详尽描述了拉丁美洲有关新自由主义的思想。

有关美国放松管制的相关内容，可参见：现任美国最高法院大法官 Stephen Breyer 所著的 *Regulation and Its Reform*（1982）[①]；Thomas W. McCraw 所著的 *Prophets of Regulation*（1984）中的第七章 "Kahn and the Economist's Hour"；Alfred E. Kahn 所著的 *The Economics of Regulation: Principles and Institutions*（1988）；Richard F. Hirsh 所著的 *Power Loss: The Origins of Deregulation and Restructuring in the American Electric Power Industry*（2000）；Charles W. Calomiras 所著的 *U.S. Bank Deregulation in Historical Perspective*（1998）；John R. Felton 和 G. Anderson Ames 编著的 *Regulation and Deregulation of the Motor Carrier Industry*（1989）；Robert Britt Horwitz 所著的 *The Irony of Regulatory Reform: The Deregulation of American Telecommunications*（1989）；Elizabeth E. Bailey、David R. Graham 和 Daniel P. Kaplan 所著的 *Deregulating the Airlines*（1985）；Alan Stone 所著的 *Wrong Number: The Breakup of AT&T*（1989）。而关于美国铁路行业如何利用放松管制的深入分析，可参见 Robert E. Gallamore 和 John R. Meyer 所著的 *American Railroads: Decline and Renaissance in the Twentieth Century*（2014）。读者还可参考：Andrew Skalaba 撰写的 "State Governance and Financial Market Integration: The Politics and Consequences of Interstate Banking Deregulation"，载于 *Publius, Vol. 26, No. 1, Federal Systems in the Global Economy，26*（Winter，1996）；Randall S. Kroszner 和 Philip E. Strahan 撰写的 "What Drives Deregulation? Economics and Politics of the Relaxation of Bank Branching Restrictions"，载于 *The Quarterly Journal of Economics,* 114（November，1999），4；Jim Rossi 撰写的 "Review: The Electric Deregulation Fiasco: Looking to Regulatory Federalism to Promote a Balance between Markets and the Provision of Public Goods"，载于 *Michigan Law Review,* 100（May，2002）。若想了解碳排放总量限额与交易机制的最新研究进展，可参见 "GOP Demonizes Once Favored Cap- And-Trade Policy"，载于 *NPR.org,* June 3, 2014。读者还可参考 Lawrence H. Goulder 和 Andrew S. Schein

---

① 史蒂芬·布雷耶. 规制及其改革［M］. 李洪雷，等译. 北京：北京大学出版社，2008.

撰写的 "Carbon Taxes Versus Cap and Trade: A Critical Review", 载于 *Climate Change Economics*, 4(2013)。

Peter L. Bernstein 所著的 *Capital Ideas: The Improbable Origins of Modern Wall Street* (1992)[①], 与其他观点相比, 作者不仅在书中贡献了一系列真知灼见, 同时还将一部出色的金融理论思想史展现给世人; 并且他还在另一本书 *Capital Ideas Evolving*, 2nd ed.(2007)[②] 中修正了他的观点。Satyajit Das 所著的 *Traders, Guns and Money: Knowns and Unknowns in the Dazzling World of Derivatives*(2006)[③] 对衍生品现象进行了很好的介绍。此外, 读者想了解更深入的理论探索, 可以通过当期和过往的学术季刊, 如 *Journal of Finance*, *Journal of Financial Economics*, *Journal of Accounting and Economics*, 以及 *Journal of Accounting Research* 来进行跟踪了解。

关于美国企业在世界范围内商业互动的概述性简介, 特别是与金融相关的部分, 可参见 Frederick S. Weaver 所著的 *The United States and the Global Economy: From Bretton Woods to the Current Crisis*(2011)。

对 20 世纪 80 年代和 90 年代那些改变资本市场性质事件的批判性著作, 大多是由具有一定影响力的记者所撰写的, 主要有: Connie Bruck 所著的 *The Predators' Ball*(1989)[④]; James B. Stewart 所著的 *Den of Thieves*(1991)[⑤]; Jesse Kornbluth 所著的 *Highly Confident: The Crime and Punishment of Michael Milken*(1992); George Anders 所著的 *Merchants of Debt*(1993)[⑥]; Maggie Mahar 所著的 *Bull！A History of the Boom, 1982–1999: What Drove the Breakneck Market and What Every Investor Needs*

---

① 彼得·伯恩斯坦. 投资革命: 源自象牙塔的华尔街理论 [M]. 李繁康, 邓哲夫, 李挺生, 译. 上海: 上海远东出版社, 2001.

② 彼得·L. 伯恩斯坦. 投资新革命 [M]. 高小红, 迟云, 钟雄鹰, 译. 北京: 机械工业出版社, 2010.

③ 萨蒂亚吉特·达斯. 交易员、枪和钞票: 亲历金融衍生品世界 [M]. 张振华, 译. 北京: 机械工业出版社, 2014.

④ 康妮·布鲁克. 垃圾债券之王 [M]. 赵国, 李佳佳, 译. 北京: 中信出版社, 2013.

⑤ 詹姆斯·B.斯图尔特. 贼巢: 美国金融史上最大内幕交易网的猖狂和覆灭 [M]. 张万伟, 译. 北京: 北京联合出版公司, 2016.

⑥ 乔治·安德斯. 门口的野蛮人 II: KKR与资本暴利的崛起 [M]. 胡震晨, 译. 北京: 机械工业出版社, 2018.

to Know about Financial Cycles（2003）。关于私募股权涉及的相关内容，可参见 Guy Fraser-Sampson 所著的 Private Equity as an Asset Class（2007）[1]。而关于人类学家对华尔街两项有趣的研究，可参见：Karen Ho 所著的 Liquidated: An Ethnography of Wall Street（2009）[2]；Melissa S. Fisher 所著的 Wall Street Women（2012）。

Kevin Phillips 所著的 Bad Money: Reckless Finance, Failed Politics, and the Global Crisis of American Capitalism（2008）[3] 一书对 20 世纪 80 年代以来美国的金融行为进行了猛烈的控诉。而态度较为温和的有：Charles R. Morris 所著的 The Trillion Dollar Meltdown: Easy Money, High Rollers, and the Great Credit Crash（2008）[4]；Richard Brookstaber[5] 所著的 A Demon of Our Own Design: Markets, Hedge Funds, and the Perils of Financial Innovation（2007）[6]；John C. Bogle 所著的 The Battle for the Soul of Capitalism（2005）；David Callahan 所著的 The Cheating Culture: Why More Americans Are Doing Wrong to Get Ahead（2004）[7] 不仅涉及企业，还包含体育和学术的相关内容；另外，Robert H. Frank 所著的 What Price the Moral High Ground?: Ethical Dilemmas in Competitive Environments（2004）也涉及了企业以外的相关话题。以上几本书不过是大量批判类书籍中的一部分，而且这种批判类书籍肯定会越来越多。

由 William Lazonick 撰写的 "Innovative Business Models and Varieties of Capitalism: Financialization of the U.S. Corporation"，载于 Business History Review，84（Winter 2010），读者可以从中看到作者对美国商业金融化特别清晰有力的历史性分析。Malcolm S. Salter 所著的 Innovation Corrupted: The Origins and Legacy of Enron's Collapse（2008）是最早研究安然公司的学术著作之一，作者将其失败归于金融失控、公司管理不善及

---

① 盖伊·弗雷泽·桑普森.资产的博弈［M］.窦尔翔，李洪涛，窦文章，译.北京：中信出版社，2008.

② 何柔宛.清算：华尔街的日常生活［M］.翟宇航，等译.上海：华东师范大学出版社，2018.

③ 凯文·菲利普斯.金融大崩盘［M］.冯斌，周彪，译.北京：中信出版社，2009.

④ 查尔斯·R. 莫里斯.谁在为崩盘的万亿美元买单：万亿美元大崩盘［M］.刘寅龙，译.广州：广东经济出版社，2012.

⑤ 原书人名Brookstaber有误，应该是Bookstaber。——译者注

⑥ 理查德·布克斯塔伯.金融的魔鬼：为什么我们的创新带来的却是危机［M］.黄芳，译.北京：中信出版社，2012.

⑦ 戴维·卡勒汉.作弊的文化［M］.宋瑛堂，译.上海：文汇出版社，2007.

时代精神。读者还可参考：历史社会学家 Greta R. Krippner 所著的 *Capitalizing on Crisis: The Political Origins of the Rise of Finance*（2012）；Gerald F. Davis 所著的 *Managed by the Markets: How Markets Reshaped America*（2009）[①]。

关于收入分配，可参见在线百科全书维基百科的长篇优质条目 "Income Inequality in the United States"（截至 2016 年），其中有大量基于联邦机构（尤其是人口普查局）非党派报告的统计数据、图表和分析。有关这一主题的文山书海包括：由 *New York Times* 工作人员撰写的 14 篇文章合集——*Class Matters*（2005）；David K. Shipler 所著的 *The Working Poor: Invisible in America*（2005）[②]；Mark Robert Rank 所著的 *One Nation, Underprivileged: Why American Poverty Affects Us All*（2005）；Sharon Hays 所著的 *Flat Broke with Children: Women in the Age of Welfare Reform*（2004）；Thomas Frank 所著的 *One Market Under God: Extreme Capitalism, Market Populism, and the End of Economic Democracy*（2001）；Barbara Ehrenreich 所著的 *Nickel and Dimed: On（Not）Getting By in America*（2001）[③]；Robert H. Frank 所著的 *Falling Behind: How Rising Inequality Harms the Middle Class*（2007）。自 Thomas Piketty 所著的 *Capital in the Twenty-First Century*（2014）[④]（由 Arthur Goldhammer 从法语翻译而来）出版以来，关于不平等话题的讨论变得更加突出，更多内容可参见本书第八章和结语中有关不平等的相关内容。

---

① 杰拉德·F. 戴维斯. 市场主导：金融如何改造社会［M］. 杨建玫，娄钰，译. 杭州：浙江大学出版社，2022.
② 戴维·希普勒. 穷忙［M］. 陈丽丽，译. 上海：上海译文出版社，2015.
③ 芭芭拉·埃伦赖克. 五分一毛：聚焦美国福利改革之弊［M］. 石建海，译. 北京：中信出版社，2008.
④ 托马斯·皮凯蒂. 21 世纪资本论［M］. 巴曙松，等译. 北京：中信出版社，2014.

第十一章

企业与大衰退

我们已无能力保护这个系统。

——《美国金融调查报告》（2011 年）

在本书中，我们始终认为美国的企业是在一个混合所有制经济体制中运行的，这个经济体制既包含私营部门，又包含公共部门，但前者比后者更受重视。因此，2007—2008 年的金融危机和 2007—2009 年的经济大衰退会同时出现在上述两个阵营中也就不足为奇了。人们普遍认为，私营部门的糟糕决策和非法行为不但没有受到来自公共监管机构的质疑，甚至在很多情况下都没有被发现。

与 1929 年股市崩盘和大萧条之间的关系相似，金融危机和经济衰退反映出了美国经济中存在的几个问题：过高的高管薪酬、不透明的企业运营模式及不断扩大的贫富差距。长期扭曲的房地产市场和以不受监管的"影子银行"为代表的违规金融机构，是产生上述问题的主要原因。黑色喜剧电影《大空头》（The Big Short，2015）为我们精彩地呈现了这些扭曲和行为不当的故事。

2009 年 10 月，美国的失业率已然飙升至 10.1% 的高位，直到 2012 年

9月才降至7.8%。无数美国人的房产价值遭受到了近乎灾难性的损失（据估计达7万亿美元），700万人直接失去了他们的家园。截至2012年，有1280万套，即28.6%的抵押房产处于负资产状态（抵押贷款金额高于房屋市值）。相比之下，随着租金的上涨，租房者损失的个人财富更为严重。股市总市值蒸发了11万亿美元，其中退休账户的损失高达3.4万亿美元。金融机构面临着内忧外患的双重压力，雷曼兄弟等一些公司破产倒闭，另一些则被大型银行收购。2014年，美国贫困人口总计有4620万，达到了半个世纪以来的最高水平（约占总人口数量的15%，这一比例在20世纪80年代初和90年代初也曾出现过）。

美国政府应对经济崩溃的措施遏制了金融恐慌并挽救了大型银行和汽车行业，但未能迅速使美国经济回到全面复苏的轨道上来。这次经济复苏的速度与第二次世界大战后任何一次经济衰退相比都更慢，力度也要更小一些。受众多利益集团的影响（包括政府机构内部的利益集团及民主党和共和党之间的施政分歧），改革立法变得更复杂，在实施过程中也不断遭遇延误甚至倒退。

抵押贷款乱象

人们普遍认为，房地产市场的问题暴露了金融业的风险，进而触发了2007—2008年的金融危机和2007—2009年的经济大衰退。为了理解21世纪初出现的房地产泡沫，我们需要简单回顾一下自20世纪30年代以来房地产行业的发展历程。

为了应对大萧条，美国政府对房地产融资方式进行了重大变革。罗斯福新政改革要求优质的抵押贷款应基于较高比例的首付（房价的10%~20%），

并对购房者的收入、债务和财富信息进行详细审查，同时延长还款期限至
15 年甚至 30 年。1938 年，美国国会设立了联邦国民抵押贷款协会（FNMA
或 Fannie Mae，俗称房利美）。1934 年，它与美国联邦住房管理局（Federal
Housing Administration）合作，通过提供抵押贷款支持债券拓宽了抵押贷款
的二级市场，其中隐含着美国政府将对不良贷款进行托底补偿的承诺。第二
次世界大战后，退伍军人计划也促进了储蓄与贷款行业的健康发展。随着时
间的推移，尽管政府隐性担保始终存在，但房利美最终完全私有化了。20 世
纪 60 年代末，美国政府国民抵押贷款协会［Government National Mortgage
Association，又称吉利美（Ginnie Mae）］成立，其贷款同样得到了美国政府
的暗中支持。1970 年，联邦住房贷款抵押公司（FHLMC 或 Freddie Mac，俗
称房地美）成立。政府实施这些计划的原因很简单：通过在二级市场上出售
抵押贷款，贷款发放机构就会有更多的资金提供给新购房者。这是资本主义
扩张财富的一种方式。从理论上讲，这种方式可以使经济不断扩张，进而提
升就业水平。

　　尽管私营部门和公共部门都在努力增加房主的数量，但 20 世纪 70 年代
和 80 年代存在的经济问题及商业文化的变迁，仍对储贷协会（S&L）和其他
抵押贷款机构造成了压力。简单来说，通货膨胀、监管力度减弱，以及抵押
贷款管理者的渎职行为引发了 20 世纪 80 年代的储贷危机。存款利率高而抵
押贷款利率低，这种不匹配使得储贷经理们不得不去寻求新的盈利方法。宽
松的政府管制措施使基金经理能够涉足商业地产和信用卡领域，并使用那些
他们知之甚少、五花八门的金融工具。此外，那些与"炒地皮"相关的彻头
彻尾的欺诈行为也瞒过了银行监管机构，而当这些行为被发现时早已经太晚
了（"炒地皮"是指先购买一块土地，在没有进行任何改良的情况下，不久
之后再以更高的价格将其售出）。

在储贷危机爆发后，美国政府接管了许多破产的储蓄机构，关闭了其中的一部分，并动用了 1240 亿 ~ 1320 亿美元的纳税人资金（相当于 2016 年的 2770 亿 ~ 2950 亿美元）来收拾残局。政府用税金来救助储贷机构的行为也引发了争议。有人认为这会引发"道德风险"，是在助长不良的商业行为。为此，国会试图加强对储贷行业的监管。但与此同时，政客们却在煽动美国人民利用房利美和吉利美来实现拥有房屋的梦想。

实际上，储贷危机结束后，美国经济就进入了"大缓和"时期——从 1986 年到 2007 年再也没有发生过大规模的金融危机；即使发生了什么事件，私营部门和公共部门也都能够轻松应对。此外，这段时间内，美国的国内生产总值波动非常小，通货膨胀也是如此，尤其是与 1950—1986 年这段时期相比。为什么会这样呢？部分原因在于美联储的货币政策增强了商界领袖和消费者的信心。企业也通过使用信息技术来有效管理库存，以使供需相匹配。当库存控制得当，并且没有发生金融危机（或危机非常轻微）时，经济衰退自然减少。"大缓和"产生的另一个原因是石油价格相对稳定，未出现像 20 世纪 70 年代和 80 年代那样剧烈的价格波动。

这种经济稳定增长慢慢地波及房地产市场。从 20 世纪 90 年代末到 2006 年，美国的房价上涨了 130%。房价持续上涨的前景激发了购房者的热情。为了获取更多利润，放贷者便通过降低抵押贷款的门槛（无需首付、不问及收入）来吸引更多购房者。他们还鼓励房主申请房屋净值贷款，以此来为大学教育和度假提供资金。与此同时，政府监管机构在监管方面也变得松懈起来。政界向房利美施压，要求其降低门槛，以吸引那些没有足够现金支付首付的低收入购房者进入房地产市场。到 2004 年，次级抵押贷款的数量已经接近美国总贷款额的 30%，并在 2005 年和 2006 年飙升至 30% 以上，直到 2007 年才降至 20% 以下。然而，50% 以上的次级抵押贷款没有借贷人完整的还款能力证明文件（有时甚至根本没有证明文件）。

21世纪初，抵押贷款公司通过将次级抵押贷款转化为抵押支持债券赚得盆满钵满。然而，这些证券工具并没有受到相应的监管，这是因为1998年国会使它们免除了来自政府的监管，这是政府监管机构未能预见到危机的原因之一。自20世纪80年代以来，新自由主义主张削减预算，实行紧缩的政策，这削弱了政府监管银行业活动的能力。比如，美国证券交易委员会将其部分监管职能外包给私营部门，特别是像穆迪公司和标准普尔公司这样的债券评级机构。这就造成了债券评级公司与其客户（银行和投资公司为评级支付费用，并创造了抵押支持债券）之间的利益冲突，使它们创造了新型证券——抵押支持债券。如果债券评级机构拒绝对银行的抵押支持债券进行"投资级"评级，它们就可能失去这项获利甚丰的业务。评级机构虽然获得了暴利，但代价却是丧失了身为中立的债券价值评判者的信誉。它们在提高企业透明度方面的重要作用也因此受到了严重损害。

许多投资者、银行家和政府官员并不了解银行业和证券业的情况。只有少数人了解内情并采取了行动，但他们的呼吁并没有被沉浸在"大缓和"中的人重视——房价会继续上涨吗？事实并非如此。由于房主拖欠月供，一些次级抵押贷款开始出现问题，并破坏了证券市场的稳定性。一些银行和投资公司首先开始出现问题。美联储并没有像20世纪30年代改革计划要求的那样密切监控银行，现在是时候加强监管了。

政府在金融业的裹挟下努力应对

总体而言，过去30年间出现的各种力量——特别是金融化——引发了一场比 20 世纪 30 年代的大萧条更为严重的金融危机。但这次的不同之处在于，负责应对危机的一些关键的政府官员是从大萧条的视角来看待当前形势的。他们中的一些人拥有着良好的学术教育背景，另一些人则负责管理着可以说是 20 世纪 30 年代以来建立的最为成功的监管委员会。这些官员们对大萧条的认知决定了他们将采用何种方式来应对金融危机。就像 20 世纪 30 年代一样，21 世纪初，美国政府官员和私营企业的商界领袖们通力合作，结束了这场危机，避免了可能出现的长期而严重的经济衰退。

危机的高峰期恰好是小布什（George W. Bush）政府向奥巴马（Barack H. Obama）政府的过渡时期，这场危机最终是通过这两届政府和私营部门通力合作得到了解决。2010 年，美国开始尝试对金融部门进行改革。简单来说，这次改革共有三个步骤：一是来自不同政府机构的个人，他们通过与有偿付能力的银行合作，遏制了金融公司破产的浪潮；二是先后颁布了《2008年紧急经济稳定法案》[The 2008 Emergency Economic Stabilization Act，其中，更广为人知的是"问题资产救助计划"（Troubled Asset Relief Program，TARP）] 和《2009 年美国复苏与再投资法案》（The 2009 American Recovery and Reinvestment Act）；三是为防止再次发生金融危机而进行的改革。这里的核心问题是金融，以及作为美国商业体系的关键——金融体系是如何被破坏的，它又是如何被暂时修复的，以及该如何对其进行改革。

加强金融公司管理并保持经济流动性

美联储主席本·伯南克（Ben S. Bernanke）是领导政府应对金融危机的关键官员之一。伯南克在南卡罗来纳州的一个犹太家庭里长大，他获得了哈佛大学经济学学士和硕士学位（以最优异的成绩毕业），以及麻省理工学院的博士学位。伯南克曾在斯坦福大学商学院任教（1979—1985），后来又被普林斯顿大学长期聘用，并于 1996 年成为该校经济系主任。他于 2002 年成为美国联邦储备委员会的一员。2006 年年初，时年 52 岁的伯南克接任美联储主席。他的学术研究专注于大萧条产生的原因和政府的应对措施。2002年，他提出了后来被称为"伯南克理论"的观点，即为了避免通货紧缩，必须扩大货币供应量，必要时甚至可将利率降到零，以此来让经济保持充沛的流动性。2004 年年初，他确定并坚称当时的金融状况已经进入了"大缓和"时期。

当 2007—2008 年金融危机肆虐时，伯南克与其他几位政府官员共同遏制了这次危机，这些政府官员包括：伯南克在美国联邦储备委员会的同事蒂莫西·盖特纳（Timothy Geithner，纽约联邦储备银行行长）、汉克·保尔森（Hank Paulson，财政部部长）和希拉·贝尔（Sheila Bair，联邦存款保险公司主席）。奥巴马总统上任后，任命盖特纳（取代了保尔森）出任财政部部长。

伯南克的同事们都与他一样有着良好的教育经历和丰富的生活阅历。汉克·保尔森于 1970 年在哈佛大学获得 MBA 学位，随后在国防部和尼克松政府工作至 1973 年。次年，他进入了高盛集团位于芝加哥的美国中西部办事处，并获得了数百万美元的年薪。在高盛集团任职期间，他曾访问中国 70 多次。2006 年 6 月，时年 60 岁的保尔森出任了美国财政部部长一职。

蒂莫西·盖特纳的父亲是德裔美国人，曾在福特基金会工作，因此盖特纳从小就跟随父亲在非洲、印度和泰国等地长大。1983 年，他从达特茅斯学院毕业，获得政府和亚洲研究专业学士学位。他曾在 1981 年和 1982 年分别在北京大学和北京师范大学学习汉语。在基辛格事务所（Kissinger and Associates）短暂任职后，盖特纳于 1988—2001 年在美国财政部担任多个职位。在外交关系委员会和国际货币基金组织短暂任职后，时年 52 岁的他于

2003 年成为纽约联邦储备银行行长。

希拉·贝尔在堪萨斯大学获得哲学学士学位，之后在做了一段时间的银行出纳后，又返回学校深造，并在堪萨斯法学院攻读了法学博士学位。1981年，她在参议员鲍勃·多尔（Bob Dole）的办公室开始了自己的职业生涯，并在纽约证券交易所、商品期货交易委员会和财政部积累了金融方面的经验。2002—2006 年，她在马萨诸塞大学阿默斯特分校伊森伯格管理学院教授监管政策。2006—2011 年，52 岁的贝尔出任联邦存款保险公司主席。

伯南克、保尔森、盖特纳和贝尔——这四位在"婴儿潮"时代出生的人利用他们自己的背景优势成为受过良好教育的公务员——努力地控制着失控的金融市场，并制定改革措施以防止危机再次发生。他们之间有时会存在分歧，特别是贝尔和盖特纳，两人经常意见相左。盖特纳的目光长远，他关注经济的流动性、保护投资者利益，以及防止全球市场陷入混乱；而贝尔的目光则相对短浅，她更专注于保护储户，并倾向于让那些承担了风险、曾因逃避监管而获得巨额利润的投资者承担亏损。美联储、纽约联邦储备银行和财政部的男性领导似乎经常把这位联邦存款保险公司的女主席排除在他们的讨论之外。

导致这种紧张关系的因素有三个。第一，性别歧视，有太多的决策没有征求过希拉·贝尔的意见，以至于无法排除这种可能性——其他三人间的许多会议都没有邀请她参加。第二，贝尔在中西部生活和接受教育的经历与其他人不同。她的观点更具地方化特色，联邦存款保险公司对保护储户的重视也有力地证明了这一点。相比之下，盖特纳的观点更具有全球视野，他更注重全球市场、企业管理和股东之间的联系。第三，体制结构加剧了他们的紧张关系。联邦存款保险公司有明确的运作范围界线，其工作重点是保护储户免受因管理层渎职和决策失误而造成的损失。回顾历史，自 20 世纪 30 年代成立以来，它一直运行得很好，但也因此变成相当乏味的工作场所。相比之下，美联储和财政部专注于更宏观的经济层面，并致力于保持经济的流动性，以确保美国和全球市场能够持续运行。

鉴于伯南克的学术研究背景，他似乎是在正确的时间出现在了正确的地点。金融市场需要流动性，而美联储拥有创造流动性的主要手段——降低联邦基金利率，即降低美联储对成员机构收取的隔夜贷款的利率。从 2006 年 6 月下旬到 2008 年 10 月下旬，伯南克将联邦基金利率从 5.25% 降至 1%；到 2008 年 12 月，该利率已降到 0 ~ 0.25%。联邦基金利率的下降是必要的，但不足以解决问题。

与此同时，无论是财政部的保尔森、美联储的伯南克和盖特纳，还是联邦存款保险公司的贝尔，各部门的做法都大同小异：通过政府财政杠杆手段和更强大的银行来为经济创造流动性，以重建人们对银行业的信心。当 2007—2008 年美国最大的抵押贷款发放公司——美国国家金融服务公司（Countrywide Financial）濒临倒闭时，政府大致就是这么做的。尽管将美国国家金融服务公司出售给美国银行有助于监管机构扑灭危机的大火，但事实证明，该结果对美国银行来说并不那么乐观。

2008 年 3 月，伯南克、保尔森和盖特纳对贝尔斯登公司的情况尤为关注。贝尔斯登是一家国际投资和证券交易公司，对亚洲市场和抵押支持证券市场都有很大的敞口。因此，政府银行家们请来了摩根大通银行 CEO 杰米·戴蒙（Jamie Diamond），并达成了一项协议：摩根大通银行将以极低的股价收购贝尔斯登，并使其成为摩根大通银行的子公司。通过这种方式，政府部门和私营企业共同努力阻止了一家重要的投资银行倒闭。

类似的事件在 2008 年 9 月达到高潮，当时美国最大的储蓄银行控股公司——华盛顿互惠公司（Washington Mutual，Inc.）的核心银行华盛顿互惠银行遭遇了为期一周的挤兑。该银行的监管机构——储蓄监管局（OTS）将其置于联邦存款保险公司的接管之下。华盛顿互惠银行以不到 20 亿美元的价格将其出售给摩根大通银行，而摩根大通银行则同意承担其无担保贷款的损失。华盛顿互惠公司就此申请破产。

与此同时，房利美和房地美陷入的困境促使财政部部长保尔森建议将这两家机构置于监管之下。因此，2008 年 9 月，美国联邦住房金融局开始管理这两家机构。财政部承诺提供现金援助（每家机构最多援助 1000 亿美元），联邦政府因此获得了 10 亿美元的优先股，并通过普通股认股权证获得了 79.9% 的潜在所有权，政府可以在需要时行使这些认股权证。美联储和财政部还购买了债务和一些抵押支持债券，以帮助这两家住房贷款机构扭转局面。这些行动也仅为经济注入了流动性。

与救助贝尔斯登和华盛顿互惠银行相比，保尔森和伯南克找不到一个买家来拯救雷曼兄弟公司——2008 年，美国的四大投资银行之一。英国的巴克莱银行和美国银行（令人难以置信的是，美国银行后来收购了美国国家金融服务公司，对未来产生了巨大负面影响）对收购这家陷入困境的机构表现出了一定的兴趣，但雷曼兄弟公司的资产负债表非常糟糕，因此两家银行最终都放弃了这一机会。保尔森、伯南克和盖特纳得出结论——与贝尔斯登和华盛顿互惠银行等其他银行的情况不同，雷曼兄弟公司没有足够优质的抵押品来支撑政府贷款。2008 年 9 月，雷曼兄弟公司的破产震撼了银行界乃至更宏观的经济层面。对于监管机构是否做出了正确的判断，专家们意见不统一。

《2008 年紧急经济稳定法案》

2008 年 10 月初，在美国国会通过《2008 年紧急经济稳定法案》并由布什总统签署后，保尔森、伯南克、盖特纳和贝尔就可以动用手中的 7000 亿美元的额度来救助濒临倒闭的银行和金融机构了。这笔钱来自该法案中的"问题资产救助计划"。保尔森制定了初版法案的大部分内容，而伯南克、贝尔和盖特纳则负责法案的执行。

TARP 的资金很快就派上了用场。2008 年 11 月，美联储和财政部敲定了一项涉及全球最大保险公司之一的美国国际集团（American International Group，AIG）的交易。AIG 因其对抵押支持债券的巨大敞口而受到重创。保尔森、伯南克和盖特纳认为，如果该公司倒闭，受到影响的不仅是美国经济，全球经济也会遭受灾难性打击。但美联储 9 月提供的 850 亿美元贷款不敷使用，随后财政部又购买了 AIG 400 亿美元的优先股，同时美联储也购买了 525 亿美元的抵押支持债券。有了这笔新资金的注入，AIG 得以减少其抵押支持债券的敞口，从而避免了破产。政府也从这笔交易中获利：在 2012 年出售所持的 AIG 股票后，政府最终获得了 230 亿美元的利润。

与此同时，希拉·贝尔和联邦存款保险公司动用了将近 3000 亿美元的"问题资产救助计划"资金为存款提供保障，这样小银行就不会因为储户将资金转移到大银行而遭受损失。美国财政部通过提供总数为 2050 亿美元、利率为 5%～7.7%（如果五年内无法还清，利率将升至 9%～13.8%）的短期贷款（每家 30 万～2500 万美元）帮助 700 多家银行机构脱困。这些贷款以优先股和普通股认股权证为担保。2009 年 1 月，财政部向花旗银行和美国银行分别提供了 200 亿美元的贷款担保。这两笔贷款均在年底前还清，政府也由此获得了 30 亿美元的利息。与此同时，财政部、美联储和联邦存款保险公司联合为美国银行高达 1180 亿美元的损失提供担保。但事实上，美国银行并不需要这笔钱，并在当年晚些时候支付了 4.25 亿美元的解约费。这三家政府机构还为花旗集团提供了 3010 亿美元的担保，花旗银行则以 71 亿美元的优先股作为抵押，并支付了 7% 的担保利息。尽管花旗集团实际上并没有借到钱，但政府还是收到了 4.4 亿美元的利息。同样，政府通过出售普通股也为自己带来了 120 亿美元的收入。

尽管包括贝尔在内的许多人将政府的工作视为对大银行的"财政援助"，但事实是这是政府官员们通过谈判和各项措施最终带来的一场正和博弈。他们不仅通过增强流动性遏制了经济崩溃，还巧妙地利用实力更强的银行，并动用纳税人的钱从一些投资中获利。一些不法银行家及其股东、债券持有人则受到了金钱上的惩罚，但许多人对此并不满意。AIG 的股东起诉了美国政府，声称其谈判代表占了这家濒临倒闭的公司的便宜。华盛顿互惠银行也对联邦存款保险公司在其破产接管期间的行为提起诉讼。

政府采取了类似公私合作的方式来解决通用汽车公司和克莱斯勒公司这两家汽车制造商面临的问题。长期的需求下降、高昂的劳动力成本和高额的利息支出困扰着这两家汽车制造商。然而，从政府的角度来看，问题的关键在于就业——不仅事关这两家汽车制造商，还包括为全美国和加拿大所有汽车制造商提供服务的汽车零部件供应企业的员工的就业。据估算，如果这两家公司倒闭，将有 300 多万工人受到影响。这一事实推翻了让规模较小的克莱斯勒公司倒闭的设想。奥巴马政府的经济学家们担心美国会重蹈近 20 年来日本经济停滞的覆辙——尽管政府提供了救助，但经济没有任何好转的迹象。对克莱斯勒公司和通用汽车公司的救助类似于 20 世纪 30 年代杰西·琼斯掌管复兴金融公司时发生的事情，只不过这次政府更多地参与到了公司的管理中。政府斥资 797 亿美元帮助克莱斯勒公司和通用汽车公司走出困境，使这两家公司在破产后成立了新的公司（克莱斯勒公司和菲亚特公司合并）。最后，政府收回了 704 亿美元，损失了 91 亿美元。尽管如此，考虑到潜在的工资损失和对这些工资的征税，对美国的纳税人来说，这种损失似乎是微乎其微的。

《2009 年美国复苏与再投资法案》

在 2008 年年底到 2009 年年初这段时间，新上任的奥巴马总统着手制定了复苏法案。在他宣誓就职后不久，该法案就已经准备就绪。原因很简单：7000 亿美元左右的 TARP 资金也不足以防止经济陷入严重衰退，甚至可能引发另一场大萧条。尽管民主党在参众两院均占据多数席位，奥巴马政府也表示希望能通过两党合作获取成功，但法案通过之路并不平坦，最终占多数的民主党人（只有三名共和党参议员投了赞成票）于 2009 年 2 月通过了该法案。当然，《2009 年美国复苏与再投资法案》涉及的内容非常复杂，并包含了很多事项。税收激励占了其中最大的一块蛋糕（2880 亿美元），其次是州政府和地方政府（1440 亿美元）、基础设施和科学领域（1110 亿美元），而其他领域（失业补助、医疗保健、教育、能效项目、住房、农业、地方警察、国家艺术基金会等）获得的资金则较少，整个法案涉及的总额为 7870 亿美元。2011 年 7 月，白宫经济顾问委员会得出结论：《2009 年美国复苏与再投资法案》促进了经济复苏，理由是美国的国内生产总值自两年前达到低点以来一直在持续增长，创造的就业岗位也比实施该法案前增加了 240 万 ~ 360 万个。

但也有人反对这个法案。自 20 世纪 80 年代以来一直支持新自由主义紧缩计划的那批人，仍然坚持着他们的意识形态，认为政府除了减税和减少对企业自由发展的阻碍外，什么都不应该做。这些批评家此时并不明白其中蕴含的讽刺意味。另一批人则认为，凯恩斯主义刺激经济增长的力度实在太小，无法迅速实现全面复苏。无论他们对根因的判断是否正确，他们都正确地认识到，经济完全复苏的速度是缓慢的。直到 2015 年年中，失业率才降至 5.5% 以下（一年后降至 5% 以下）。不再去找工作的人数显著增加，这个问题也困扰着许多经济学家和政策制定者。欧洲的问题、新兴市场增长非常缓慢（有时甚至是负增长）的问题，以及高估值的美国货币也是导致经济复苏缓慢的因素。

与此同时，与欧洲和其他地区相比，美国经济相对强劲，财政预算和贸易逆差也在下降。这些成绩应归功于美联储。美联储不仅没有提高利率，还将资产负债表从 8000 亿美元提高到 4 万亿美元（通过量化宽松政策购买长期抵押支持债券和公司债券）；这些政策加在一起，使大量资金可供借贷。在此期间，联邦基金利率一直处于历史低位，到 2015 年年末才升至 0.25% ~ 0.50%。低利率和量化宽松政策本应刺激更多的投资，但经济依然持续低迷。这是"伯南克理论"未曾预料到的结果。说句公道话，伯南克所面临的问题部分是由于国会的僵局使政府难以实施明智的财政政策来补充和支持美联储的政策。然而，在经济低迷的时候，证券市场却表现得相当不错。在奥巴马总统执政的头七年半时间里，道琼斯工业指数上涨了 120%。在本书所涵盖的历史时期里，只有卡尔文·柯立芝总统（251%）、富兰克林·罗斯福总统（126%）、德怀特·D. 艾森豪威尔总统（127%）、罗纳德·里根总统（121%）和比尔·克林顿总统（225%）获得过更好的成绩。

人们可以顺理成章地得出以下结论：公私部门的联手合作遏制了 2007—2008 年的金融危机，使许多银行免于倒闭，并促进了经济缓慢复苏，避免了另一场大萧条。然而，左右两翼的批评者都质疑这种合作关系是否正确。许多人与希拉·贝尔的观点一样，认为政府本应该允许失败的银行倒闭。贝尔等人指出，虽然大银行及其高管基本上都完好无损地摆脱了危机，但许多美国人失去了自己的住房，因为银行不愿为他们的抵押贷款再融资，而政府也不愿帮助他们（就像 20 世纪 30 年代所做的那样），更多的人面临着找工作的难题。银行很容易逃脱惩罚，但许多美国人却损失惨重。这种观点强烈地影响了人们对金融改革的讨论。

改　革

2009 年和 2010 年的奥巴马总统没有像富兰克林·罗斯福在 1933 年和 1934 年那样获得足够的选票，使民主党成为多数党，他的改革在理念和效果上都无法与罗斯福新政相提并论。他也不会像许多人所要求的那样，把大银行拆分成小银行。金融业的基本结构将保持不变，但对未来危机的处理方式将有所不同。

虽然改革者们行动迅速，但并未达成共识。每个人都有自己的理论或偏爱的方案，而这些理论或方案似乎都被融入了改革中。其结果是，2010 年 7 月签署的法案《多德—弗兰克华尔街改革与消费者保护法》（ The Dodd–Frank Wall Street Reform and Consumer Protection Act，简称《多德—弗兰克法案》）长达 848 页，该法案被誉为自 20 世纪 30 年代以来最广泛的金融业改革，但却异常复杂。该法案由 16 个部分组成，除了明确了美国证券交易委员会、联邦存款保险公司和美联储的职责外，还对一些新机构的职责做出了规定，并要求开展至少 87 项新研究，其中一些研究必须在新规则制定好之前完成。令人不出意料的是，特殊利益集团成功地推动了一些修正案，这些修正案或推迟了新管制措施的实施，或使新规定变得不明确从而难以实施，或使其效力大大低于改革者最初的设想。商业公司不得不提交新报告并向律师咨询，去研究如何遵守这些规则，或者在某些情况下如何通过法律程序来反对它们。

下面仅列举其中的几项变化。

其中一个新成立的机构——财政部下属的金融稳定监督委员会，旨在对金融监管及危机管理（如果再次发生这种情况）进行协调管理。其成员来自财政部、美联储、联邦存款保险公司、美国货币监理署、美国证券交易委员会、美国商品期货交易委员会、美国联邦住房金融局、国家信用合作社管理局和消费者金融保护局。

为了加强对抵押贷款的监督，对储贷行业的监管改由美联储（现在负责监管储贷公司）和联邦存款保险公司（负责监管州立储贷机构）共同承担，而之前的储蓄银行监管机构——储蓄监督办公室所承担的职责被取代。美国证券交易委员会被授权管理价值超过 1 亿美元的对冲基金，银行在对冲基金和私募股权基金上的投资则受其限制，这就是所谓的"沃尔克法则"（Volcker Rule）。美国证券交易委员会与美国商品期货交易委员会共同获得了监管衍生品的新权力。银行必须遵守更严格的资本要求，并将每年接受"压力测试"等检查，以确保它们手头有足够的资本来抵御危机。

值得注意的是，两位女性对改革的讨论产生了重大影响。联邦存款保险公司的负责人希拉·贝尔制定的规则在禁止执行保尔森、伯南克和盖特纳策划的未来救助方案上发挥了重要作用。她得到了来自各种利益集团的支持，这些利益集团都反对承担"道德风险"。让破产的公司通过受控的清算程序倒闭，而不是接受救助，这与美国联邦存款保险公司几十年来一直遵循的路线非常一致。存款人和有贷款的客户将首先得到照顾，股东则成为最后才能得到资金的人，所有进入停业清算状态的银行的董事和高级职员将被免职。另一位女性，时任哈佛大学教授的伊丽莎白·沃伦（Elizabeth Warren），则不断游说要求为金融服务的消费者建立保护措施。《多德—弗兰克法案》第十章重点关注金融市场透明度的问题，并设立了消费者金融保护局，该局在成立之初就为抵押贷款、信用卡和学生贷款制定了易于理解的规则。

从表面上看，《多德—弗兰克法案》阻止了联邦机构负责人在 2008 年和 2009 年复制保尔森、伯南克和盖特纳的交易安排，大规模的救助行为不应该再出现了，但前提是《多德—弗兰克法案》中众多的改革实际生效了才行。考虑到这场改革的跟跄出台及其超乎想象的复杂性，人们对此缺乏信心。

如果将上述情况与其他国家进行对比，可能将会对我们有所启发。由于欧洲国家对资本金的要求低于美国的银行，所以爱尔兰、冰岛和德国的金融危机更加严重，对此，这些国家的政府施行了相应的救助。由于许多美国的银行和公司（如美国国际集团）与世界各地的银行均紧密相连，因此美国官员与其他国家的银行业领导者合作，为银行建立了现有的共同资本比例（即所谓的巴塞尔协议 I 、II 和 III）。同时，只有自有资本充足率足够高，银行才有足够的现金应对挤兑，才能够抵御为期一年或更长的经济风暴。直到 21 世纪第 2 个十年中期，《巴塞尔协议 III》这份关于资本要求的协议似乎使欧洲和美国的银行状况更加稳定。事实上，美国银行的资本状况相对较好，其占国内生产总值的比例比任何欧洲国家都要低。

政府刺激政策的失败

可以说，美国政府在应对经济危机时，在两个方面存在严重不足：修改抵押贷款条款或监禁行为不端的金融官员（尤其是抵押贷款发放者）。与罗斯福政府在 20 世纪 30 年代对房主贷款公司（Home Owners Loan

Corporation，HOLC）的大力支持不同，奥巴马政府艰难地实施了一项根据住房价值的贬值情况来帮助房东进行抵押贷款再融资的计划。政府官员指出了其中的复杂性，并解释了没有采取行动的原因：监管机构无法确定业主是否有偿还能力。他们认为，如果抵押贷款人再次破产，那么再融资也就没有了意义。令人难以置信的是，银行往往没有完善的付款记录来提供佐证。一些批评人士认为，通过迅速采取行动防止抵押贷款违约能使房价保持稳定，从而缓解一些地区违约房价格下跌的趋势。另一些人则认为，帮助按揭还款人会引发"道德风险"，危机会死灰复燃。

截至 2016 年夏末，还没有任何知名银行家因在 2007—2008 年金融危机前后的不良行为而入狱或被迫支付巨额罚款。美国司法部曾迫使几家金融公司承认其在有关抵押贷款的活动中的违规事实并要求他们支付罚金。高盛集团同意支付 51 亿美元，摩根大通支付了 230 亿美元，美国银行支付了 166 亿美元，花旗集团支付了 70 亿美元，摩根士丹利支付了 32 亿美元。在许多批评者看来，这样的罚款太少也为时已晚，并没有真正帮助到受金融危机影响的数百万美国人。这些公司的高管没有承担任何责任，也没有损失任何收益，更没有入狱服刑。情况的复杂性再次削弱了美国司法部提起诉讼的能力。除非司法部的律师认为自己有很大的胜算，否则将不会对他们提起诉讼。没有立案、罚款和监禁，这反映出政府在惩处金融业违规行为方面的巨大失败。

2016 年，新成立的消费者金融保护局宣布，富国银行（Wells Fargo）须支付 1.85 亿美元的罚金，原因是该银行的 5300 名员工未经允许，为现有客户开设了 150 万个额外账户和 56.5 万张新信用卡。这为政府治理企业的不良行为带来了一缕阳光。富国银行的这些行为至少可追溯到 2011 年，当时就已经存在一些未经客户同意但需他们支付的费用。银行的管理层对员工施加压力，要求他们开设能为银行赚更多钱的账户，这引发了员工的不良行为。尽管消费者金融保护局的行动值得称赞，但该局的行动与之前的案例不同，它并没有与司法部开展合作调查，所以未来将很难对富国银行的员工和董事提起诉讼。与此同时，来自国会两党的压力迫使富国银行的董事会追回了 CEO 约翰·斯顿普夫（John Stumpf）和银行主要部门负责人手中的股票期权（其价值分别为 4100 万美元和 1900 万美元）。此外，在内部调查期间，斯顿普夫将不会领取任何薪水。富国银行董事会采取行动后不久，斯顿普夫就辞职了。目前尚不清楚其他银行的董事会是否对富国银行的做法表示支持。

到了 2016 年中期，美国经济仍未全面复苏，这也应被视为改革的失败。人们感到经济状况有些不对劲。尽管有大量的廉价资金可用，但投资的增长仍然滞后。太多的普通人有了放弃寻找工作的念头。一些行业领域——尤其是 IT 领域，但也包括工业领域的一些技术岗——缺乏足够的合格应聘者。尽管经济衰退证明了管理层关注短期效益的做法是阻碍生产力发展的，但股东仍要求管理层继续施行这一策略。美国人还在偿还危机前几年的债务，在消费品上的支出不如以往。美联储似乎陷入了自己设计的陷阱，不愿在数据改善之前上调接近于零的利率。自然而然地，美联储的领导者也会抱怨，美联储不是唯一有能力促进经济增长的机构，国会也应该对此负责。然而，在 2016 年年中，民主、共和两党都没有兴趣履行这一职责。

当然，最终的结果还需要等待。改革是否会阻止金融体系拥有超越政治体系保护其自身的能力，还有待进一步的观察（需记住，在国会内部由意识形态推动的变革导致了新政金融改革的瓦解，而"罗斯福新政"的金融改革在很长一段时间内运作良好）。此外，尽管正处于"大缓和"时期，但金融恐慌的历史表明还会有另一场危机到来。当下一次危机来袭时，希拉·贝尔应对破产金融机构的方法（即联邦存款保险公司那种谨慎且冷静地逐步结束银行业务的一贯方法）能否真的起效，我们拭目以待。

第十一章精选资料

美国联邦储备银行就经济问题发表了区域审查报告和学术文章。圣路易斯联储（The Federal Reserve Bank of St. Louis）在其官方网站上翔实地提供了 21 世纪头 20 年大事记，还发布了 Richard G.Anderson 和 Charles S.Gascon 撰写的文章 "A Closer Look: Assistance Programs in the Wake of the Crisis"（2011）。加州大学伯克利分校班克罗夫特图书馆的地区口述史办公室组织了一个有趣的在线口述史项目——"Slaying the Dragon of Debt"，上面有许多原始资料和政府工作报告的链接。

只需在浏览器地址栏中输入标题，即可在线查阅到报告——"The Financial Crisis Inquiry Commission Report January 2011"。这份引人注目的报告得到了金融危机调查委员会中民主党人士的支持，但没有获得四位共和党代表的认可。共和党中有三人撰写了一篇内容翔实的反对意见报告，第四名成员则坚持认为是新自由主义政策引发了危机。

关于储蓄和贷款行业的历史，可参见：David L. Mason 所著的 *From Buildings and Loans to Bail-Outs: A History of the American Savings and Loan Industry, 1831–1995*（2004）；Dan Immergluck 所著的 *Foreclosed: High-Risk Lending, Deregulation, and the Undermining of America's Mortgage Market*（2009）。记者 Jennifer Taub 所著的 *Other People's Houses: How Decades of Bailouts, Captive Regulators, and Toxic Bankers Made Home Mortgages a Thrilling Business*（2014）一书追溯了抵押贷款的混乱历史。

Richard A. Posner 所著的 *A Failure of Capitalism: The Crisis of '08 and the Descent into Depression*（2009）[①] 之所以引起关注，是因为该书的作者 Richard A. Posner（他

---

① 理查德·波斯纳. 资本主义的失败：〇八危机与经济萧条的降临［M］. 沈明，译. 北京：北京大学出版社，2009.

是芝加哥学派的早期支持者）将大衰退的原因归咎于监管放松。关于这一论述，读者可参见他的后续作品 *The Crisis of Capitalist Democracy*（2010）[①]。John Kay 所著的 *Other People's Money: The Real Business of Finance*（2015）[②]，该书描述了经济的金融化如何使金融超越其实用功能，进入一个不创造新财富，而是将财富从一个群体转移到另一个群体的领域。作者在书中主张减少监管，一切以行业结构为基础。David B. Grusky、Bruce Western 和 Chrisopher Wimer 编著的 *The Great Recession*（2011）是最早研究这一时期的学术著作之一，该书描述了大衰退发生的原因及其后果，对劳动、收入、贫困、财富和住房的影响，以及美国人在消费、态度和家庭方面的变化。

Barry Eichengreen 所著的 *Hall of Mirrors: The Great Depression, the Great Recession, and the Uses and Misuses of History*（2015）[③] 对大萧条和大衰退做了中肯的比较。读者还可参考 Carmen M. Reinhart 和 Kenneth S. Rogoff 所著的 *This Time is Different: Eight Centuries of Financial Folly*（2011）[④]。

在 John Bellamy Foster 和 Fred Magdoff 所著的 *The Great Financial Crisis: Causes and Consequences*（2009）一书中收录了 2006 年 5 月至 2008 年 12 月具有社会主义思想倾向的杂志 *Monthly Review* 上一些有趣的文章。读者还可参考：Alberto Alesina 和 Francesco Giavazzi 所著的 *Fiscal Policy After the Financial Crisis*（2013）；Raghuram G. Rajan 所著的 *Fault Lines: How Hidden Fractures Still Threaten the World Economy*（2011）[⑤]。耶鲁大学的经济学家 Robert Shiller 所著的 *The Subprime Solution: How Today's Global Financial Crisis Happened, and What to Do About It*（2008）[⑥] 一书建议，政策制定者在重新思考住房政策时，应该了解危机背后的心理力量。读者还可参考经济学家 Barry

① 理查德·波斯纳. 资本主义民主的危机［M］. 李晟，译. 北京：北京大学出版社，2014.

② 约翰·凯. 金融本质：资本游戏与下一场危机之源［M］. 胡妮，王丽蓉，译. 北京：金城出版社，2020.

③ 巴里·埃森格林. 镜厅：大萧条、大衰退，我们做对了什么，又做错了什么［M］. 何帆，等译. 北京：中信出版社，2016.

④ 卡门·M. 莱因哈特，肯尼斯·S. 罗格夫. 这次不一样：八百年金融危机史（典藏版）［M］. 綦相，刘晓峰，刘丽娜，译. 北京：机械工业出版社，2021.

⑤ 拉古拉迈·拉詹. 断层线：全球经济潜在的危机［M］. 刘念，等译. 北京：中信出版社，2015.

⑥ 罗伯特·席勒. 非理性繁荣与金融危机［M］. 何正云，束宇，译. 北京：中信出版社，2020.

Ritholtz 所著的 *Bailout Nation: How Greed and Easy Money Corrupted Wall Street and Shook the World Economy*（2009）。同样值得阅读的相关书目还有：Alan S. Blinder 所著的 *After the Music Stopped: The Financial Crisis, The Response, and the Work Ahead*（2013）[①]；Viral V. Acharya 等人所著的 *Regulating Wall Street: The Dodd-Frank Act and the New Architecture of Global Finance*（2010）（40 位纽约大学教授的文章合集）；Paul Krugman 所著的 *The Return of Depression Economics and the Crisis of 2008*（2009）[②]。有关对汽车业行业救助的分析，可参见 Austan D. Goolsbee 和 Alan B. Krueger 撰写的 "A Retrospective Look at Rescuing and Restructuring General Motors and Chrysler"，载于 *Working Paper 21000, National Bureau of Economic Research,* March 2015。还有一些由事件亲历者们撰写的书籍，包括：Ben S. Bernanke 所著的 *The Federal Reserve and the Financial Crisis*（2013）[③]（这是一套讲座系列丛书），以及 *The Courage to Act: A Memoir of a Crisis and Its Aftermath*（2015）[④]；Timothy F. Geithner 所著的 *Stress Test: Reflections on Financial Crises*（2014）[⑤]；Sheila Bair 所著的 *Bull by the Horns: Fighting to Save Main Street from Wall Street and Wall Street from Itself*（2013）；Henry M. Paulson, Jr. 所著的 *On the Brink: Inside the Race to Stop the Collapse of the Global Financial System*（2010）[⑥]；Keith Gessen 所著的 *Diary of a Very Bad Year: Confessions of an Anonymous Hedge Fund Manager*（2010）。前投资银行家 William Cohan 所著的 *Bear Stearns in House of Cards: A Tale of Hubris and Wretched Excess on Wall Street*（2009）[⑦] 则详细描述了贝尔

[①] 艾伦·布林德. 当音乐停止之后：金融危机、应对策略与未来的世界［M］. 巴曙松，徐小乐，等译. 成都：四川人民出版社，2021.

[②] 保罗·克鲁格曼. 萧条经济学的回归和2008年经济危机［M］. 刘波，译. 北京：中信出版社，2009.

[③] 本·伯南克. 金融的本质：伯南克四讲美联储［M］. 巴曙松，陈剑，译. 北京：中信出版社，2017.

[④] 本·伯南克. 行动的勇气：金融风暴及其余波回忆录［M］. 蒋宗强，译. 北京：中信出版社，2016.

[⑤] 蒂莫西·F.盖特纳. 压力测试：对金融危机的反思［M］. 益智，译. 北京：中信出版社，2015.

[⑥] 亨利·保尔森. 峭壁边缘：拯救世界金融之路［M］. 乔江涛，等译. 北京：中信出版社，2010.

[⑦] 威廉·科汉. 贝尔斯登：华尔街的荣耀、贪婪与毁灭［M］. 曹琉郡，译. 北京：华夏出版社，2010.

威廉·科汉. 华尔街纸牌屋：贝尔斯登的荣耀贪婪与毁灭［M］. 刘巍，译. 上海：上海三联书店，2023.

斯登公司的传奇故事。

与国际视角有关的研究，可参见 Martin Wolf 所著的 *The Shifts and the Shocks: What We've Learned – and Have Still to Learn – from the Financial Crisis*（2014）①，以及 Mervyn King 所著的 *The End of Alchemy: Money, Banking, and the Future of the Global Economy*（2016）②。Mervyn King 曾任伦敦政治经济学院的经济学教授，在金融危机期间担任英格兰银行行长。

关于新闻从业者的著作，可参考：Rana Foroohar 所著的 *Makers and Takers: The Rise of Finance and the Fall of American Business*（2016）③；David Lewis④ 所著的 *The Big Short: Inside the Doomsday Machine*（2011）⑤，这部生动的作品后来被成功翻拍为电影；Neil Irwin 所著的 *The Alchemists: Three Central Bankers and a World on Fire*（2014）⑥；David Wessel 所著的 *In Fed We Trust: Ben Bernanke's War on the Great Panic*（2010）⑦；Paul Muolo 和 Matthew Padilla 所著的 *Chain of Blame: How Wall Street Caused the Mortgage and Credit Crisis*（2010）；Andrew Ross Sorkin 所著的 *Too Big to Fail: The Inside Story of How Wall Street and Washington Fought to Save the Financial Systems and Themselves*（2010）⑧，这是一部广受好评的优秀作品；John Cassidy 所著

---

① 马丁·沃尔夫. 转型与冲击：马丁·沃尔夫谈未来全球经济［M］. 冯明，程浩，刘悦，译. 北京：中信出版社，2015.
② 默文·金. 金融炼金术的终结［M］. 束宇，译. 北京：中信出版社，2016.
③ 拉娜·弗洛哈尔. 制造者与索取者：金融的崛起与美国实体经济的衰落［M］. 尹芳芊，译. 北京：新华出版社，2017.
④ 原文作者名字错误，应该是迈克尔·刘易斯（Michael Lewis），他是美国当代报告文学作家、财经记者。
⑤ 迈克尔·刘易斯. 大空头［M］. 何正云，译. 北京：中信出版社，2015.
⑥ 尼尔·欧文. 炼金术士：三大央行行长如何拯救危机中的世界［M］. 巴曙松，陈剑，等译. 北京：中国人民大学出版社，2015.
　尼尔·欧文. 炼金术士：三大央行行长如何拯救危机中的世界［M］. 巴曙松，陈剑，等译. 成都：四川人民出版社，2021.
⑦ 戴维·韦赛尔. 我们相信美联储：美联储的金融拯救之路［M］. 郭宁，汪涛，译. 北京：中国人民大学出版社，2011.
⑧ 安德鲁·罗斯·索尔金. 大而不倒［M］. 巴曙松，陈剑，等译. 成都：四川人民出版社，2018.

的 *How Markets Fail: The Logic of Economic Calamities*（2010）[①]。读者还可参考：Roger Lowenstein 所著的 *The End of Wall Street*（2011）；Bethany McLean 和 Joseph Nocera 所著的 *All the Devils Are Here: The Hidden History of the Financial Crisis*（2010）[②]；Kirsten Grind 所著的 *The Lost Bank: The Story of Washington Mutual: The Biggest Bank Failure in American History*（2012）。

---

① 约翰·卡西迪. 市场是怎么失败的［M］. 刘晓锋，纪晓峰，译. 北京：机械工业出版社，2011.
② 贝萨尼·麦克莱恩，乔·诺塞拉. 众魔在人间：华尔街的风云传奇［M］. 夏雨，译. 北京：中信出版社，2012.

照片中的美国企业史（三）

插图 3.1　1933 年，美国无线电公司的戴维·沙诺夫和无线电报的发明者古列尔莫·马可尼在纽约长岛的美国无线电公司传输中心合影留念。

资料来源：由 Print Collector 提供，经 Getty Images 授权转载。

插图 3.2 美国无线电公司总裁兼国家广播公司负责人戴维·沙诺夫为美国无线电公司展馆的落成典礼献词。这是电视新闻首次报道的事件（由美国全国广播公司专门播报），报道时间为 1939 年 4 月 20 日。第二次世界大战后，沙诺夫未能成功使美国无线电公司的管理结构适应竞争压力，导致公司倒闭。

资料来源：由 Bettmann 提供，经 Getty Images 授权转载。

插图 3.3　雷·克罗克雇用了恰当的人来帮助他实现在全美国乃至全世界开设快餐店的愿景。麦当劳的故事已经成为美国企业史上最具争议的成功案例之一。

资料来源：由 Art Shay/The LIFE Images Collection 提供，经 Getty Images 授权转载。

插图 3.4 1960 年，麦当劳叔叔在一所小学里。原标题为"麦当劳叔叔在格罗夫公园小学里为克里斯蒂娜·利克斯女士的二年级学生上安全课"。20 世纪中叶，许多美国企业通过帮助市民和艺术团体来承担社会责任。

资料来源：由 Gado/Afro American Newspapers 提供，经 Getty Images 授权转载。

插图 3.5　1984 年，苹果公司总裁约翰·斯卡利（John Sculley）、苹果公司联合创始人史蒂夫·乔布斯和史蒂夫·沃兹尼亚克一起与苹果 II 型第四代机合影。

资料来源：由 Bettmann / Contributor 提供，经 Getty Images 授权转载。

插图 3.6 1991 年 7 月 21 日，《财富》杂志中史蒂夫·乔布斯与比尔·盖茨的合影。作为苹果公司和微软公司的创始人，乔布斯和盖茨分别在 20 世纪末和 21 世纪初的 IT 革命中发挥了重要作用。在慈善方面，乔布斯成效甚微且效果不一；而盖茨则是一位领导者，他鼓励其他亿万富翁将他们的大部分财富捐献给慈善事业。比尔和梅林达·盖茨基金会是世界上最大的个人基金会。他们的工作受到了世界各地的赞扬，但也饱受批评。

资料来源：由 G Lange Photo/Contour 提供，经 Getty Images 授权转载。

插图 3.7 （左起）谷歌公司 CEO 埃里克·施密特、谷歌公司联合创始人拉里·佩奇和谷歌公司联合创始人谢尔盖·布林在第 26 届艾伦公司（Allen and Co.）传媒峰会上合影。2008 年 7 月 10 日（星期四），媒体与技术会议在美国爱达荷州太阳谷举行。各位巨头在这次新闻发布会上穿着的休闲装及其所表现出的非正式性，与 IBM 员工早期穿着的白衬衫搭黑领带的"制服"有着明显的不同。根据施密特的说法，谷歌的业务是"让世界上所有的信息都可以被用户访问和使用"。

资料来源：由 Matthew Staver/Bloomberg 提供，经 Getty Images 授权转载。

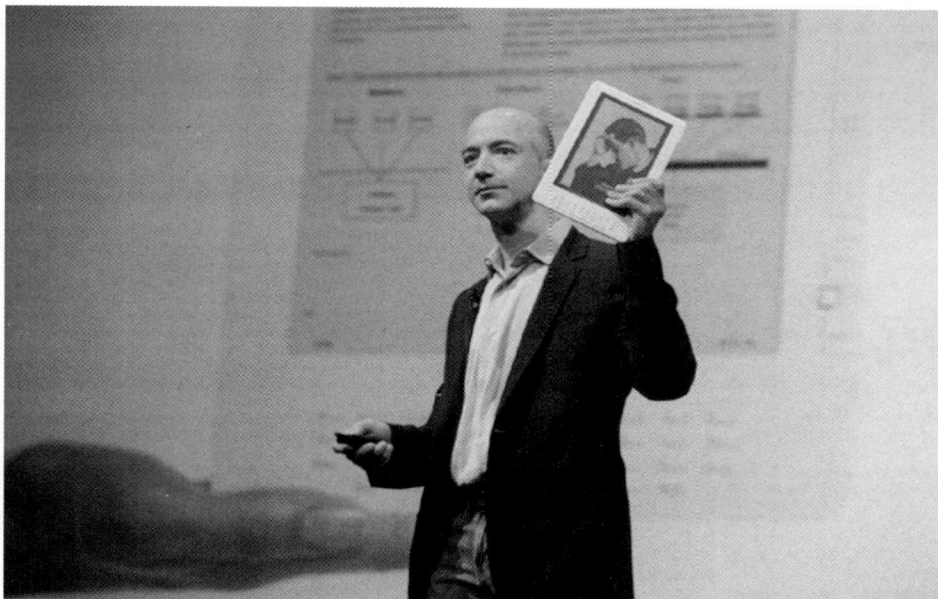

插图 3.8 2009 年 5 月 6 日，线上零售巨头亚马逊公司 CEO 杰夫·贝索斯在纽约举行的新闻发布会上推出了 Kindle DX。这是深受读者欢迎的 Kindle 电子阅读器的大屏幕版本，专为读者阅读报纸、杂志和教科书而设计。该公司于 2016 年进入《财富》500 强十大最有价值的公司的行列。

资料来源：由 EMMANUEL DUNAND/AFP 提供，经 Getty Images 授权转载。

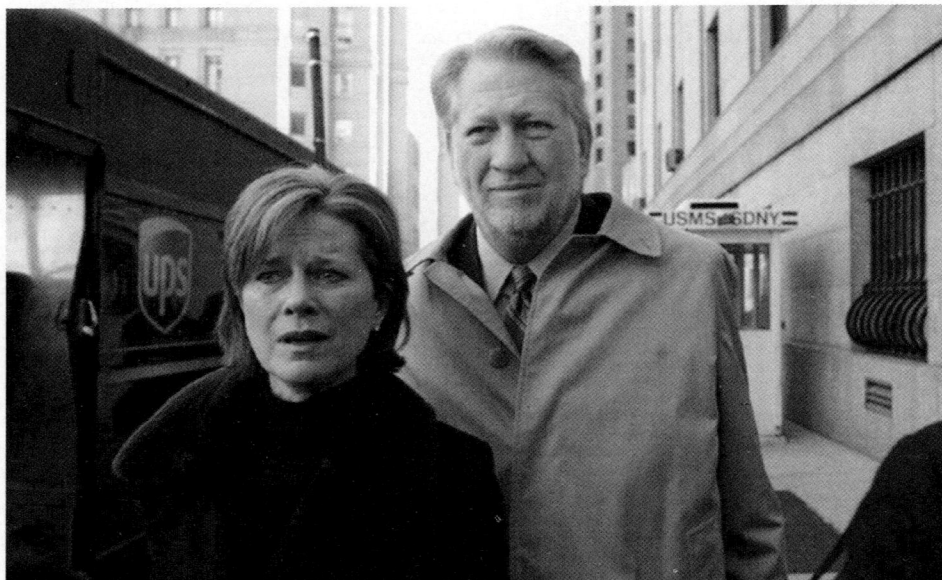

插图 3.9　2005 年 3 月 15 日，世界通信公司前 CEO 伯纳德·埃伯斯（Bernard Ebbers）和他的妻子克里斯蒂（Kristie）离开曼哈顿联邦法院（Manhattan Federal Court）。此前，陪审团裁定埃伯斯在涉及 110 亿美元的会计丑闻中犯有欺诈罪。63 岁的埃伯斯还被认定犯有共谋罪和向监管机构提交虚假文件罪。他的刑期长达 25 年。

资料来源：由 Adam Rountree/Bloomberg 提供，经 Getty Images 授权转载。

插图3.10　2006年5月25日，安然公司前CEO杰夫·斯基林（中）在休斯敦的鲍勃·凯西法院（Bob Casey US Courthouse）结束了对他涉及欺诈和共谋罪的审判后，和其律师丹尼尔·彼得罗切利（Daniel Petrocelli）一起离开。经过16周的口供和6天的庭审，陪审团裁定斯基林所涉及的19项罪名成立。斯基林上诉后法院撤销了一些对他的指控，但他仍需要在监狱服刑至2028年。随后的谈判使他有资格在2017年获释。他还被罚没4200万美元，该款项被用作他在管理安然公司期间因其行为而受到伤害的人的部分赔偿。
资料来源：由Dave Einsel提供，经Getty Images授权转载。

插图 3.11 2011 年 3 月 17 日，联邦存款保险公司主席希拉·贝尔在位于华盛顿特区的金融稳定监督委员会会议上发言，时任美国财政部部长的蒂莫西·盖特纳（中）和美联储主席伯南克听取了她的意见。为防止再次发生金融危机，一个由美国监管机构组成的委员会制定了一些规则，以帮助专家小组决定哪些票据清算具有系统重要性而需要给予额外的监督。

资料来源：由 Joshua Roberts/Bloomberg 提供，经 Getty Images 授权转载。

插图 3.12 左起：时任美国华平投资集团（Warburg Pincus LLC）总裁、前美国财政部部长蒂莫西·盖特纳，脸书首席运营官谢丽尔·桑德伯格，保尔森研究所（Paulson Institute）创始人兼主席、前美国财政部部长、高盛集团长期雇员亨利·保尔森（Henry Paulson），对外关系委员会联合主席、前美国财政部部长、在高盛集团工作了 26 年的罗伯特·鲁宾（Robert Rubin），共同参加了 2015 年 4 月 27 日在美国加利福尼亚州比弗利山庄举行的米尔肯研究院全球年会上的小组讨论。此次会议汇集了数百名 CEO、高级政府官员和全球资本市场的领军人物。会议期间，大家就社会、政治和经济挑战等问题展开了讨论。这张照片反映了美国历史上私营部门和公共部门之间持续不断的互动关系（有人将之称为"旋转门"现象）。

资料来源：由 Patrick T. Fallon/Bloomberg 提供，经 Getty Images 授权转载。

结　语

　　从 1920 年到 21 世纪第 2 个十年，美国公司数量增长的速度远远超过了其整体人口的增长速度。1920 年，美国大约有 34.6 万家公司。2015 年，公司数量已经达到了 580 万家，几乎是 1920 年的 17 倍。而人口只增长了 2 倍多，即从 1.05 亿增长到 2015 年的 3.25 亿。我们将在以上数字变化所构成的时代背景之下，简要回顾一下美国企业家与从 1920 年至今影响美国企业的四种趋势是如何相互影响的。

持续变革

　　大萧条和第二次世界大战最终奠定了美国在 20 世纪中叶作为世界经济领头羊的地位。20 世纪 30 年代，一些公司蓬勃发展，并充分地利用了战时动员这一千载难逢的机会。战争期间，虽然美国全力优先保障军需物资的生产，但国内经济仍然获得了增长。战后，人们在压抑之后释放的需求极大地推动了经济的发展。随后，全球化的浪潮给一些行业带来了新一轮的激烈竞争。在这些行业中，美国经理人阶层曾经认为他们的公司会成为永久的世界冠军，但在机床、橡胶轮胎、消费电子产品和汽车领域，美国公司的领导地位被总部设在欧洲或日本的公司所取代。而在其他领域，包括在特许经营系统、计算机硬件和软件、飞机及许多品牌消费品领域，总部设在美国的公司仍在 21 世纪继续保持着全球领先地位。

不断变化的商业环境影响了劳资关系及企业与社会的互动。20 世纪中叶，许多大型制造公司往往迫于工会的压力而向员工提供医疗保险和养老金计划，以吸引员工终生为公司服务。20 世纪末，金融及高科技公司创造了一种全新的文化：在这种文化中，高薪取代了福利计划，工作保障不复存在。事实上，此时跳槽是被鼓励的。不过，这些公司通常仍提供额外的福利，包括设立健身区、提供免费食物及给员工更多的时间去处理他们的私人事务。20 世纪中期，大公司经常资助当地的慈善机构、教育项目和艺术团体，现在大多数企业仍在这样做。然而，20 世纪末，许多制造业公司已经远离社区，将业务转移到其他地区甚至海外。这导致许多美国城镇尤其是中西部地区因失去了劳动力和税收而遭受沉重打击。

在 20 世纪末的全球化浪潮中，信息技术的爆发凸显了商业环境的持续变化。信息技术使经济金融化得以快速发展，其发展速度甚至超过了政府的掌控能力。专注于短期利润和"用钱赚钱"，而不是专注于长期战略和新产品研发，这一变化会让 19 世纪末和 20 世纪初以安德鲁·卡内基和 J.P. 摩根为代表的制造商和银行家都倍感困惑。人工智能、无人机、自动驾驶汽车及物联网的最新进展表明，无穷无尽的变化将会持续不断地塑造商业环境。

赋予消费者与企业家的权利越来越大

在过去的一个世纪里，消费者的权利倍增，但这往往是以牺牲生产者和零售商的利益为代价的。同时，20 世纪末和 21 世纪初，消费者享有比 1920 年多得多的可支配收入，他们要求有更广泛的商品和服务供其选择。尽管广告商不断试图利用五花八门的广告来操纵他们，但效果甚微。由于可以使用万维网和互联网，消费者比以往任何时候都更了解特定产品的相关优点。到了 20 世纪 90 年代，人们可以在一天中挑选自己认为最方便的时候进行网购。

由于生产者面临的竞争压力越来越大，导致消费者越来越占据主导地位。如果生产商不迎合消费者的喜好，他们很快就会像美国无线电公司那样被其他竞争对手赶出市场。长期处于垄断地位的出租车公司面临着来自网约车公司的竞争，而随着消费者对网络的使用日益娴熟，以及网络给他们带来了越来越多的便利，酒店和餐饮业的竞争也日益加剧。

20 世纪末和 21 世纪初，企业家也获得了高效运用杠杆的权利。整体经济的金融化创造了更多的流动性，从而带来了更多的投资资金。互联网和万维网不仅为初创企业提供了基础设施，也使应用程序的设计人员可以利用自己的时间为移动设备开发新程序。此外，有空余房间出租的房主可以利用爱彼迎获利（通常无视当地法规），女性和少数族裔群体则从 20 世纪 60 年代设立的政府项目中获得了一些帮助，并利用创业赋权的优势在全国各地创办新公司。上述对创业者和消费者的赋权与持续变革共同缔造了这么一个世界：许多人认为它充满着令人不安与令人亢奋的因素，而另一些人则认为它隐含着危险与不祥。

集权决策与分权决策

变革的持续性及对消费者和企业家的赋权，塑造了商业领导者竭力平衡集权与分权管理结构之间矛盾的大环境。第二次工业革命期间，安德鲁·卡内基等人创造的集中式职能管理结构，逐步演变为阿尔弗雷德·P. 斯隆在 20 世纪 20 年代创建的分散式多部门管理结构，这种管理结构在大萧条后的美国和其他地区遍地开花。随着第三次工业革命的兴起，这一演变过程在 20 世纪末再次得到了加强。

本书中关于阿尔弗雷德·P. 斯隆、尼尔·麦克尔罗伊、费迪南德·埃伯施塔特、雷·克罗克、杰夫·贝索斯、梅格·惠特曼，以及拉里·佩奇、谢尔盖·布林和埃里克·施密特的案例，展示了企业家们如何应对管理结构的创新挑战。他们在成为复杂公司的管理者时，要不断面临着如何权衡集权决策和分权决策的问题。为此，他们不得不持续调整组织中不同层级管理人员之间的关系，以达成公司的目标。

当亨利·福特将公司的控制权完全置于自己手中时，阿尔弗雷德·P. 斯隆却在通用汽车公司系统地将权力下放。斯隆在构建多部门结构的过程中生出一计，使通用汽车公司能够从上述两个方法中各取其优——他喜欢称之为"协调分权"。20 世纪 30 年代，在宝洁公司，尼尔·麦克尔罗伊的品牌管理制度也实现了类似的权力下放。品牌经理对宝洁公司的高层管理人员负责，但同时他们自己也拥有对其属下发号施令的权力。此外，宝洁公司组织中的其他人员如斯梅尔瑟和他的市场研究人员则履行了重要的员工职责，这使对特定品牌负有盈亏责任的各个部门负责人受益。

第二次世界大战期间，费迪南德·埃伯施塔特创造了另一种分权决策体系，其规模之大本书已经详细描述过。该控制物资计划根据陆军、海军和其他申报机构对自身及其主要承包商所需材料的估算结果，将钢、铜和铝等材料按需分配，并规定必要时申报者可以变更这些材料的用途。他们之所以有权这么做，是因为埃伯施塔特通过对该计划的"垂直"设计，向下推动了这些权力的转移。该计划是将决策权授予掌握最佳信息之人的一个近乎完美的例子。其他权力下放的例子还包括征召平民加入武装部队的地方征兵制度、监督稀缺消费品分配的社区配给委员会。以上这些分权管理结构，从组织层面巧妙地解决了第二次世界大战期间的动员难题。

戴维·沙诺夫和美国无线电公司的故事完美地诠释了一个刻意将权力集中的组织可能带来的好结果与坏结果。在无线电广播发展的初期，由一位高管来监督广播的技术研发及设备的制造和销售是有意义的。无线电广播是一项系统性的创新，有一个像沙诺夫这样有能力的人来负责有助于推动各项因素的协调发展。然而，当美国无线电公司的规模越来越大并出现强大的竞争对手时，沙诺夫就像之前的亨利·福特一样，拒绝改变其公司结构。美国无线电公司之所以遭受损失，是因为它的领导者不了解分权决策的必要性。相比之下，在信息技术领域，亚马逊的杰夫·贝索斯和苹果的史蒂夫·乔布斯的所作所为虽然好似福特与沙诺夫两人的部分灵魂附体，但由于他们的管理结构是分散的，因此公司得以继续蓬勃发展。

自 20 世纪 20 年代以来，企业下放决策权的步伐就一直没有停止过，到了 21 世纪，决策变得比以往任何时候都更加受限。"员工赋能"，这个在 20 世纪 90 年代变得司空见惯的说法，真实反映了这种现象。无论这句话多么老套，但现实就是如此！

监管企业的阴暗面，使企业不会从内部系统自我毁灭

像所有领先的工业国家一样，美国是一个彻头彻尾的混合经济体制国家，政府支出极其庞大。2014 年，该项支出约占国内生产总值的 38%，而 1929 年这一比例为 3% ~ 4%。这些支出包括社会保险、医疗保险和失业救济金等形式的大规模转移支付。这些措施连同复杂的货币和财政政策，使商业周期趋于平缓。至少在 2007 年之前，它们使繁荣与衰退之间的波动远没有第二次世界大战前那么剧烈。

与欧洲国家相比，美国在推行大部分社会福利制度方面的时间明显滞后，他们没有制定过影响广泛的有关失业、健康和福利方面的法律，也没有在实施这些法律上花费比例过高的公共收入。21 世纪初，尽管美国政府有着

巨额的军事开支负担，但美国的总体税赋占国民收入的比例几乎比所有其他工业化国家都要低。

正如国外许多分析家及国内的批评家们所认为的那样，美国式的经济体制带来了高昂的社会成本。从 20 世纪 50 年代开始，工会便丧失了权力，其一部分原因是内部腐败，而另一部分原因是商业领袖游说政府，使其承担了本应公司为工人提供的一些福利项目。美国的商业体系可以容忍大公司大规模裁员和小公司的频繁倒闭，但对于那些很难参与市场竞争的人来说，它几乎没有提供什么实质性的帮助。根据大多数人的说法，美国的医疗保健系统是一个烂摊子。尽管在 2010 年颁布了《患者保护与平价医疗法案》(Patient Protection and Affordable Care Act)，但仍有数以百万计的美国公民没有健康保险，也没有得到及时救治的机会，美国国内的贫富差距比其他发达国家更大。

如果不对资本主义的蒙昧趋势加以遏制，那么经济权力和政治权力会集中在少数人手中。如果中下阶层的收入不足以购买商品和服务，那么整个经济的增长速度将放缓，而这基本上就是导致大萧条的原因。因此，最近一段时间来自多位学者［法国经济学家托马斯·皮凯蒂（Thomas Piketty）是其中最重要的一位］的警告在学术界和政策制定者群体中引起了相当大的反响，因为他们开始关注占人口数 1% 的精英人群与其他人群之间的收入及财富差距。

皮凯蒂等人强调收入与财富的差距，呼吁采取新的方案来解决贫富差距问题的思路都是正确的，比如，对富人征收更高的税、对基础设施进行广泛投资等（这种方法奠定了战后非同寻常的经济发展的基础）。但他们忽略了另一个重要问题：大多数美国人的生活水平普遍提高了，特别是中上层阶级，他们从 1979 年占总人口的 12.9%（三口之家的年收入为 36 500 ~ 127 700 美元）增长到了 2014 年的 29.4%（考虑到通货膨胀的因素，年收入标准调整为 10 万 ~ 35 万美元）。换句话说，中上层阶级的数量在增长，而中产阶级却已萎缩。即便是美国中产阶级家庭，其今天的经济状况也比 1980 年要好，能拿到高薪的银行 CEO 自然更不在话下。总体而言，所有部门的生活水平都有所提高。20 世纪末，在美国 1 小时的工作所得可以购买到的商品和服务，基本上是 1920 年的 4 ~ 5 倍。

虽然许多中上层家庭已经跻身富裕阶层，但也有一些家庭已经跌出了中产阶级行列。对于一个以向上层阶级流动为荣的国家来说，美国穷人的数量实在是太多了。具有讽刺意味的是，第三次工业革命的推动力量——信息技术和人工智能，以及像爱彼迎和优步这样的新应用服务，改变了就业模式，降低了工资与工作岗位的数量。与全球化和自由贸易相比，由信息技术驱动的就业机会减少了，机器人技术也减少了一些就业机会。

从最广泛的意义上讲，在过去了 90 年左右，美国商业体系的扩张所带来的经济收益是否值得已付出的社会成本，这个问题并没有一个明确的答案。这些收益和成本之间联系的确切机制尚不清楚，本书并没有直接讨论其中的问题，因为它的重点已经转移到其他问题，即商业系统的内部运作。但我们也确实应该注意到，在任何一个国家，允许创造性破坏的相对速度在很大程度上是那些控制国家优先权人士的政治选择，而美国商业的显著成功并不是所有相关人员可以无条件庆祝的理由。因此，皮凯蒂及其支持者和批评者的相关言论都值得我们去关注和回应。

不过，改革的呼声可能不会被重视。在本书所涉及的年代里，美国人总体上颇具企业家精神，这在他们的商业行为及州和国家立法机构颁布的授权法律中可以看到。他们极少通过投票或激进的政治运动来反对现有的经济制度。他们更多崇尚公开、自由的竞争，更愿意通过自由竞争的方式将竞争对手逐出市场。

美国人对待失败的态度也更加宽容。他们几乎不惧怕负债（从根本上讲，还是他们的负债太少了），对企业和个人的破产也习以为常。在世界上的许多地方，"破产"二字是与永久的耻辱感联系在一起的，但在美国，破产往往被视为企业家在通往最终富裕的道路上要经历的一个阶段。美国人的主流看法似乎是，极端的繁荣和极端的贫困纯属个人责任，甚至是个人选择的问题。大多数公民不相信一个人奋斗的结果主要是由运气、社会环境或结构性障碍决定的——尽管学术研究表明，上述因素确实阻碍了一些美国人获得更多财富的机会。虽然政客们确实通过抨击"华尔街"或"全球化"导致某些地区的工资降低和失业率上升等言论而当选，但这些政治主题通常只是竞选时常用的敷衍和误导手法，并不能反映美国商业体系的核心价值，也不能反映出美国经济陷入困境的真正原因。

也许美国人并没有真正理解这一点，但他们已经对美国经济制度常年刮起的创造性破坏的永恒风暴逆来顺受。尽管过去十多年来的民意调查显示，60%～80%的美国人认为国家没有朝着正确的方向行进，但考虑到美国民众收入与财富的增长如此之多，美国国家的经济制度不可能很快得到重新安排。持续的变革、消费者和企业家权利的不断扩大、集权管理和分权管理之间平衡的不断改变，以及政府试图应对这些变化所做出的努力，都将在未来一段时间内重塑美国的商业版图。

结语精选资料

　　读者可参考 Paul Krugman 所著的 *The Conscience of a Liberal*（2007）[①] 与 Joseph Stiglitz 所著的 *The Price of Inequality*（2012）[②]。此外，James K. Galbraith 所著的 *Inequality and Instability: A Study of the World Economy Just Before the Great Crisis*（2012）[③] 汇集了大量的数据，认为全球不平等可以追溯到经济金融化。他所著的 *The End of Normal: The Great Crisis and the Future of Growth*（2014）是对衰退期过后相关事件的重要分析。

[①]　保罗·克鲁格曼. 美国怎么了？：一个自由主义者的良知［M］. 刘波，译. 北京：中信出版社，2008.

[②]　约瑟夫·E. 斯蒂格利茨. 不平等的代价［M］. 张子源，译. 珍藏版. 北京：机械工业出版社，2022.

[③]　詹姆斯·K. 加尔布雷斯. 正常的终结：理解世界经济新常态［M］. 蒋宗强，译. 北京：中信出版社，2017.

推荐书目

尽管各章结尾的"精选资料"这部分的内容看起来很充实，但由于美国企业及人们对美国企业的研究一直处于发展变化之中，导致本书所涉及的所有主题的研究成果还在不断涌现及更新。

限于篇幅，有很多公司本书没有重点谈及，如苹果公司、沃尔玛、开市客、通用电气、迪士尼公司，以及许多有线电视网络公司、数不清的快餐专营店、高科技创业公司等。

以下列出的推荐书目，对于有兴趣进一步了解与研究这些公司的读者来说是非常有帮助的。

美国企业史概述

关于 20 世纪美国企业的作品汗牛充栋。除了下面列出的详细书目及每一章的"精选资料"以外，图书馆和在线数据库中还提供了大量的一手和二手资料，深入探讨了历史上及当代企业的相关内容。感兴趣的读者可以向专业的图书管理员咨询，这样既可以在浩如烟海的数据中获得需要的信息，又可以节省大量时间。此外，在美国企业史学会官网上可以找到在美国及其他国家讲授的各种企业史课程资料的链接，其中许多课程包含了相当有趣的阅读资料。

查找个别公司信息的最佳资料来源之一是"Hoover 商业报告系列"，其简要版本可在网上免费获取；在研究型图书馆中，可以获取更为详尽的"Hoover 分析报告"，其中包含了部分企业的发展简史。维基百科也提供了关于个别公司的一些有用的信息，但其内容在质量和准确性上参差不齐。此外，这些文章通常附有其信息来源的链接。大多数企业都有自己的官网与公司档案，前者通常是展示公司信息的最佳宣传窗口，后者通常不对独立研究人员开放。美国的上市公司还向政府当局发布"10-K"和类似的报告（根据美国法律，这些报告的内容必须是准确无误的），向股东发布年度报告，以及发布一系列其他出版物。几乎每个行业都有专业性报纸和杂志，它们往往被视为相当实用的数据来源（如报道 IT 行业的杂志 *Wired* 就是一个很好的例子）。一般的商业出版物，如 *The Economist*、*Fortune*、*Business Week*、*Forbes*、*The Wall Street Journal*、*The Conference Board Review*、*The Harvard Business Review* 都为历史研究和了解当前趋势提供了有价值的信息。而 *The New York Times* 与 *The New York Review of Books* 不但刊登当下趋势的相关信息，而且通常还包括关于历史背景的介绍。

在本书涉及的时间段内，特别是 20 世纪 30 年代至 60 年代，最具可读性的单一资料来源是著名的财经杂志 *Fortune*。自创刊以后的 40 年间，*Fortune* 刊登了不少长篇大论且具有远见卓识的文章，但这些文章通常没有署名，并拥有着稳定的作者群体，包括 James Agee、Daniel Bell、John Kenneth Galbraith、Alfred Kazin、Archibald MacLeish 及 Dwight Macdonald 等人。这些年 *Fortune* 的文章总的来说可能是有史以来最杰出的商业新闻作品，其创办人亨利·卢斯对 20 世纪中期美国的商业报道方式产生了巨大的影响，读者可参考 Alan Brinkley 所著的 *The Publisher: Henry Luce and His American Century*（2010）[①]，以及 James L. Baughman 所著的 *Henry R. Luce and the Rise of the American News Media*（1987）这两部著作。

有线商业新闻频道也有自己的网页，其中包含往期的节目并附有文字稿，这可以提供关于企业的更多信息和背景介绍。

学院派企业史学术研究的刊物首推 *Business History Review*，该刊物是由哈佛

---

① 艾伦·布林克利. 出版人：亨利·卢斯和他的美国世纪［M］. 朱向阳，丁昌建，译. 北京：法律出版社，2011.
艾伦·布林克利. 出版人：亨利·卢斯和他的美国世纪［M］. 朱向阳，丁昌建，译. 北京：中信出版社，2016.

商学院出版的季刊（本书作者麦克劳曾任该杂志的编辑）；其次是 *Enterprise and Society*，它是由美国企业史学会出版的季刊（在 2000 年之前，该刊物名为 *Business and Economic History*，每年出版一次）；最后是 *Essays in Economic and Business History*，由经济与企业史学会每年出版（本书作者柴尔兹曾任该刊物的编辑）。以上三种期刊除了刊登美国企业的相关文章，还刊登其他国家企业的文章。第四个是英国出版的 *Business History*，也经常刊登关于美国企业的文章。

关于企业史领域的现状和未来趋势的概述，可参见 Walter A. Friedman 和 Geoffrey Jones 撰写的 "Business History: Time for Debate"，载于 *Business History Review*，85（Spring 2011），该期刊的其他文章也很值得一读。

统计参考资料

关于美国企业史的资料实在太丰富了，让人眼花缭乱。关于美国主要行业都有详细的系列统计报告，其中包括有关产品市场状况和公司业绩的大量数据。这些报告大多是通过行业贸易协会发布的，这里不一一列举，但均可以很容易地在图书馆查找到。

对于其他一般性的统计参考资料，以下五部出版物是研究 20 世纪美国企业、经济和社会历史方面所不可或缺的：（1）美国人口普查局所著的 *Historical Statistics of the United States: Colonial Times to 1970*（1975）；（2）*Statistical Abstract of the United States*（annual editions）；（3）*Economic Report of the President*（annual editions）；（4）*Angus Maddison, Phases of Capitalist Development: A Long-Run Comparative View*（1991），这是将美国经验置于跨国视角下的重要资料，作者随后出版的有关该主题的著作还对其进行了修订与更新；（5）Stanley Lebergott 所著的 *Pursuing Happiness: American Consumers in the Twentieth Century*（1993），这是一部简单而又十分诱人的信息宝库，使用时体验很好，读者可从中获得大量有用的统计数据。

综合参考书目

一些专业的百科全书、教科书和其他参考资料包含了重要的信息及内容广博的书目。最重要的几部包括：Larry Neal 和 Jeffrey G. Williamson 编著的 *The Cambridge History of Capitalism. Volume I: The Rise of Capitalism from Ancient Origins to 1848*[①]；*Volume II: The Spread of Capitalism: From 1848 to the Present*（2014）[②]；Geoffrey Jones 和 Jonathan Zeitlin 编著的 *The Oxford Handbook of Business History*（2008），本书涵盖了企业史研究的整个领域，而不仅仅局限于美国；Stanley Engerman 和 Robert Gallman 编著的 *The Cambridge Economic History of the United States*（1996—2000）[③]；Glenn Porter 编著的 *Encyclopedia of American Economic History*（1980）；Stanley I. Kutler 编著的 *Encyclopedia of the United States in the Twentieth Century*（1996）。最后这部作品的第三卷（由本书作者麦克劳编辑）包含 18 篇由知名历史学家撰写的长篇专题文章，对作者写作本书颇有帮助，尤其是下列主题：消费（Susan Strasser）、营销（Richard S. Tedlow）、工业生产（Alfred D. Chandler, Jr.）、经济表现（Richard H. K. Vietor）、基础设施（William R. Childs）、职业（Kenneth Lipartito 和 Paul Miranti），以及资本市场（George David Smith 和 Richard Sylla）。这部作品中除了第三卷，第二卷中关于科学和技术的部分内容也很有用，特别是关于工业研究和制造技术（David A. Hounshell）、计算机和通信技术（Steven W. Usselman），以及航空航天技术（Roger E. Bilstein）的文章。

实用的教科书都包含大量的参考书目或资料来源说明，包括：Mansel G. Blackford 和 K. Austin Kerr 编著的 *Business Enterprise in American History*（1994）；Alfred D. Chandler, Jr.、Thomas K. McCraw 和 Richard S. Tedlow 所著的 *Management Past and Present:*

---

① 拉里·尼尔，杰弗里·G. 威廉姆森. 剑桥资本主义史（资本主义的兴起：从远古到 1848 年）[M].李酣，译.北京：中国人民大学出版社，2022.
② 拉里·尼尔，杰弗里·G. 威廉姆森. 剑桥资本主义史（资本主义的传播：从 1848 到现在）[M].李酣，译.北京：中国人民大学出版社，2022.
③ 斯坦利·L. 恩格尔曼，罗伯特·E. 高尔曼. 剑桥美国经济史（第三卷）：20 世纪[M].高德步，等译.北京：中国人民大学出版社，2018.

A Casebook on the History of American Business（1996）[①]；Regina Lee Blaszczyk 所著的 *American Consumer Society, 1865–2005: From Hearth to HDTV*（2009）。关于美国经济增长史最新进展的专著，可参见 Robert J. Gordon 所著的 *The Rise and Fall of American Growth: The U.S. Standard of Living since the Civil War*（2016）[②]。Mansel G. Blackford 所著的 *Modern Business：Great Britain, the United States, Germany, Japan, and China*（3rd ed., 2008）[③] 已经成为比较企业史领域的权威教科书。

另外一些重要的参考书目有：John N. Ingham 所著的 *Biographical Dictionary of American Business Leaders*，4 vols.（1983）；Thomas Derdak 等人编著的 *International Directory of Company Histories*，76+ vols.（1988–）；Susan Boyles Martin 编著的 *Notable Corporate Chronologies*，2 vols.（1995）.

权威著作

Alfred D. Chandler，Jr. 是一位多产的学者，他的三本书重新定义了企业史这一领域：*Strategy and Structure: Chapters in the History of the American Industrial Enterprise*（1962）[④]；*The Visible Hand: The Managerial Revolution in American Business*（1977）[⑤]；*Scale and Scope: The Dynamics of Industrial Capitalism*（1990）[⑥]。以 Chandler 的作品为出发点，人们对整个企业史领域进行了充分的历史学调查，相关代表作有 Richard R. John，Jr. 撰写的 "Elaborations，Revisions，Dissents：Alfred D. Chandler's *The Visible Hand* after Twenty Years"，载于 *Business History Review*，71（Summer 1997）。该篇文章还收录在 William Lazonick 和 David J. Teece 编著的 *Management Innovation: Essays*

---

① 小阿尔弗雷德·D. 钱德勒，托马斯·K. 麦克劳，理查德·S. 特德罗. 管理的历史与现状［M］. 郭斌，译. 大连：东北财经大学出版社，2007.

② 罗伯特·戈登. 美国增长的起落［M］. 张林山，刘现伟，孙凤仪，译. 北京：中信出版社，2018.

③ 曼塞·G. 布莱克福德. 西方现代企业兴起［M］. 锁箭，译. 北京：经济管理出版社，2001.

④ 小阿尔弗雷德·D. 钱德勒. 战略与结构：美国工商企业成长的若干篇章［M］. 孟昕，译. 昆明：云南人民出版社，2002.

⑤ 小阿尔弗雷德·D. 钱德勒. 看得见的手：美国企业的管理革命［M］. 重武，译. 北京：商务印书馆，2018.

⑥ 小阿尔弗雷德·钱德勒. 规模与范围：工业资本主义的原动力［M］. 张逸人，译. 北京：华夏出版社，2006.

in the Spirit of Alfred D. Chandler Jr.（2012）。

关于战略营销的权威著作是 Richard S.Tedlow 所著的 *New and Improved: The Story of Mass Marketing in America*（1996，该书首次出版于 1990 年）。有关生产方面的重要著作是 David A. Hounshell 所著的 *From the American System to Mass Production, 1800–1932: The Development of Manufacturing Technology in the United States*（1984）。另外一部结合了社会、经济和政治历史分析的文集是 Nelson Lichtenstein 编著的 *American Capitalism: Social Thought and Political Economy in the Twentieth Century*（2006）。

与强调大企业的"钱德勒范式"相对立的观点，可参见 Philip Scranton 所著的 *Figured Tapestry: Production, Markets, and Power in Philadelphia Textiles, 1885–1941*（1989），以及 *Endless Novelty: Specialty Production and American Industrialization, 1865–1925*（1997）。Mansel G. Blackford 撰写的"Small Business in America：A Historiographic Survey"，载于 *Business History Review*，65（Spring 1991），这篇文章对小企业进行了深入的讨论，并全面引用了相关著作。读者还可参考 Mansel G. Blackford 所著的 *A History of Small Business in America, 2nd ed.*（2003）[①]，以及 Stuart Bruchey 编著的 *Small Business and American Life*（New York: Columbia University Press，1980）。Paul K. Conkin 所著的 *Revolution Down on the Farm: The Transformation of American Agriculture since 1929*（2008）以精辟的分析叙述了美国农业在 20 世纪中叶如何发生根本性的变化，作者认为这种变化既提高了产量，又扰乱了文化和社会关系。

在社会史方面，Olivier Zunz 所著的 *Making America Corporate, 1870–1920*（1990）与 Chandler 所著的 *Visible Hand*，以及 Scranton 所著的 *Endless Novelty* 一样，都在写到本书内容开始的 20 世纪 20 年代时就停止了，但与这两本书一样，Zunz 的著作在方法论方面的贡献也非常大。

Geoffrey Jones 所著的 *Entrepreneurship and Multinationals: Global Business and the*

---

① 曼塞尔·布莱克福德. 美国小企业史［M］. 刘鹰，何周卿，译，杭州：浙江大学出版社，2013.

Making of the Modern World（2013）一书将读者从"国家"企业史中抽离出来，指出跨国经营对"全球化"各个时期的重要性。Luc Boltanski 和 Eve Chiapello 所著的 *The New Spirit of Capitalism*（1999），该书就如何理解资本主义在 20 世纪后期从"管理资本主义"向"网络资本主义"的演变提出了独到的见解。

关于政府与企业的关系一直是学界研究的热门，目前成果远远超出了本书所能概括的范围。在此只能罗列一个简要的权威文献清单：Ellis W. Hawley 所著的 *The New Deal and the Problem of Monopoly: A Study in Economic Ambivalence*（1966）；Thomas K. McCraw 所著的 *Prophets of Regulation*（1984）；Louis Galambos and Joseph Pratt 所著的 *The Rise of the Corporate Commonwealth: United States Business and Public Policy in the Twentieth Century*（1988）；Morton Keller 所著的 *Regulating a New Economy: Public Policy and Economic Change in America, 1900–1933*（1990）；Richard H. K. Vietor 所著的 *Contrived Competition: Regulation and Deregulation in America*（1994）；William R. Childs 所著的 *The Texas Railroad Commission: Understanding Regulation in America to the Mid-Twentieth Century*（2005）。下面两部著作对政府的角色持相反立场：一部是 Robert Higgs 所著的 *Depression, War, and Cold War: Studies in Political Economy*（2006），该书持有右翼思想观点；另一部是 Richard M. Abrams 所著的 *America Transformed: Sixty Years of Revolutionary Change, 1941–2001*（2006），该书持有左翼思想观点，涉及文化主题和政企关系。

年轻的学者们将我们对企业与政府关系的认知扩展到了罗斯福新政视角之外，如 Kim Phillips-Fein 和 Julian E. Zelizer 编著的 *What's Good for Business: Business and American Politics since World War II*（2012）。最近出版的一部资深学者的作品是由 Louis Galambos 所著的 *The Creative Society – and the Price Americans Paid for It*（2012）。有关反映 20 世纪中期经济学和公共政策思想的精辟传记，可参见 Craufurd D. Goodwin 所著的 *Walter Lippmann: Public Economist*（2014）。

如需了解资本主义史早期的研究方法，可参见 Thomas K. McCraw 编著的 *Creating Modern Capitalism: How Entrepreneurs, Companies, and Countries Triumphed in Three*

Industrial Revolutions（1997）[①]，该书内容涉及英国、德国、日本及美国。

经济学家的许多书籍都在理论层面探讨了对资本主义的评价，其中以下书籍与美国企业史有着紧密关系：Joseph A. Schumpeter 所著的 *Capitalism, Socialism and Democracy*（1942，2008）[②]；Oliver E. Williamson 所著的 *The Economic Institutions of Capitalism: Firms, Markets, Relational Contracting*（1985）；Douglass C. North 所著的 *Institutions, Institutional Change, and Economic Performance*（1990）[③]；William Lazonick 所著的 *Business Organization and the Myth of the Market Economy*（1991）。Michael E. Porter 的三部有影响力的作品为读者分析企业行为提供了理论和实践指导，分别是 *Competitive Strategy*（1980）[④]、*Competitive Advantage*（1985）[⑤] 和 *The Competitive Advantage of Nations*（1990）[⑥]。Michael C. Jensen 所著的 *Foundations of Organizational Strategy*（1999）对企业决策的形态进行了精辟的分析。

Philip Scranton 和 Patrick Fridenson 所著的 *Reimagining Business History*（2013）是一部关于如何"重塑"企业史并将该领域与其他历史领域联系起来的文集。Kenneth Lipartito 撰写的论文 "Reassembling the Economic：New Departures in Historical Materialism"，收录于 *The American Historical Review*（2016），作者在这篇论文中也试图将企业史与更大的历史事件联系起来。

---

① 托马斯·K. 麦克劳. 现代资本主义：三次工业革命中的成功者［M］. 赵文书，肖锁章，译. 南京：江苏人民出版社，2006.

② 约瑟夫·熊彼特. 资本主义、社会主义与民主［M］. 吴良健，译. 北京：商务印书馆，2017.

③ 道格拉斯·C. 诺斯. 制度、制度变迁与经济绩效［M］. 杭行，译. 上海：格致出版社，上海三联书店，上海人民出版社，2019.

④ 迈克尔·波特. 竞争战略［M］. 陈丽芳，译. 北京：中信出版社，2014.

⑤ 迈克尔·波特. 竞争优势［M］. 陈丽芳，译. 北京：中信出版社，2014.

⑥ 迈克尔·波特. 国家竞争优势（上）［M］. 李明轩，邱如美，译. 北京：中信出版社，2012.
迈克尔·波特. 国家竞争优势（下）［M］. 李明轩，邱如美，译. 北京：中信出版社，2012.

苏珊·麦克劳（Susan McCraw）对我从事的任何工作都一如既往地支持，并在本书的写作方面提供了建议和帮助。对此，我心怀感激，她是我所认识的最宽厚、最聪慧的人。

在哈佛商学院工作的二十多年里，我从哈佛及其他大学的学生、同事、研究伙伴、朋友，以及我自己组织的企业史研讨会参会者的见解中受益匪浅。我对大家所提的意见与给予的帮助深表谢意，他们分别是：斯文·贝克特（Sven Beckert）、杰弗里·伯恩斯坦（Jeffrey Bernstein）、劳拉·布雷斯（Laura Bures）、比尔·柴尔兹（Bill Childs）、沃尔特·弗里德曼（Walter Friedman）、马克斯·霍尔（Max Hall）、戴维·莫斯（David Moss）、罗伊娜·奥莱加里奥（Rowena Olegario）、福里斯特·莱因哈特（Forest Reinhardt）、迪克·罗森布鲁姆（Dick Rosenbloom）、杰夫·斯特拉伯恩（Jeff Strabone）、理查德·泰德洛（Richard Tedlow）、戴维·托马斯（David Thomas）、彼得·图法诺（Peter Tufano）、迪克·维托尔（Dick Vietor）、菲利斯·惠特姆（Felice Whittum）、玛丽·耶格尔（Mary Yeager），以及哈佛大学贝克图书馆里非常优秀的图书馆馆员。

对于本书中存在的任何错误或不妥之处，我文责自负。

托马斯·K.麦克劳（1940—2012 年）

2008 年于马萨诸塞州贝尔蒙特

致谢二

20 世纪 70 年代，麦克劳是我在得克萨斯大学奥斯汀分校就读时期的本科与研究生导师。1978 年，他去哈佛商学院任职，但他仍然是我论文指导委员会成员中的一员，并聘请我担任他的研究助理，协助撰写《规则的先知》（*Prophets of Regulation*，1984）一书。20 世纪 90 年代，他邀请我为《20世纪美国百科全书》（*The Encyclopedia of the United States in the Twentieth Century*，1996）写了一篇文章。21 世纪初，我有幸阅读了他最后两本书的倒数第二稿。我们就《美国企业史：商业的周期与演化》（*American Business Since 1920: How It Worked*）的第 1 版和第 2 版进行了探讨并互致了电子邮件。我非常感谢苏珊·麦克劳允许我成为第 3 版的合著者，尤其是她在编辑阶段表现出的敏锐洞察力给我留下了深刻的印象。

如果没有以前在哈兰德·戴维森和威利公司（Harland Davidson and Wiley）任职的安德鲁·戴维森（Andrew Davidson）的支持，我就不会尝试进行这次修订。哈尔·利夫赛（Hal Livesay）、玛丽·耶格尔和沃尔特·弗里德曼（Walter Friedman）（麦克劳在哈佛商学院的同事和《哈佛企业史评论》的联合编辑）在我开始这个项目之前提供了富有洞察力的建议。曼塞尔·布莱克福德始终如一地贡献其真知灼见。伊利亚·费尔南德斯（Lilia Fernandez）和卡洛斯·K. 布兰顿（Carlos K. Blanton）帮助确定了有关拉美裔企业相关内容的文献材料。得克萨斯大学奥斯汀分校历史系和俄亥俄州立大学历史系则提供了重要的图书馆服务。最后，一如既往，再次感谢苏珊娜（Suzanne）。

威廉·R. 柴尔兹

俄亥俄州立大学历史系荣休教授

2016 年 10 月于得克萨斯州奥斯汀

译后记

企业史研究成果既要有面向学术界的"阳春白雪"，又要有面向实践一线的"下里巴人"。前者凸显企业史研究的学术功能，而后者则体现企业史研究的社会功能。加大企业史在非学术人群的推广已经成为各国企业史学界的共识，不少著名企业史学家都是讲故事的大家，也都有不失学术价值的通俗类作品问世。可以预见，未来企业史研究的公共史学化应该是中国企业史研究发展的趋势与目标。

鉴于以往二十余年的企业管理实践经验，我一直对企业史如何为大众所用，尤其是为企业管理人员所用耿耿于心。但碍于世事以及尽一位高校教师的本分，近年来主要致力于企业史的学术研究，其中尤对美国企业史用力甚深。此次能有机缘翻译哈佛商学院麦克劳教授用大众史学手法撰写的美国企业通史类读物，也算是遂了一番心愿。值得一提的是，本年度我面向企业家群体的另一成果是发表在 2024 年第 10 期《清华管理评论》的《当企业家遇见企业史：读史、借史与入史》，该文提出了企业家如何"以史明智""以史资政""以史留名"的所谓"企业家涉史三层次模型"，可作为本书的辅助文献使用。

本书在出版过程中得到了清华大学龙登高教授、浙江大学陈凌教授、如是金融研究院院长管清友、御风集团董事长冯仑、润米咨询创始人刘润、创业黑马创始人牛文文的支持与推荐，特致谢意。感谢中国社会科学院高超群研究员、中央财经大学兰日旭教授、南京大学李玉教授、日本国立弘前大学林彦樱教授等企业史研究同仁一直以来的关心、支持与帮助。此外，本书责任编辑、人民邮电出版社的王飞龙老师为本书倾注了很多心血，并为翻译工作提出了不少中肯的建议，谨致谢意。

本书的翻译由福建师范大学社会历史学院企业史研究团队承担，其分工如下。

1. 林立强：导语、第一章、第二章、第三章、结语、推荐书目、致谢，以及第一章、第二章、第三章和结语的精选资料部分。
2. 曹宁：第四章、照片中的美国企业史（一），以及第四章、第五章的精选资料部分。
3. 王祚刚：第五章、第六章、第七章、照片中的美国企业史（二），以及第六章、第七章的精选资料部分。
4. 官兵：第八章、第九章，以及第八章、第九章的精选资料部分。
5. 王小培：第十章，以及第十章的精选资料部分。
6. 卢昊：第十一章、照片中的美国企业史（三），以及第十一章的精选资料部分。

此外，林立强负责全书翻译的统筹工作，王祚刚、官兵协助审阅、校对与订正，杨新辉、黄靖、揭彪、李天垚亦参加了部分校对工作。

本书的顺利出版，依旧是福建师范大学社会历史学院企业史研究团队全体师生近年来努力耕耘收割的成果。虽然此次带回来的只是庄稼的一束，但积年累月，我们相信总有收获满满的那一天。

林立强

2024 年 11 月 16 日于福州品田居

版 权 声 明